悅讀中國

風尚湖北

李開壽、唐昌華　主編

《荊楚風・湖北旅遊叢書》

● 編委會

序

　　花了一個星期的時間，讀完這套《荊楚風·湖北旅遊叢書》，全書共有《風光湖北》《風雲湖北》《風味湖北》《風尚湖北》四冊。

　　讀完四冊，第一個感慨是編撰者下了大功夫、苦功夫。循常例，比類分的編撰是比較容易完成的。只要藉助一些工具書，從網上下載一些資料，稍加整理即可成冊。但是，這套書的寫作者卻是不肯當「文抄公」，而是認真研究古籍，整理掌故，踏勘山水，比較名勝。力爭做到心中有像，呈現雲霧之錦；筆下生花，不留遺珠之憾。我想，編撰者的初衷，是想寫一套介紹湖北旅遊資源的工具書。但是，在討論體例、寫作規模的時候，一次一次地昇華自己的想法，提高編撰的標準，最終形成現在這套書高雅的品位和質量。

　　用風光、風雲、風味、風尚四個大家耳熟能詳的詞彙，來描繪湖北的山川地貌、人文歷史、風土人情、現代時尚，也體現了編撰者的匠心。作為地地道道的湖北人，書中所介紹的名勝古蹟，我大都探訪過；所描摹的歷史人物，我也景仰心儀；至於江湖城郭、樓台寺觀，甚至草木花卉、歲時風土，我也生活其中，大都熟悉。細細讀來，感到編撰者的彩筆融進了真摯的愛、濃郁的情；飽含了對家鄉的熱愛、對荊山楚水江漢大地的深情。這套書不僅對旅遊者有著強大的吸引力，亦可作為鄉土教材，喚起遊子們的鄉愁，加深他們對家鄉的印象。

感謝省旅遊委完成了這套書的編撰及出版，作為湖北的一項文化惠民工程，功莫大焉！相信這套叢書問世之後，一定會得到旅遊者、讀者的喜愛，也一定會得到多方面人士的評價及檢驗。集思廣益，集腋成裘，我相信這套書還會不斷昇華提高，推出修訂版、升級版。

　　是為序。

熊召政

2018 年 3 月 26 日於龍潭書院

目錄

02 ^章 浪漫鄉村

03章　歡樂天地

第五節　浪漫溫泉　　　　　　　　　　　　　　　　315

風尚湖北 賦

劉醒龍

　　天空偌大，總有星象舉頭凝盼。地理互廣，常存勝境俯首流連。三山五嶽雖無言語呼應，並非大別心神散散。五湖四海但有風聲遠播，定是歸元念想燦燦。塞北渾厚，江南輕淺，西天奇境，東土塵寰。花開萬物，血統千年，唯獨湖北，右手畫龍，左手點睛，前方織錦，後方添花，無須時光流轉，不必倒海移山，憑自個性情，依自家風物，信手來拈。

　　悠悠楚野盛傳簡帛青銅八百載，茫茫江城鼎立賢祠書院九千間。朗朗心性廣敘悲歡銘記《赤壁賦》，綿綿血脈縱論乾坤長吟《黑暗傳》。聖火熊熊炎帝老祖不老，極目楚楚潤之先生開先。高山流水知音得幸漢陽，義薄雲天仙女下凡孝感。古道茶馬始於萬國咸寧，原始風花全數恩施天塹。龍船小調獨唱溫柔小痴，京漢大戲合演春秋大戀。

　　缺了荊州，三國群雄無法演義；沒有黃梅，佛門之燈何以相傳？難越雷池，水天湧起幾多離懷；再闖三峽，長江頓然雄奇衝冠。即上武當，紫霄點化霜刃鐵衣；又倚黃鶴，小樓競秀霞彩紅帆。且東莫西，江漢新花爛漫，神農架上冰寒。但南不北，秋風才生黃州，襄陽落葉已滿。

　　巴山巴水，似相連非相連。洪湖洪山，不相干也相干。山人喜穿紅綠，平畈流行灰藍。下水說話偏甜，上水聊天都鹹。漢口咖啡要苦，武昌品茶要淡。楚北餐餐麵粉，鄂南天天米飯。工匠氣質黃麻，商人性格天沔。五峰好喝摔碗酒，隨州早飯醉成仙。桃花魚美西陵峽，女兒會結

清江緣。清淡黃石脾氣剛烈，麻辣宜昌性情溫軟，廢都鄂州仕氣高漲，書香黃岡戰將萬千。珞珈校長原本崇陽鄉賢，辛亥英雄全是文學青年。秭歸屈子宏偉壯麗為詩詞帝，公安三袁獨抒靈性若平民般。神農本草和合七情法三百六十五日，時珍本草奇經八脈存一萬一千醫案。國色昭君國寶野人共香溪沐浴，黃州竹樓黃州知府乃醉翁亭范。

天下因果，四方皆可生長，獨獨於湖北登峰造極。世上虛實，八面都能取捨，斷斷唯湖北一應俱全。一如江湖大度能容，二似河流率性天然，三像老塔風雨有持，四比霓裳眼花繚亂，五若山脊剛愎自重，六猶春光靈醒爭先，七同梅雪暗香襲人，八學雷電尖銳橫蠻，九是沙漏悄然精算。世人若有十種風尚，湖北絕不止於三三。

山水精華靈魂相共，物什存廢情慾同伴。大變幻，小團圓，重情義，輕諾言，深思緒，淺吶喊，行北轍，想南轅，快行動，慢等閒。

物為人異，人因物同。

信不信，知湖北即知天地？

想不想，識湖北以識人間？

二〇一八年二月二十四日於東湖梨園

魅力
都市

01 章

亞里士多德說：「人們來到城市是為了生活，人們居住在城市是為了生活得更好。」
這句話很好地闡述了城市的功能和魅力。在不同的人的眼中、心中，同一座城市會有
不同的印象。

湖北的城市，約有一半以上是依水而興、依水而建，由東而西，溯長江而上，依次有
黃石、鄂州、黃岡、武漢、荊州、宜昌等城市，貨物由長江轉運，商貿因碼頭而活
躍。武漢的漢正街因長江碼頭而興盛百年自不必說，武漢的鋼鐵、造船等重工業沿江
布局，使武漢成為近代中國經濟和商業中心。宜昌、荊州，則因關隘險要，自古是兵
家必爭之地。鄂州、黃石為新興城市，工業基礎良好，又不失山光水色美景，是典型
的宜居宜業的中等城市。黃岡地處大別山南麓、長江中游北岸，自古人傑地靈，名人
輩出，是一座文化名城、教育重鎮、旅遊新城。

漢江之濱，則有十堰、襄陽等江漢明珠。十堰以車而興，因武當文化而聞名，因丹江
口南水北調中線水源地而情繫南北。襄陽因諸葛亮「躬耕隴畝」、劉備「三顧茅廬」
引發《隆中對》，被世人稱為智者搖籃及三分天下的策源地。

江漢平原的荊門、天門、仙桃、潛江，擁有廣袤而肥沃的土地，同是農業大市，卻各
有特色……

湖北的城市，從歷史中走來，楚文化的浪漫奔放、三國遺跡和傳說，讓這些城市充滿
了傳奇，寫滿了故事；一代代人的建設和生活的沉澱，使這些城市擁有了不同的風情
和魅力！

第一節 · 湖光山色　江城武漢

江、湖、山是武漢的「三寶」。

武漢，雄踞於萬里長江中游，長江、漢江交會於此，將一個大大的「人」字寫在都市之中，成就漢口、武昌、漢陽三鎮鼎立之勢，故武漢又名「江城」。

武漢是萬里長江沿線內陸城市的典型代表。城因長江而興，商因長江而活，城中人飲用長江水，因而積澱起對長江特殊而深厚的感情，而武漢還擁有長江最大的支流漢江，所以，武漢地名中有很多與「江」、「漢」相關的字眼。

武漢曾是雲夢澤故地，湖泊星羅棋布，至近代，城市中大大小小的湖泊一百餘處。現存的湖泊與昔日雖不可同日而語，但武漢仍是中國城中湖最多的一個城市，武漢城區目前有大小湖泊近四十個，其中單體面積五平方公里以上的湖泊就有二十一個，其中最的大城中湖泊是面積四十七點六平方公里的湯遜湖。

同時，因為水域分割，武漢的橋梁也格外多。與其說武漢是「江城」、「百湖之市」，不如說武漢是一座「橋都」。其中，長江上擁有大橋九座（截至 2017 年底），漢江上有七座。遍布三鎮、風格各異橋梁，是一道道靚麗的城市風景線。

武漢的「江湖」，造就了武漢多個沿江而興的、因橋而活的商圈。例如，上世紀五〇年代武漢長大橋的建成通車，為大橋兩側司門口和六渡橋帶來了繁榮；一九九五年，武漢長江二橋的建成通車，使武漢形成首個真正意義上的內環線，造就了徐東商圈、永清街武漢天地一夜興榮的神話；二七長江大橋的通車，讓歷來以工業區定位的青山，掀起了一輪商業開發的熱潮。

武漢不光以江、湖聞名，更有城中充滿文化氣息的山巒。知名的山有漢陽龜山、武昌蛇山、鳳凰山、東湖磨山，還有名校依傍的珞珈山、桂子山、喻家山、獅子山等，一山一大學，形成「青山連綿，高校薈萃」的城市特色。

武漢的都市風情

　　武漢今日的都市風情，一方面承襲了百年前的繁華與屈辱，另一方面則是大武漢復興的印記。

　　近代，「大武漢」與「大上海」齊名，是聞名世界的中國大都市，商埠繁華的大漢口更是擁有「東方芝加哥」的稱號。一九一八年，大革命家孫中山在建國方略裡這樣設想：武漢確為世界最大都市之一，必須定一規模，略如紐約、倫敦之大。直至一九二七年，漢口、武昌、漢陽三鎮合併，武漢才正式建市，這時的武漢，已可與大上海相提並論。

　　武漢「一城三鎮」的地理格局，也呈現出文化各異的城市特色。三鎮功能分區不同，文化特色迥異，武漢的都市風采，除了漢口，須有武昌和漢陽濃墨重彩的一筆。

　　「大武漢」留下的繁華舊影，主要在老漢口一帶。要領略武漢這座特大都市的風情，就必須到漢口看看。從六渡橋到江漢路，一路繁華商

武漢兩江四岸夜景

圈，也是一路市民文化生活的活色生香。老漢口最有代表性的區域當屬中山大道。中山大道西起礄口路，東至黃浦路，全長八點四公里，貫穿整個漢口中心。這條大道，也是漢口百年歷史的見證。二〇一六年底，封閉改造兩年的中山大道再展新顏，進一步呈現了她歷史厚重與現代時尚交融的獨特魅力。歷史歲月的風雲變幻，為中山大道留下了大量充滿異域風情的歐式建築和中西合璧的居民裡分。據統計，中山大道沿線共有各級文物保護單位、優秀歷史建築一五〇餘棟，雲集了原大清銀行、浙江興業銀行、漢口鹽業銀行、金城銀行、大孚銀行舊址，以及漢潤裡、大陸坊、三德里等許多歐式建築和裡分建築，古典主義、現代主義、文藝復興巴洛克建築等不同時期、多種風格的建築在這條街上相鄰而立，展示著這條街、這個城市的歷史文化底蘊。

中山大道

從江漢關大樓至二橋下的三陽路，沿著三點六公里長的沿江大道，風情各異的西洋建築凝固了一段繁華時光，也記載著武漢歷史上的一段屈辱。一八六一年，漢口開埠，首先是英國殖民者仗著船堅炮利，在今天的江漢路東側強行劃定了大片租界。接著，俄、法、德、日列強又依次強占英租界以東的土地，形成了上至江漢路，下至黃埔路，南起沿江大道，北至中山大道，沿江線長達三點六公里，土地面積達二點二平方公里的租界區。從此，老漢口與上海、天津並稱為「中國三大租界區」。

老漢口租界飽經滄桑的老房子，承載著中國近代以來豐富的歷史文化信息，承載了一百多年來的社會變革，也承載著一座大都市過去的生活風貌。目前，江岸區一七八棟流派各異、風情萬種的老房子，都已受到政府的精心保護。其中最有名的當數「十大洋房」，即邦可花園、德國總領事館舊址、德明飯店、東方匯理舊址、俄國巡捕房、漢口電燈公司、日本軍官住宅、五花賓館舊址、日本橫濱正金銀行舊址和美國領事館。如今，它們都被列為「優秀歷史建築」，每一棟都建有完備的檔案和相應的保護方案。經過整舊、復舊，這些穿越過百年時光的建築更顯風采。

沒有昔日的十里洋場，就沒有大漢口的繁華，也沒有武漢這座城市的過去與現在。今天，樓宇還是那些樓宇，但馬路更整潔，霓虹燈更璀璨，商業更繁華。老漢口經過百年蛻變，已成為武漢「中國中心城市」夢想起飛的原動力。

今天的武昌是湖北省的行政中心，湖北省委省政府以及省直機關的辦公地點大都在此。武昌也是高校雲集、科研機構和新興產業匯聚的文化、科教區。據統計，目前武漢地區共有八十四所各類高校，在校大學

生共有一〇六萬人，其中，百分之九十以上聚集於武昌。這些學校，有多所是百年老校，每一座校園都建於山間湖畔，不僅環境優美，而且建築都出自大師之手，沉澱著文化和歷史的光輝。

漢陽位於漢水之陽，是歷來的工業重鎮。百餘年前，張之洞在漢陽開辦兵工廠、修鐵路，讓武漢成為中國近代工業的起源之地。時至今日，「漢陽造」仍然是「中國製造」、「中國品質」的代名詞。兩江交會，知音故里，晴川歷歷，讓漢陽充滿創新和創造的活力。墨水湖、龍陽湖、後官湖、三角湖、南太子湖等湖泊把這片土地點綴得靈動清秀。經濟開發區是位於漢陽的一塊新興之地，武漢的製造業及新興產業大都彙集於此，如東風汽車公司、神龍汽車公司、東風本田汽車公司、可口可樂等知名大企業都位於漢陽，因此漢陽成為武漢最重要的工業基地。

武漢的江湖風光

江漢朝宗的武漢之夜

這裡匯聚了最經典的景區、最核心的建築精華，濃縮了武漢最迷人的夜色，是夜遊武漢最好的選擇──江漢朝宗旅遊區。《尚書‧禹貢》記載有「江漢朝宗於海」，描述的是長江和漢水奔流入海的磅礴情景。武漢借用「江漢朝宗」一詞，概括這座城市兩江四岸的旅遊特色。這是武漢市「十二五」期間提出來的最大的一個綜合旅遊項目，目的是打造全國首個以長江遊覽為主題的開放式國家 5A 級旅遊景區。

整個旅遊景區從長江二橋開始，往南直到解放路與和平大道，其間經過中山大道、勝利街、黃陂街、漢正街、漢陽大道、鸚鵡洲大橋等，陸

知音號全景圖

域面積十二點七一平方公里。整個旅遊項目中包含的景點有江灘、晴川閣、戶部巷等，總計三十七處。另外，紅色遺跡八七會議舊址也在景區範圍之內。歷經數年打造，總投資超過百億元，於二〇一七年五月正式啟航的「知音號」豪華遊船實景演出，以變幻的舞台、穿越時空的場景，利用光秀、光影秀等現代技術手段，將遊客帶入二十世紀二三十年代的漢口碼頭和遊船的風景裡，船行江上，人在劇中，一經推出，就成為武漢都市游的耀眼看點。

目前，江漢朝宗景區的主要項目「武漢兩江四岸遊覽」已成為武漢旅遊的一大特色品牌。長江第一橋靜靜橫臥在長江之上，長江和漢江景色美不勝收，古老的三鎮韻味悠長，四岸流光溢彩。當夜幕來臨時，乘船於長江之上，賞兩岸美景，聽老武漢故事，靜靜品味大武漢的獨特之處，這種遊玩方式既是外來遊客的首選，也十分受本地市民歡迎。

武漢兩江匯聚

尤其在夏秋兩季，船行江上，船內茶座有舞台劇、湖北大鼓等特色表演，甲板上江風徐徐，清爽宜人，與家人或三五好友圍坐於船頭桌旁，享受著江風習習，在燈光輝映的夜色中暢聊，不失為人生快事；惆悵時、勞累時，更適合倚靠於欄杆之上，迎著江風，看船來船往，聽汽笛聲聲，感嘆江水靜流與這兩岸樓台凝固的歲月，便會有天地遼闊、寵辱皆忘之感。

漢口江灘的休閒時光

漢口江灘位於長江北岸，上起武漢客運港，下至丹水池後湖船廠，總計七公里，號稱「亞洲第一大江灘」，是一個兼具旅遊、休閒、健身、文化等功能的大型文化公園。漢口江灘公園與繁華的沿江大道城市景觀相

鄰，與「天下江山第一樓」黃鶴樓相望，與長江百舸爭流相映。漢口江灘除了有城市主題、抗洪主題和長江魚類、橋梁等主題的雕塑及壁雕外，大量的休閒娛樂體育設施讓每一個人都有一片適合自己的天地。老人晨練，年輕人或晨跑，或在足球場、羽毛球場、網球場揮汗如雨，大媽夜間廣場舞，孩子們溜冰、放風箏，更有情侶們牽手依偎看江水長流、船來船往，看日出，看夕陽……春天百花爭豔，夏日濃蔭蔽日，秋天蘆花飛舞，冬日漁歌唱晚……無論什麼時候，漢口江灘都是一幅人與自然和諧相處、富有生活氣息的生動畫卷。

漢口江灘｜余漢全攝

漢口江灘最體現原生態野趣和親水特色的，是連綿六公里（由三陽路入口至長江二橋長江沿線）的青青蘆荻。每年十至十一月，位於繁華都市中心的這一片原生態蘆葦蕩，花開靜謐，沙細風輕，從遠處望去，滿目雪白，如雲似海，頗為壯觀。

此外，武昌江灘是武昌區域觀賞長江的最佳地點。漢陽江灘、青山江灘也各有特色，是附近居民休閒健身的最佳去處。

江城的盛會——武漢渡江節

武漢市民對長江有一種特殊的情感。一年四季，無論寒暑，總有一群游泳愛好者在母親河中暢遊。而每年七月十六日的武漢渡江節，則是江城游泳愛好者展示自己的大舞台。這個群眾性的運動盛會是為紀念一代偉人毛澤東而舉辦的。一九五六年五月三十一日到六月三日，一代偉人毛澤東先後三次在武漢暢遊長江，拉開了武漢半個多世紀以來大規模橫渡長江的序幕。一九六六年七月十六日，在第十一屆武漢市橫渡長江游泳競賽的當天，七十三歲高齡的毛澤東在武漢最後一次暢遊長江。從此，每年七月十六日舉辦的渡江活動成為武漢的一項體育盛事，每年會吸引數十支國內外的游泳隊參賽。

渡江活動的路線長達六公里，通常從武昌的漢陽門下水，到漢口江灘三陽廣場起水。分為競渡方陣隊和群眾橫渡方隊。前者以速度取勝，後者以游泳愛好者為主，重在參與，注重群眾性、紀念性、參與性。每年渡江節，三千多名游泳健將依次從武昌漢陽門碼頭下水，在浪花中搏擊，場面甚是壯觀。

此外，一年一度的國際馬拉松賽、國際網球公開賽，給武漢增添了新

的魅力。

世界級的東湖綠道

這是世界上最長最貴的一條「翡翠項鏈」，它長達一百餘公里，而且還在不斷增長，這條「項鏈」就是獨一無二的武漢東湖綠道。綠道按世界級標準建造，大氣美麗，令人驚嘆。

一期全長二十八點七公里，寬六米，串聯起東湖磨山、聽濤、落雁、漁光、喻家湖五大景區，由湖中道、湖山道、磨山道、郊野道四段主題綠道組成，涵蓋了「水道、花道、林道、夜道」幾種特色道，將生態、教育、非遺文化、健康等元素有機融入。綠道二期秉承「怡然東湖畔、

東湖綠道湖中道（武旅投東湖綠道公司供圖）

行吟山水間」的設計理念，充分依託東湖山、林、澤、園、島、堤、田、灣等自然風貌，展現大東湖自然之美。

二期全長七十三公里，有十大精華景區，包括長堤杉影＋湖心島，稚趣園＋曲港聽荷＋田園童夢，白馬洲頭，湖山在望＋綠野蛙鳴，落霞歸雁＋湖濱濕地，畢山竹影＋燒烤樂園＋猴山，南山＋東湖石刻＋凌霄閣，磨山景區，全景廣場＋茶園、繡球園及聽濤景區等，每個景區都各有特色，盡顯東湖水韻、杉林、島渚、花海、童樂、楚風、山色、荷塘、茶園、碑刻等特色。

三期精品示範線路初步選取磨山南門—杜鵑花海—楚天台—楚才園（離騷碑）—楚城—磨山北門—鵝詠陽春—湖心島—華僑城濕地公園—九女墩—梨園大門—長天樓—行吟閣—老鼠尾段，總長約十三公里，將率先建成精品示範綠道。

東湖綠道在設計建造時，充分考慮了東湖生態保護、文化特色、休閒度假功能、科普健身、公共服務、智慧旅遊、騎行體驗及作為國際馬拉松賽道等要求，既有文化底蘊，又現代時尚，建設標準堪稱世界一流，多次受到相關國際組織的高度評價，也受到市民和遊客青睞。

武漢的青山氣息

武漢的山散發著濃濃的文化氣息。知名的山有漢陽龜山、武昌蛇山、鳳凰山、東湖磨山，還有名校依傍的珞珈山、桂子山、喻家山、獅子山等，這些山多半傍湖而立，與湖光相映，形成一山一大學的地理形態和獨特景緻。

龜山和蛇山分別矗立於武漢市中心的長江南北兩岸，由長江大橋相連。偉人毛澤東的詩詞裡多次出現龜山和蛇山，如《菩薩蠻·黃鶴樓》中寫道：「茫茫九派流中國，沉沉一線穿南北。煙雨莽蒼蒼，龜蛇鎖大江。」此詞創作於一九二七年當時中國正處多事之秋，大革命處於低潮時期。一九五六年六月武漢長江大橋落成時，毛澤東又作《水調歌頭·游泳》，「風檣動，龜蛇靜，起宏圖，一橋飛架南北，天塹變通途。」流露出對新中國建設成就的喜悅之情。龜山上有武漢的標誌性建築龜山電視塔，蛇山上更有江南三大名樓之首的黃鶴樓，成為上鏡率最高的山。

　　武漢，是一座具有文化氣息和充滿活力的城市。全市共有八十多所所普通高校，而其中最為知名的大學，都依山傍湖而建，每一所大學依傍著一座山，一湖水，一片花海，每一個校園都有一片獨特的風景，有著百年以上的歷史。

　　被稱為「中國最美麗的大學」的武漢大學，坐落於東湖之畔的珞珈山，環繞東湖水，風景如畫。珞珈山上風雲際會，周恩來、董必武、陳潭秋、羅榮桓曾在這裡指點江山；辜鴻銘、竺可楨、李四光、聞一多、郁達夫、葉聖陶、李達等曾在這裡激揚文字。一百多年來，武漢大學彙集了中華民族近現代史上眾多的精彩華章，形成了優良的革命傳統，積澱了厚重的人文底蘊，培育了「自強、弘毅、求是、拓新」的大學精神。

　　東湖之畔的喻家山，是首批列入國家「211 工程」和國家「985 工程」的全國知名高校華中科技大學所在地，這是一座學術的殿堂，更是一片美麗的綠色伊甸園，因其植被茂密，四季如春，被稱為「森林校園」。

　　武昌南湖之濱的桂子山，則是有著一一〇餘年歷史的華中師範大學的

坐落之地，山上遍植桂樹，每年九月，總是以滿校園的芬芳迎來八方新學子。華師大是中國教育部直屬重點綜合性師範大學，國家「211 工程」重點建設的大學，校名由該校創始人之一鄧小平親筆題寫。

還有武昌南湖獅子山是華中農業大學所在地，三面環湖，風景秀麗，環境幽雅，建築樓群鱗次櫛比，自然園林風貌引人入勝。學校前身是清朝光緒年間湖廣總督張之洞一八九八年創辦的湖北農務學堂。該校以農業科研見長，眾多品種的農作物試驗田和果樹，使這個校園成為一個美麗的百花園。

武漢的小資時尚

漢口武漢天地

武漢天地是位於武漢長江二橋漢口橋頭下的一片現代慢生活休閒區，與上海、杭州等地的「天地」類似，又具武漢特色。它東與長江相臨，面向如詩如畫的長江江灘，是一個集居民住宅、寫字樓、酒店、特色餐飲、休閒娛樂等為一體的城市文化街區。這裡有明清時期風格的建築、清雅的小片花園、時尚抽象的雕塑、小資情調滿滿的各色餐廳以及小眾的時尚小店……美食、休閒、購物一應俱全，是休閒、聚會、享受週末和午後時光的好去處。

曇華林文化街區

武昌曇華林東起中山路，西至得勝橋，一共有一點二公里長，位於螃蟹岬和花園山之間，狹長的一片。據說，昔日此地諸多小型庭院善植曇

花，古時「花」「華」二字相通，「曇華林」由此得名。

在可查的史料中，曇華林是明朝洪武年間武昌城擴建時形成的一條名街，至今有六百餘年的歷史。明清時期，湖北省各地參加考試的秀才皆在曇華林一帶留宿、備考。另外，它還是清朝的駐軍地，擁有一個名為「戈甲」的營盤。一文一武，曇華林在昔日武昌城的重要性不言而喻。

一八六一年漢口開放為通商口岸後，英國、美國、義大利等國家的傳教士開始在曇華林一帶辦學、傳教，這裡逐漸形成了中外居民雜居，中式民居和醫院、學校、公寓、花園、教堂比鄰而存的獨特景緻。現在這條僅一二○○米長的街區上，依然留有五十多處百年建築，包括英國牧師楊格非創立的仁濟醫院，華中師範大學前身文華書院最早的舊址，圖書館，一八八八年修建的嘉諾撒仁愛修女會禮拜堂和天文台，瑞典教區

武漢曇華林夜景（由中國圖庫提供）

和領事館，民國時期薈萃了三百多位文化界菁英的國民政府軍委會政治部第三廳舊址，一九一二年興建的翁守謙故居，錢鍾書之父錢基博的故居朴園，等等。如今，這些風格各異的老建築，有的已成為民居；有的則沿襲著它原來的功能，如基督教堂崇真堂；有的已改造成為小資風格的咖啡屋，如融園咖啡。

石板街道兩旁是各種特色店鋪，如手工店、樂器店、創意店等，這裡沒有商業街區的熱鬧和繁華，而是一片屬於年輕人的小眾市場，它們在那裡靜靜地等待著欣賞和懂得它們的顧客……

楚河漢街

楚河漢街是武漢中央文化區一期項目的重要組成部分，經過幾年打造，於二〇一一年九月三十日對遊客和市民開放。這是萬達集團在武漢傾力打造的以文化為核心，兼具旅遊、商業、居住等功能的世界級文化旅遊項目。這個橫空出世的新興特色街區，以民國時期的建築風格為基調，極具時尚元素的現代建築和歐式建築穿插其中，傳統與現代完美融合也喚起不少人對「老武漢」的印象和記憶。

斑斕絢麗的楚河漢街｜江煌攝

「楚河」連接東湖、沙湖兩大城中湖，貫穿武漢中央文化區東西兩端，是文化區的靈魂。濱河景觀帶綠樹成蔭、步移景換，為市民提供了優美的休閒場所。楚河上，幾艘風格各異的環保遊船載著遊客穿行於東湖、沙湖和楚河的水上旅遊觀光線。「漢街」商業步行街位於楚河南岸，沿河而建，總長一點五公里，總面積二十一萬平方米，包括品牌服飾、日用品、書店、電子產品和湖北特產的購物，各種菜系的餐飲，文化休閒和影視娛樂等多種業態，集合了二百多個國內外一流品牌商家。

位於漢街東頭的漢秀劇場是萬達集團傾力打造的世界級文化旅遊項目，二〇一四年十二月二十日隆重開業，多位中國文化界大咖、駐華使節及明星見證了開業慶典。漢秀的紅燈籠劇場和漢街西頭的「金編鐘」造型的場館成為武漢的地標性建築。

漢陽造的創新與文藝

在龜山腳下，兩江之濱，月湖湖畔，有一處幽靜的處所，這就是「漢陽造」文化創意園。濃密的樹蔭，紅色的磚牆，各種文藝塗鴉，哥特式房頂，獨立的小花園，青年旅舍，讓地處三鎮最繁華交會之處的文化創意園顯得格外幽靜又特立獨行。一八九〇年，湖廣總督張之洞在漢陽建立中國第一家，也是亞洲最早、規模最大的環式鋼鐵企業——漢陽鐵廠，震驚中外。自此，中國鋼鐵產業蹣跚起步，漢陽鐵廠也被西方視為中國覺醒的標誌之一。後人曾在此發現一塊重達二百多噸的鐵塊，當時的技術可見一斑。

十九世紀末的漢陽，從龜山到赫山，沿漢水蜿蜒十里，分布著張之洞創辦的規模稱雄亞洲的漢陽鐵廠、湖北槍炮廠、漢陽鐵廠機器廠、鋼軌

廠，以二十四公里鐵路連通。武漢開始近代工業化，也由此成為中國工業重鎮。漢陽造，是湖北近代工業的開端，鑄就了漢陽產業發展的基礎，也鑄就了漢陽的文化傳承。「漢陽造」文化創意園開發原有的工業老廠房，利用兩江交會、文化厚重、交通便利的天然優勢，進行新的定義、設計和改造，吸引藝術工作者及創意產業從業者入駐，使龜北路片區形成濃厚的文化藝術氛圍，成為一片獨特的藝術聚集地，以此推動藝術創意產業的發展，形成文化創意產業鏈。

武漢的市井味道

萬賈雲集的漢正街

漢正街的歷史已達五三〇多年，它緊鄰長江，因此交通十分便利。歷史上，這裡曾經四方商客彙集，貨物往來九州，是聞名全國的小商品批發中心。漢正街市場包括漢正街、多福路、大巷等七十八條街巷，總占地面積二五六萬平方米，行政區劃內設有六個街道辦事處。

漢正街在歷史上有「古漢口之正街」之稱，是漢口最早的主要街道，這裡商鋪林立，十分熱鬧。早在明朝萬曆年間，這裡便形成市鎮，到清朝康乾年間更是達到繁榮的巔峰。同治三年，郡守終謙鈞主持修建了新的碼頭和萬安巷等街巷。此後，這裡商業加速發展，大批商客往來，車水馬龍，一片欣欣向榮的景象。古書記載道：「江湖連接，無地不通，一舟出門，萬里唯意。」可以看出彼時之漢正街真是熱鬧非凡。

漢口被列為通商口岸之後，外國人修建了鐵路，建立了租界，漢口的商業中心也隨之轉移，漢正街則演變成小商品市場。目前，漢正街內有

服裝、皮具箱包、家用電器、鞋類、陶瓷、布匹、小百貨、塑料、工藝品、副食品十大專業市場，營業面積共計六十多萬平方米，經營商品六萬餘種，市場從業人員十萬餘人。

然而，由於漢正街地處武漢市最大的舊城區，人口密度達每平方公里近十萬人，業態落後、商居混雜、交通擁堵、市容髒亂，二〇一一年三月十五日，武漢市委、市政府做出重大決策：漢正街市場整體搬遷改造，引導漢正街市場整體搬遷至武漢市黃陂區漢口北市場，打造成為「新漢正街」。目前，漢正街大部分商鋪已搬遷，但仍有一部分留在這片街區，每天迎接著全省各地的「打貨客」。今日的漢正街雖無昔日的繁華，但漢正街作為武漢的商業名片，已為武漢的城市歷史添上了濃墨重彩的一筆。

小吃名街戶部巷

戶部巷是有名的漢味風情街，位於武昌司門口。它的東面是解放路，南面是黃鶴樓，北面是都府堤風景區，可謂是由名江、名樓和美景構成的一塊寶地，自古鍾靈毓秀、人傑地靈。

戶部巷形成於明代，清代因毗鄰藩台衙門（對應京城的戶部衙門）而得名。由於歷史和地理的原因，這條巷子很早就以經營漢味早點而聞名，熱乾麵、糊湯粉、牛肉麵粉、麵窩、豆皮、湯包等漢味早點味道正宗，一批百年老字號小吃店如四季美湯包、蔡林記熱乾麵、德華酒樓、老謙記豆絲等扎堆於此，「漢味早點第一巷」揚名天下，經久不衰。近幾年來已聲名遠播的漢味小吃品牌，如精武鴨脖、周黑鴨、新農牛肉等也來此安家落戶，加之戶部巷本土孕育的石記熱乾麵、陳記牛肉麵、徐嫂糊湯粉、李桃燒麥、今楚湯包、真味豆皮等數十個漢味小吃品牌，使戶

戶部巷（由中國圖庫提供）

部巷成了漢味小吃的代名詞，也是外地遊客來武漢「登名樓、逛名街、品名吃、觀名景」中必不可少的一站。

不夜的吉慶街

這是武漢最「市井」的一條街道，也是最「武漢」的一道景觀。

位於江岸區大智路與江漢路之間的吉慶街，白天與黑夜有著極為不同的兩張面孔。「吉慶街白天不做生意，就跟死的一樣。」池莉的小說《生活秀》裡是這麼描述的。可當夜幕初降，小街便迅速滿血復活，一時間燈火輝煌、人聲鼎沸。一排排桌椅板凳在街道上擺得密密麻麻，美味佳餚應有盡有。宵夜的，賣花的，擦鞋的，觀光的，加上盛名在外的吹拉彈唱，展現的是一幅繁華熱鬧的漢味生活長卷。

現編現演，讓人捧腹開懷的「民間藝術」，是這條街最為主要的特色。食客們匆匆而來，坐於街頭，品味美食，享受即興表演。吉慶街最為有名的藝人當屬「四大天王」，人們分別叫他們：「麻雀」「拉茲」「黃瓜」「老通城」。他們各有一手絕活，各有各的樂器特長，但都有一個共同點，就是能依據客人的相貌身分即興表演，且張口即來，滔滔不絕，活靈活現，經常逗得食客捧腹大笑。吉慶街最繁盛的時候，在冊藝人達三百多人，每位藝人都有一個特長，或唱歌，或吉他，或薩克斯，或湖北大鼓……吉慶街晚上十點後，人會越來越多，這種喧囂一直會持續到凌晨三四點。這裡的夜宵一般分上下兩場，上半場外地遊客居多，下半場來的則多是本地食客，炎熱的夏季是吉慶街最熱鬧的時節。

新吉慶街

老吉慶街的雜亂和擾民，成為城市管理的難點。為了這條天下名街，為了這個城市符號，武漢市建了新吉慶街。幾幢紅牆新樓組成的建築群，集中而開闊，圍出一個四合院落。周邊分布著老租界區的西洋樓宇，一側是尖頂教堂，街頭大樹成蔭，開闊的平場上立有藝術雕塑和七彩噴泉，間以休閒小品等藝術標識。中西合璧的建築上，木質百葉窗與

錯落的露台，將這座街區裝扮得更加古樸典雅。

新吉慶街劃分為有美食、創意、館藏三大功能，從保護和弘揚非物質文化遺產著眼，讓遊人欣賞到最地道的漢派民俗技藝，全方位體驗漢味民俗文化。作為漢派風情街，它使到此一遊的天下遊客都能體驗到最原汁原味的武漢。新吉慶街保留了部分露天排檔，又開設了更多的室內飲食場所，還有洋溢著咖啡濃香的雅座和書屋，古樸、浪漫、休閒。老吉慶街到午夜才算人潮沸騰，新吉慶街卻不分白晝，隨時都在開門迎客。然而，一些餐飲店因為「上樓」，缺了「地氣」，雖然更加「高、大、上」，卻少了些許「市井」氣息。新吉慶街將在新一代武漢市民與遊客的光顧中，將舊有的吉慶街風情傳承發揚下去，散發新的光芒。

武漢的知名商圈

武廣商圈

位於解放大道的武廣商圈一直是「高、大、上」的代名詞，特別是匯聚國際大牌的武漢國際廣場開業後，武廣商圈已經形成一個高端品牌匯聚的商業中心，武漢國際廣場、武漢廣場、世貿廣場、新世界百貨、K11、創世紀廣場等高端購物、餐飲商場林立；而位於中心城區的武漢國際展覽中心常年展會不斷；近百年歷史的城市公園——中山公園環境優美，是市民休閒娛樂的理想場所；附近還有武漢最先進的醫療機構同濟醫院和協和醫院。武廣商圈一直都是武漢商圈的一張耀眼「名片」。

中山大道──江漢路商圈

江漢路商圈是武漢規模較大的商圈之一，是中山大道及老租界區的延伸，始於二十世紀二十年代。當時之盛況被形容為「車馬如梭人似織，夜深歌吹夜未休」。如今，這條連接江漢路步行街、漢正街小商品市場的商圈，仍然沿襲了二十世紀的繁華，現代商業的光彩絢麗與老建築的古樸沉靜氣派融為一體。這裡也是武漢人流密集度最高的商圈之一，聚集著摩爾萬達商業廣場、中心百貨、大洋百貨、王府井百貨、新世界時尚廣場等大型商業中心，各種檔次、類型的百貨商品十分齊備，適宜年輕人逛街、休閒和享受美食，商家密集度在武漢名列前茅。

中山大道新貌

西北湖商圈

西北湖商圈坐落在武漢市中心內中環線區域，它的核心是建設大道和西北湖，輻射萬松街、唐家墩街、新華街等多個街區，地理位置優越。和其他商圈不同的是，西北湖商圈是一個集綠化、亮化、美化於一體，有休閒、娛樂、健身及購物等功能，具有高品位和鮮明特色的現代化城市商圈。其建設突出「以人為本」，體現武漢地域特色，在花園道步行街品茶、喝咖啡、淘衣服，在太子酒軒享受美食，在草地推著嬰兒車享受陽光，在樟樹、筆柏、瓜子黃楊、雲南黃馨的樹蔭下閱讀，都是最美不過的時光。今天，各類大型金融機構聚集在建設大道一帶，各類商務酒店等也入駐此地。西北湖作為武漢的金融中心，在眾多商圈中占據重要地位。

光谷步行街

光谷步行街位於武漢市洪山區，毗鄰全國著名高校華中科技大學，是一條集購物、餐飲、娛樂、旅遊、休閒、健身、商務、酒店於一體的各功能、全生態、複合型超級商業步行街。幾年間，步行街一期、西班牙風情街、世界城廣場、意大利風情街、德國風情街相繼開街，法國風情街正在建設中。這裡古典與現代風情交融，周邊著名高校匯聚，三條地鐵線路在此交會，勢必成為武漢商圈的一顆巨星。

街道口商圈

街道口商圈地處城市主幹道珞喻路和珞獅路縱橫交會之地，面積約三十平方公里，是武昌區商業中心之一。商圈範圍內高等院校、科研院所集聚，人口密集，交通便捷，地鐵二號線、八號線在此交會，賽博數碼

廣場、群光廣場、新世界百貨等大型商業綜合體都在此處，隨著百腦匯資訊廣場、銀泰創意城、群光三期等大型商業綜合體的建成，街道口商圈逐漸變成了以高端電子科技、綜合商貿聞名，集商務辦公和文化娛樂等配套設施於一體的區域中央商務區。

徐東商圈

徐東商圈是武漢內環線最熱鬧的商業圈之一，它的崛起得益於長江二橋的修建。其範圍從友誼大道直至梨園大門，由鐵機路直到徐東大街，商圈內有群星城、新世界百貨、麥德龍、沃爾瑪、銷品茂等大型商業綜合體。華電、省電等電力部門及眾多金融、證券公司共計三百多家企業均位於這一商圈，具有良好的產業基礎和經濟實力。隨著地鐵八號線、地鐵 4 號線和內環線、二環線、長江二橋、二七長江大橋的貫通，徐東商圈的發展前景更加美好。

中南路商圈

中南路商圈主要以中南路為幹線，緊鄰武珞路和洪山廣場，面積約三平方公里。中商廣場、中南商業大樓、銀泰百貨、蘇寧電器、建設銀行大樓等商業和金融機構位於商圈內。這個高樓林立的區域裡，金融、信息技術、商業貿易等是主要產業。今天的中南路商圈已經發展成為一個集科技、商貿、娛樂等多元為一體的綜合中心。

鍾家村商圈

鍾家村商圈位於長江、漢江交會之地，是武漢三鎮的結合部，從武昌

琴台夕照｜知音續曲

過長江大橋進入漢陽，便是繁華的鍾家村商圈。它是武漢地區最早有老牌商場的地方，曾經與武廣商圈和中南路商圈並稱為武漢三大市級商圈。十多年來，鍾家村商圈一度被邊緣化。近年來，由於地鐵的開通、鸚鵡洲長江大橋的建成，它開始煥發出新的活力，逐漸恢復往日的光彩。家樂福、中百倉儲等商家入駐，一些小型娛樂項目在此落戶，鍾家村商圈日趨發展完善。鍾家村商圈臨近百年古剎歸元寺、鐘子期俞伯牙高山流水遇知音故事的發源地古琴台、月湖公園和「漢陽造」文化創意園，既是一處綜合的購物場所，也是休閒的好去處。

漢陽王家灣商圈

王家灣商圈擁有武漢商圈中最大的商業經營面積，二十一世紀廣場、家樂福、廣百百貨、大洋百貨、歐亞達、蘇寧電器等知名商家匯聚，是漢陽最繁華熱鬧的地區。

武漢的花城時尚

　　武漢這座中部之城歷來就是個花開四季的好地方。元代詩人丁鶴年曾作詩《武昌南湖度假》，其中有句云：「南浦幽棲地，當門罨畫開。青山入雲去，白雨渡湖來。石潤生龍氣，川光媚蚌胎。芙蕖三百頃，何處著炎埃！」這裡的「芙蕖」便是在湖北一地最為平常的荷花。清代詩人李漁關於武漢著墨頗多，他曾寫《梅》詩：「楚天節候異儂家，二月江梅未盡花。欲識東南春早晚，客程一月較無差。」梅花是武漢的市花，武漢梅花節已連續舉辦近三十年。每年冬季至來年春季，武漢東湖風景區的梅花節便會吸引數以十萬計的遊客來此賞梅。近十年來，每年三四月間武漢大學千株櫻花盛開，百萬遊客慕名而來，又為武漢打造了一頂「新花城」的桂冠。

　　根據政府規劃，武漢將以「櫻花、梅花、荷花、牡丹、玫瑰、曇花、鬱金香」七大花卉為主體，以「杜鵑、菊花、桂花、蘭花、桃花、梨花、杏花、油菜花、金銀花、山茶花（木蘭花）、格桑花」十一大花卉為支撐，建設二十三個花卉主題園區和花卉休閒旅遊基地。二〇一五年九月，在武漢舉辦了第十屆中國國際園林博覽會，園博園會址大部分永久保留，這又將武漢的新花城建設提升了一個層次。

　　今天，武漢已真正成為一座「四季花開」的城市，除武漢中心城區的東湖風景區及各大高校校園外，黃陂雲霧山的杜鵑花、木蘭玫瑰園的玫瑰花、東西湖的鬱金香、蔡甸區消泗鄉的油菜花，以及江夏的荷花、薰衣草……已形成了一條以賞花旅遊為主題，與「食、住、行、遊、購、娛」等旅遊要素緊密結合，與文化、園林、農業、林業、城建諸多產業相關聯的花卉經濟產業鏈。

武漢櫻花｜陳勇攝

　　春賞櫻花秋品菊，夏觀荷花冬訪梅，武漢不愧為一座名副其實的「新花城」。

第二節・文化名城　智出襄陽

　　鐵打的襄陽，也是智慧的襄陽。

　　人們最初知道襄陽，一般有三個途徑，一是從諸葛亮《隆中對》得知；一是從金庸武俠巨著《射鵰英雄傳》裡讀到；一是從「鐵打的襄陽」這句俗語中聽說。總之，襄陽給人的印象，是一個名人輩出的智慧之地，是一個兵家必爭的要害之地，是一個有著許多傳奇故事和深厚文化底蘊的歷史名城。

　　襄陽歷史悠久，距今約有二八〇〇年。襄陽地理位置極為重要，是兵家必爭之地，歷史上在這裡發生的戰爭不計其數，有史籍記載的戰爭就有兩百多次。這其中有名的戰役有關羽水淹七軍之戰、岳飛收復襄陽之戰等。南宋末年，蒙古軍隊兵臨城下，在這裡發生的襄陽大戰在歷次戰爭中持續時間最長、最為殘酷的一戰。

　　襄陽城四面環水，其中一面緊鄰漢水，另外三面則是人工護城河。在眾多護城河中，襄陽護城河的寬度可謂是歷史之最。根據史料記載，在宋朝時它的平均寬度就已經達到了一八〇米，而最寬的地方為二五〇米，襄陽因此被譽為「華夏第一城池」。襄陽城的古城牆留下了歲月烙印，卻矗立得寵辱不驚。盪舟護城河，沿著城牆觀賞周圍美景，十分愜意。

　　近年來，襄陽推出「智慧襄陽」城市主題形象，圍繞「一城兩文化」（襄陽古城，三國文化和漢水文化），主打品牌，大力開展旅遊業「二次創業」。以古隆中為龍頭的三國文化旅遊區、以襄陽古城為龍頭的文化休閒旅遊區、以魚梁洲為龍頭的漢江風光休閒旅遊區等初具雛形，一座「有說頭又有看頭」、有文化底蘊又具良好生態的現代旅遊城市正在崛起。

古城時尚　夢回唐城

唐城影視基地

中國唐城，是由湖北志強集團斥資打造，襄陽智谷文化開發有限公司開發建設的大型文化旅遊景區。唐城是為知名導演陳凱歌執導的電影《妖貓傳》拍攝而建，是一處集影視拍攝、唐文化展示、商業街區、休閒娛樂為一體的人文景區。

唐城位於文化底蘊深厚、自然風光秀美的峴山臨江風景區，東連漢水，南眺鹿門，西依峴山，北接古城，依託襄陽厚重歷史文化底蘊，將峴山、漢水、孟浩然、習家池等大批代表性襄陽文化元素注入景區，蘊含著峴山文化、漢水文化、詩歌文化、宗教文化、考古文化等，為遊人呈現「一枕春夢，浪漫唐城」的文化體驗之旅。

襄陽古城｜郭伏才攝

唐城風光

　　唐城影視基地不僅能提供影視拍攝服務，還是一個功能豐富的旅遊區。整個景區占地面積廣大，一期項目面積就達六百畝，花費近十三億元，整體以國家 5A 級旅遊景區為標準。景區分為城樓、宮殿、街市、宅邸、寺院、水系六大片區。主要有凱旋樓、明德門、朱雀廊、東西市、青龍寺、唐皇宮、西明寺、胡玉樓、高力士宅、澗南別業九大盛唐建築群。唐人街有很多旅遊設施，比如水岸街、水幕電影等，夜晚來臨的時候，處處流光溢彩、繽紛閃耀，是賞景休閒的好去處。

　　景區將漢江水人工引入城內，形成八條水系，在各水系上建有橋梁，形成八水八橋的格局，詩意盎然，遊人可乘船領略唐城全景。唐城裡的花萼相輝樓、長生殿、御苑門等建築宏偉大氣，外牆著色也十分豐富。凝重的古風建築與城中引進的江水相交，置身其中就像是穿越回大唐盛世。

峴山文化休閒區

峴山處於襄陽市的南部，以東是漢水，以西是萬山，以北是襄陽古城。峴山由多座山體構成，比如虎頭山、真武山等，整個山體系統屬於荊山的一部分。峴山山體較為險峻，但也有秀美之處。

峴山是一座歷史文化名山。羊祜、龐德公、龐統、杜預、習郁、釋道安、孟浩然、杜甫、皮日休等名人先後在此隱居、休憩、遊覽、求學、著書、傳教。文人墨客在遊覽峴山後留下了眾多壯麗的詩篇。大量神祕而莊重的亭、祠、閣樓、寺觀、碑刻分布山間，古樸典雅，令人流連忘返。三國故事、伍子胥與襄陽傳說、虎頭山傳說等都是峴山寶貴的歷史文化資源。

近年來，峴山旅遊區重新整合規劃利用區內豐富的人文和自然資源，力爭將峴山建設成華中經典人文及生態旅遊區。有私家園林鼻祖美譽的習家池，如今重現世人眼前，古園、古祠、古樹、古風、古韻，讓遊客流連忘返；中華紫薇園正式對遊客開放，深受遊客喜愛；峴山綠道、文化廣場修飾一新，已經成為市民休閒、娛樂、健身的首選之地。

峴山全景

漢水文化旅遊展示區

這是由香港衛視集團計劃投資一一三億元打造的華中地區文化旅遊航母級項目。該項目規劃涵蓋魚梁洲、龐公以及漢江上游的賈洲、長豐洲、老龍洲、水上游線碼頭等，將以魚梁洲為龍頭、以漢水為紐帶，通過「水軸線、船集散」的方式，形成「一線串珠、洲島統籌、水岸一體、城洲聯動」的整體優勢。目前項目進展順利，二〇一五年五月三十日已經正式啟動建設，一期工程包括漢水文化廣場、漢水女神雕像、英雄匯遊樂園、香港衛視華中總部基地等標誌性項目。項目建成後，魚梁洲將作為漢水文化傳承和發展核心區，成為襄陽文化旅遊的新地標，崛起於漢水之濱。

玩在襄陽　穿越時空

襄陽北街淘寶

北街是一條具有傳統文化特色的商業街，它坐落在襄陽城中心十字街之北。北連古城牆，南接昭明台，長八六〇米，寬十二米。古色古香的建築風格，與古城牆連為一體，展示著襄陽這個古城的古

襄陽北街

風遺韻，也是襄陽作為國家歷史文化名城的一張「名片」。襄陽北街曾是

古襄陽城碼頭，熱鬧繁華，街道兩旁排滿了茶館、字畫店鋪、特產雜貨店等，街上還有一些名勝古蹟。如今，北街作為城內古老而繁華的街道，為襄陽古城旅遊區的延伸部分，是外地遊客的必逛之地。

襄陽人民廣場休閒商圈

人民廣場素來就有襄陽的「城市客廳」之稱，它位於城市中心地區，是一個由人民公園、開放式廣場以及部分商業建築組成的市民休閒場所。人民廣場商圈在襄陽城市發展史上有舉足輕重的地位，也是襄陽的重要地標之一，是集購物、住宿、休閒、娛樂等為一體的城市休閒商圈。

開放廣場勞動街

開放廣場處於襄陽市的商務區核心地帶，以解放路為主軸，與炮鋪街、中山街相交，與漢江相鄰，與人民廣場隔街相望，勞動街橫貫其中。勞動街蘊含著這座城市長久以來的人氣和商氣。自改革開放以來，勞動街煥發出新的活力，被人們稱為「襄樊漢正街」。今天，開放廣場勞動街逐漸從一條單一的商業街變成了輻射力極強的商圈。每天這裡川流不息的人流都多達十萬，尤其是節假日更是熱鬧非凡，是襄陽最繁華的、最熱鬧的商業地帶。

吃在襄陽　味蕾盛宴

風華路美食一條街

風華路是襄陽市區較早形成的小吃街，也是襄陽規模最大的美食一條街。二十世紀末以來，全長六八五米的風華路彙集了二百多家小吃經營

戶，是一個「風味集中營」，這裡集聚了最具親民特色的風味餐飲，素有「一街吃遍襄陽」之說。如今，襄陽風華路被分為三段，北段是早餐特色區，中段是小吃特色區，南段是夜市特色區。

襄陽美食名聲在外，其中最有特色的自然是襄陽黃酒。襄陽黃酒，色似乳汁，香氣輕淡，味微酸甜，因其加漿稀釋，酒精度一般只有二至三度。其原料是糯米，繼承了古老傳統的製作方法，營養價值很高，有保健作用。襄陽人的早餐，多是一碗香辣勁道的襄陽牛肉麵，加一碗黃酒，營養豐富而醋暢爽口。

大名鼎鼎的襄陽牛肉麵更是味覺殺手。有詩云：「一碗牛雜麵，十里黃酒香。未諳此中味，枉自到襄陽。」水開後將麵下入鍋內，煮開後撈起，加香油涼拌。吃時，撮一把麵放入搭勺，伸進沸水中加熱，然後加入煮好的牛肉、牛油、辣子及其他佐料，立時一辣二麻三鮮。再配一碗當地黃酒，這日子神仙也不換。

風華路上的著名餐館還有襄陽當地人推薦的「老襄陽土菜館」「肖家腸子湯」「世紀烤吧」「趙府乾鍋雞」「龍門粥道」等。

勞動街小吃

勞動街經過改造後，面貌煥然一新，以特色小吃街的風貌閃亮登場。這裡有家喻戶曉的周黑鴨、武漢特色小吃易記酸辣粉、貴哥滷肉卷等，還有近年來風靡襄陽的星飲、駱記野生板栗等。勞動街除了中國本土特色小吃外，還有很多時尚快餐廳、西餐廳等，類型繁多，能夠滿足不同人群的飲食需求，更是休閒聚會的好去處。

閘口路夜市吃大蝦

閘口路夜市傳承了「西門橋夜市」的風格，自開業以來就是大眾喜愛的休閒場所。閘口二路的大蝦比較出名，而八九大蝦店的宜城大蝦在當地更是受人追捧。這家店的大蝦以麻辣、鮮香為特色，十分符合本地人的口味。吃完蝦後，再來一份筒子骨湯，這樣可以中和口中的麻辣味，湯汁入口，回味無窮。

第三節・峽江明珠　愛上宜昌

宜昌是座水靈靈的城市，讓人心生愛戀。

宜昌在古代別名「夷陵」，為「水至此而夷，山至此而陵」之意。如今的宜昌則可以稱為「宜人之城、昌盛之地」。宜昌位於湖北省的西部地區，為省域副中心城市。它臨長江而建，是長江中游和上游的分界點，上為巴蜀之地，下為荊州襄陽。宜昌地處重慶、湖北、湖南交會地區，有「三峽門戶」「川鄂咽喉」之稱，地理位置極為重要。

宜昌，是湖北省僅次於武漢的第二大旅遊城市和長江三峽國際黃金旅遊線的集散地，也是湖北省境內旅遊資源最為富集的地區之一，境內有三峽大壩、三峽人家、清江畫廊等一批高等級旅遊景區。

宜昌是巴楚文化交融之地，是土家文化和民間文化的沃土，長陽土家族自治縣清江之畔的武落鐘離山相傳是土家族祖先古代巴人聚居、生息和繁衍的地方。四千多年前，巴人首領廪君誕生於此，並率領著他的部落從這裡走向四方，形成了特色鮮明的地域文化和絢麗多彩的民間文化。

宜昌是三國文化流傳之地。三國風雲中，精彩的「夷陵之戰」，孫權火燒劉備連營七百里，趙子龍大戰「長阪坡」，張飛橫矛「當陽橋」，關公敗走麥城、被擒「回馬坡」等故事膾炙人口，三國遺跡俯拾即是。

宜昌是名人薈萃之地，走出了世界歷史文化名人屈原、王昭君，以及聞名中外的著名學者楊守敬等先賢名流。

近代宜昌還是重要的軍事要塞，在「二戰」歷史上有著舉足輕重的作用。一九四三年五月，為阻擋敵軍的前進，進而保護當時的陪都重慶，十五萬中國軍人在這裡與強大的敵人展開殊死搏鬥，最終取得勝利。此戰被譽為中國的「斯大林格勒保衛戰」。今天，石牌要塞一地還保留著當年作戰的砲臺、戰壕等遺跡及遺物，通過這些被彈片摧殘得斑駁殘缺的遺址，遊客能深刻感受到當年那場戰鬥的慘烈與輝煌！

峽江明珠　純愛之城

　　宜昌濱臨長江，是一座靈動秀美的濱江城市。美麗神奇的西陵峽、秀美純樸的三峽人家以及三游洞風景區，都因得長江之險秀，擁有幽靜的峽谷和良好的植被而備受青睞，加上良好的氣候、獨特的區位，構築了宜昌生態文化原型。宜昌是湖北省較早的熱門旅遊目的地，不僅因為這裡是長江三峽遊船旅遊線的起點，還因為這裡豐富的旅遊資源和宜居宜游的城市氣質。

　　幾年前，一部愛情電影《山楂樹之戀》，讓故事的拍攝地宜昌火了，主人公靜秋和老三的愛情故事，讓宜昌「愛」的主題鮮明起來，而宜昌近年來旅遊業軟硬環境的提升，讓「愛上宜昌」的內涵也變得豐富起來。

　　愛上宜昌，緣於它是大自然造就的一塊美麗的寶地。宜昌處於峽江之

綠色的新宜昌｜舒慧生攝

地，境內多丘陵、洞穴、瀑布，景點甚多。宜昌周邊十公里範圍內，主要的景點有三峽大瀑布、三峽人家、柴三游洞、金獅洞、葛洲壩工程、屈原故里等。宜昌南津關，是著名的國際旅遊線長江三峽的東頭起點，長江三峽中自然風光最為優美的一段西陵峽，山川秀麗，峽谷幽深，水深潭碧，船行江面，帆影點點，展示著峽江風情，記載著名人足跡。歷代文人騷客留下了很多稱讚西陵峽的詩句，比如清代詩人孫原湘就有詩曰：「一灘深過一灘催，一日舟行幾百回。郢樹碧從帆底盡，楚台青向櫓邊來，奔雷峽斷風常怒，障日峰多霧不開。險絕正當奇絕處，壯游勿使客心驚。」此詩把西陵峽的美景寫得淋漓盡致。除了已經開發的景區外，宜昌秀美的自然山水中更密布適合戶外運動探險的高山峽谷、天坑地縫、急流險灘和叢林瀑布。

愛上宜昌，還緣於它獨特的城市氣質。作為省域副中心城市，與省會武漢相比，它沒有太多高大的建築，沒有太多的工地和塵霾，也沒有大城市常有的擁堵和煩躁，人們的生活節奏是舒緩的，就像宜昌話的柔和婉轉。與同為省域副中心城市的襄陽相比，她是清新的，一個像是北方的姑娘，一個則是南方的閨秀。長期生活在宜昌的人，都說宜昌生活很「安逸」，不大不小的城，不勞累，不閉塞，生活在這裡，吃有三峽特色美食，行有飛機、高鐵、城市 BRT，住房不貴，生活開銷不高，是一個宜居的城市；去宜昌旅行的人，也會瞬間愛上這個城市，她的溫婉、秀麗，就如鄰家女孩般讓人上眼上心。

愛上宜昌，不同的人有不同的理由，或因為屈子曾經的行吟，或因為巴楚文化的觸動，或緣於鄉土美食的回味，或緣由滿山橘園的酸甜，或來自兩壩一峽的瑰麗，或來自三峽妹子的歌聲……一旦愛上，你便不會後悔！

水電名城　活力宜昌

　　四十多年前，長江幹流上第一座大型水利工程葛洲壩的建成，讓宜昌這座城市聞名全國。作為三峽工程的試驗壩，它不僅為華中地區的工農業生產提供了強大的電力，而且有效改變了川江峽谷航道，也為三峽水利樞紐工程積累了經驗。二十年前，舉世聞名的長江三峽水利工程建成，讓宜昌這座城市更加煜煜生輝。從葛洲壩防洪發電，到三峽工程千秋偉業，因水電而興的宜昌，圓了國人太多的夢想。

　　宜昌，是世界水電之都，全市水能開發總量達三千萬千瓦以上。在以宜昌城區為中心、半徑四十公里的範圍內，已建成長江三峽大壩、葛洲

葛洲壩全貌｜姚一龍攝

壩、清江隔河岩和高壩洲四座大中型水電站，宜昌成為世界最大的水電能源基地。這些電站水壩不僅產生了強大的電能，而且還派生出了水電工程文化、水電生產文化、水電科教文化、壩區移民文化等一系列豐富多彩的現代文化。

宜昌，是一座充滿活力的旅遊新城，她是長江三峽國際旅遊線的重要的節點城市，萬里長江第一壩——葛洲壩工程和中國最大的水利樞紐工程——三峽工程讓水電旅遊名城宜昌聞名天下。

宜昌，是一座重要的港口城市。長江黃金水道流經宜昌市域二三七公里，宜昌港為長江八大港口之一，宜昌還是內陸經濟發展的中轉港口，海內外客商投資開發的聚集地，長江經濟帶的重要工業城市。

奔騰不息的長江，從世界屋脊青藏高原汩汩而出，攜著唐古拉山的冰雪和風雲，劈波斬浪，經山川，沖夔門，穿瞿塘，踏巫峽，破西陵，一瀉千里，在宜昌這片土地上，經過人類的偉大開拓和智慧，創造出世界奇蹟。「峽盡天開朝日出，山平水闊大城浮」，金色三峽、銀色大壩、綠色宜昌正以獨特的山水和城市魅力吸引著世界的關注和目光。

宜居宜業　時尚宜昌

宜昌萬達廣場

萬達廣場位於沿江大道和夷陵大道之間，東為萬壽路，北靠勝利路，地跨伍家崗區和西陵區，被譽為宜昌臨江地區的新坐標。萬達皇冠假日酒店是目前宜昌市唯一的五星級酒店。

萬達廣場內有百貨商場與大型超市，步行街上還有眾多的精品店、服裝店、餐飲場所等，可滿足遊客和消費者的各種需求。

宜昌 CBD 中心商務區

宜昌 CBD 中心商務區位於宜昌市的政治、經濟、文化中心——西陵區，旁接夷陵廣場，右靠兒童公園。

宜昌 CBD 中心為武漢市支援三峽庫區建設的項目，並且是其中規模最大的項目，除傳統功能外，還擁有旅遊、辦公、居住、文化等功能，中心內遍布高級寫字樓區、星級酒店區、高檔住宅區、商業區。宜昌 CBD 中心商務區建設有八大中心，即城市休閒購物中心、文化教育中心、高尚居住中心、企業行政中心、國際會展中心、商業服務中心、三峽旅遊產品展示中心、金融服務中心，並具備四大功能，即中心商務區、全生活服務區、綜合商業區、生活居住區功能。它的建成在很大程度上完善了城市的功能，同時也大大提高了城市整體對外競爭力。

香山．福久源新天地商業街

該商業街位於宜昌伍家崗區。其所在地橘城路是宜昌市建造標準最高的景觀大道，也是宜昌市的「迎賓大道」。香山．福久源城市商業綜合體，沿橘城路一側，由北至南依次為商務酒店、沿街商鋪、特色商業街、商場、寫字樓，形成完整連續的七五〇米商業長廊。其中，宜昌水悅城總建築面積約十四萬平米，是宜昌首個以水文化為主題的廣域型、複合型、節日慶典型、時間逗留型、家庭式娛樂購物中心。購物中心採用峽谷式的商業空間和蜿蜒水系相結合的設計理念，讓整個建築本身成為具有三峽景區特色的建築體，通過景觀運河、瀑布、石橋、噴泉、水

榭、空中庭院、天然植物、天頂花園等特色建築功能設施，將陽光、空氣、水流、天然植物等景觀元素引入商業空間，使得其每一層都極具活力，為消費者呈現出一個面積近八萬平方米的水生態體驗式家庭購物公園。

流連忘返　玩在宜昌

夷陵廣場

夷陵廣場地處宜昌的繁華地段，往東是國貿大廈，往西是九州購物廣場，往北是西陵一路，廣場總面積五點五二萬平方米，其中綠化面積達四點八萬平方米。綠地在一九九七年三峽大壩截流後便對外開放，是被政府承認的永久性綠地。

夷陵廣場由上海園林設計院負責設計，整個廣場綠地面積達六成以上，總體上展現了城市的魅力及親近自然的主要設計理念，具有鮮明的時代感。夜間，音樂噴泉啟動，景觀燈閃爍，廣場上的花卉與草坪色彩對比格外鮮明，構成一幅明快的畫卷。這裡每天都會有很多老年人來此晨練，兒童在這裡嬉戲打鬧，散步的年輕人餵食飛來的鴿子，處處彰顯著人與自然的和諧相處。

濱江公園

濱江公園位於宜昌市中心地區。公園面積約三十五公頃，其中綠地面積十二點五公頃，風景宜人，是長江沿線最長最美的大型公園。濱江公園綠樹輝映、花團錦簇，整個園區建築風格仿古，園區內有屈原塑像、鎮江閣等，與遠處的沿江大道、夷陵長江大橋共同構成一幅既古色古香

又不失時代風采的畫面。

公園所處地段的海拔高度大約為五十五米，這與長江水位高度大致持平，所以公園與長江可以形成對景。公園中大面積的綠化地帶遠遠看去似一條舞動的綠絲帶，而整個公園則猶如一座畫廊一般，不愧為「萬里長江第一園」。

濱江公園的中心大門雙亭廣場建於一九八三年，總面積五千平方米，位於雲集路口。大門上書寫有「濱江公園」四個字，是著名書法家舒同所題。門的兩旁立著寫有「三峽捧出宜昌市，世界崛起水電城」字樣的廣告牌，大門的後面便是廣場。在東西面臨近長江的地方各建有雙層八角琉璃亭，「雙亭廣場」之名便來源於此。雙亭廣場的兩邊各有一塊綠地，占地面積分別為一點九萬平方米和一點五萬平方米，這裡是整個廣場人流較多的地方。

宜昌濱江公園│曹蓉攝

第四節・礦冶名城　晶彩黃石

> 黃石的礦藏挖了幾千年，如今將成為旅遊的「富礦」。
>
> 黃石市是長江中游南岸的一座山水園林城市，面積四五八三平方公里，人口二四〇多萬人。藍天白雲，綠樹成蔭，山水繞城，如今的黃石並非是一座人們想像中的工業城市，而是一個富庶美麗，且管理得當的現代旅遊城市。
>
> 歷史上，黃石因其獨特豐富的礦冶資源，在中國歷史上扮演著重要角色；如今，黃石以壯士斷腕的決心，銳意轉型，大膽創新，既壯大了原本堅實的工業基礎，又發展以生態和綠色為基調的現代服務業，由一座「光灰的城市」，變為一座美麗的旅遊休閒城市。

千年爐火　礦冶之城

要解讀黃石這座城，繞不開其悠久的礦冶歷史。

黃石地區被稱為華夏青銅文明的發源地之一，礦產資源十分豐富，在中國近代民族工業的發展過程中占有重要的地位。商周時期，此處便曾大興爐冶，留下了聞名中外的銅綠山古礦冶遺址。清末，隨著洋務運動的不斷開展，湖廣總督張之洞創辦著名近代工業——漢冶萍公司，使用的正是黃石的煤炭資源。中華人民共和國成立後，很多重要工業項目陸續落戶黃石。華新水泥、大冶勁酒都是這座城市的後起之秀，它們共同見證了黃石經濟的發展歷程。

黃石的工業發展具有一定地域特徵，可以概括為「三性」。唯一性，

大冶銅綠山古銅礦遺址｜宮兵攝

即黃石工業發展在時間上連續、布局密集、品種繁多。從商朝到今天有三千年，這期間礦冶火爐的火從來沒有斷過。在黃石遺留下很多礦址，如銅綠山古銅礦遺址、漢冶萍煤鐵廠礦舊址、華新水泥廠舊址、大冶鐵礦東露天採礦遺址，它們集中在大約十七平方公里的土地上。這種礦址眾多、技術完備、類型齊全的礦區，在全國都是少有的。先進性，即無論是石器時代、青銅文明時期，還是近代工業時期，黃石一直都是先進生產力的代表。完整性，說的是從古至今，黃石銅、鐵、煤資源的開發利用及水泥的利用歷史都十分完好地保留下來了，其中一部分設備也得以保存至今，它是一部活的史書。黃石冶礦遺址已經著手申請世界文化遺址，而且被列入《中國世界文化遺產預備名單》，這是湖北省唯一入圍此名單的項目，也是唯一一個涵蓋古代和近現代工業遺產項目。

黃石依靠青銅而起，是人類文明的見證，今天，這片土地上的青銅之火仍然在不斷地燃燒。「青銅故里」「鋼鐵搖籃」的稱號它當之無愧。

半城山水　休閒之城

　　黃石城在山間，山在水中，山水相繞，水山交融，因此有「半城山色半城湖」的說法。漫步城中，時時是景，處處是畫。在這裡，黃石人持續了千年的寄情山水情懷與工業文明帶來的現代風尚融於一體。

　　整個市區三面靠山，一面臨江，呈「入」字形。市區內有一湖，名為「磁湖」，面積達十平方公里。磁湖風景秀美，蘇軾和蘇轍二人曾來此地遊玩，留下「蘇公石」。在古磁湖的邊上，今天又建了鯰魚墩、澄月島、團城山公園等新的景點。八大景觀將古磁湖打扮得更加動人，使其成為市民重要的休閒娛樂場所。

　　「西塞山前白鷺飛，桃花流水鱖魚肥。青箬笠，綠蓑衣，斜風細雨不須歸。」這是一二○○多年前著名詩人張志和的《漁歌子》中的詩句，在這首詩中，黃石地區西塞山的美景被描述得寧靜秀美，引人入勝。西塞山的地理位置自古就十分重要，有「千年詩壇百戰場」之稱，三國時代

黃石城市風貌｜周巍攝

孫策攻黃祖、周瑜破曹操以及「鐵鎖沉江」等上百場戰爭都發生在這裡。歷代名士，六朝有江淹、何遜，唐有張志和、劉禹錫、韋應物、李白，宋有蘇軾、黃庭堅、陸游，明有吳國倫、王世貞、易應斗，清有宋湘、詹應甲等共四十餘人，留下過吟誦西塞山的詩詞。今天的西塞山因此成為黃石的重要旅遊景區之一，其中桃花古洞、報恩觀、元真子釣台、北望亭、古砲臺、飛雲洞等景點都有著厚重的文化底蘊。

東方山地處下陸區和鐵山區的交界處，距離市區二十公里。這裡山勢巍峨，海拔四九五點二米。「在武昌（今鄂州）東界，故名東方」。山頂有座弘化寺，該寺廟建於唐憲宗元和五年，最初名為寶豐招提，由唐憲宗親筆題寫。現存的寺廟主要建築是清朝同治年間重新修繕而成的。整個寺廟規模宏大，金碧輝煌。東方山自然景色秀麗，有「靈泉錫卓」「仙履日喧」「青松倒插」「白蓮頻開」「鐵山懶臥」「石船高撐」「禪關同福」「道洞雲停」八景，現為國家 4A 級旅遊景區。

黃石將綠色、紅色、休閒等多種旅遊資源進行組合，遊客來此可以體驗不同的遊覽樂趣。東方山、黃金湖、磁湖景區、礦山公園、農家生態游、漁業休閒遊、都市觀光游融為一體，使黃石成為遊客嚮往的勝地。黃石地區的礦冶文化全國聞名。「工業遊」是該地區最具特色的旅遊項目，置身其中，其樂無窮。

工商業發達　富庶之城

黃石是中國的老工業基地，工業基礎雄厚，憑藉著大刀闊斧的改革，黃石在城市轉型的道路狂飆猛進，成為我國中部地區重要的原材料工業基

地，現已形成黑色金屬、有色金屬、建材、能源、機械製造、紡織服裝、食品飲料、化工醫藥八大產業集群，擁有華新水泥、湖北美爾雅股份有限公司、美島服裝、大冶特鋼、中國勁酒、東貝集團、湖北新冶鋼等一大批國內外知名企業。其中，有十一家企業入圍湖北百強，數量穩居湖北前三。同時，大冶有色金屬公司進入中國企業五百強，華新水泥進入全國製造業五百強。

黃石有「服裝新城」之稱，共有一四○多家服裝企業，員工多達三萬。美爾雅工業園位於經濟開發區，地理位置優越，生產技術先進，每年可水洗羊毛面料三五○萬米。大冶的陳貴鎮引進資金六點四億元成立紡織服裝產業園，投入生產後，一年可產牛仔服六千多件。黃石還有二十餘家鞋帽廠，落戶陽新的夢娜襪業，設計年產六二五萬打棉襪；大冶湖北匯星製衣襪業，設計年產襪子一四○○○萬雙；落子陽新城北工業園區的香港飛達集團，將每年為世界生產名牌棒球帽、漁夫帽、禮帽、頭圍、太陽帽一二○○萬頂。

第五節・人人稱道　魅力十堰

十堰，因車而建，因車而興。

道教聖地武當山在十堰；南水北調中線工程的調水源頭丹江口水庫在十堰；著名汽車公司——東風公司也在十堰。因此，十堰的城市名片便是武當山、丹江口水庫和汽車城。

十堰地名始於明朝。明成化二十年（1484 年），薛剛纂修《湖廣圖經志》載有：「十堰，在縣（今鄖縣）南，因溪築十堰，以灌田。」這是十堰名稱的最早記載，因此可得出十堰名字的由來——在百二河上堆砌石頭用來攔截河水，以此灌溉農田，共修有十道堰。然而，現存有名有實的，只有二堰、三堰、四堰、五堰、六堰，其他堰塘和地名一樣，已消失於地理的變遷和城市的發展之中。

如今的十堰，是一個宜居宜業宜遊的生態人文兼修之城，丹江水的滋潤，造就了她的靈氣；武當文化的薰陶，修練了她的仙氣；汽車產業的根基，激發了她加快發展的動力活力。

活力十堰　因車而興

十堰是鄂、豫、陝、渝毗鄰地區的區域性中心城市，位於華中、西南、西北三大經濟板塊的結合部。十堰，是一座因汽車製造而興的城市，是「東風車」的搖籃，可以說，沒有汽車，就沒有十堰。新中國成立初期，由於備戰需要，對汽車製造企業選址要求隱蔽、分散，十堰多山，符合隱蔽的特徵，其次襄渝鐵路穿過十堰，交通方便，且十堰地質穩定，因此，東風汽車最終選址十堰。

一九六九年，第二汽車製造廠正式在十堰落戶，十堰城始有規模。當時，因為「二汽」的興建，十堰最初的人口是來自五湖四海的汽車技術人員，尤其是北方人居多，因此，普通話成為十堰最通用的語言。如今，十堰的居民中，仍不少是「外來人口」，有的是舉家從外地調來，儘管已經過幾代人的歲月，方便溝通的普通話在十堰依然很流行。

　　自「二汽」入駐至今，經過近半個世紀的艱苦創業，原來的「二汽」，現在的「東風汽車公司」已成長為中國製造業五百強第二位、世界五百強第一八二位的重要工企業。目前，東風汽車公司總部已遷至武漢，十堰主要以中重型商用車、零部件、汽車裝備事業為主，而襄陽基地主要生產商用車，武漢總部和廣州主要生產乘用車，這便構成了東風汽車的四大生產地。

　　十堰是「中國第一、世界前三」的商用車生產基地，全市有汽車及零部件生產企業五百餘家，資產總額一千億元。十堰全市共有五百多家汽車整車及零部件的生產廠，資金近千億元。其中，東風汽車公司位列世

魅力車城｜蒲玉書攝

界三大著名卡車廠家之一，在汽車行業占有重要地位。目前，十堰的汽車品牌十分齊全，有東風、聯達、力神等品牌，產品覆蓋重型車、中型車、輕型車、微型車、客車、低速貨車等系列車型，整車產能五十萬輛以上。十堰「汽車之都」「中國卡車之都」「東方底特律」的美譽和別稱名副其實。

建市近半個世紀以來，十堰不光發展汽車產業，在水電、冶金、化工、能源等方面也不斷發展，產業結構逐漸齊全。汽車產業、水電產業、旅遊產業、生態產業成為十堰經濟發展的四大支柱產業。

丹水仙山　別具風情

十堰是鄂西生態文化旅遊圈的核心城市。自古有「南船北馬」「川陝咽喉」「四省通衢」之稱。由於山地地理條件限制，十堰城區大部分依山而建、開山而建，因此，整個城市近乎山城，滿眼蒼翠。

當然，十堰最有名的山當數武當山，武當山位居中國道教名山之首，是集自然風光與深厚文化於一體的仙山。武當道教、武當建築、武當武術和武當音樂等中國文化元素使武當山成為海內外遊客嚮往的旅遊勝地。十堰這座城市，從某種程度上說，因武當山而聞名，因武當山而驕傲，因武當山而帶著靈氣和仙氣！

丹江口水庫是中國世紀工程南水北調工程中線水源地，工程的興建讓十堰產生數十萬大移民，有的居民一遷再遷，有的遠離故土遠赴他鄉。為保證「一江清水送北京」，丹江口水庫周邊及十堰全境實行嚴格的生態保護。十堰這座城市因漢江水、丹江口水源的潤澤，顯得生態而靈動。

丹水仙山｜張波攝

　　位於湖北省十堰市北郊六公里的四方山生態公園，是國家 3A 級旅遊景區，是一個集科研教學、休閒娛樂、旅遊觀光為一體的綜合性植物園。四方山植物園始建於一九九二年，占地二八〇〇餘畝。現已建成峭壁臨風的「和亭」，旱不枯、雨不盈的「天池神浴」，怪石橫生的「醉石林」，晴日賞明月、風狂聽松濤的「觀松亭」，真武練功的「太極壇」，林寒澗嘯、深邃莫測的「福壽谷」及江南園林建築二十處。四山方內的明清石雕園內，有武當山外圍寺觀明清時期的石雕、石像遺存三十餘件。

十堰市周邊，鄉村美景惹人醉。櫻桃溝村有一望無際的花海，青龍山有恐龍蛋化石群的遠古遺跡，龍潭河的山美水美，上津古鎮靜靜訴說著它的歷史故事。這裡一步一景，風景如畫。此外，這裡還有鬱金香花海張灣區黃龍鎮斤坪村，油菜花基地和人工濕地張灣區大西溝，黃龍灘水力發電廠風景區的櫻花大道、迎春花長廊，遍野桃花、油菜花的鄖陽區柳陂鎮王家學村。南水北調中線源頭環庫生態旅遊區風景如畫，習家店鎮三千畝杏花使人眼花繚亂，太極峽景區滿目青翠，千島畫廊風光如畫，都會給遊客不一樣的視覺體驗，感受十堰不同的魅力。

繁華的五堰是十堰重要的商業中心，加上六堰中心商業區的升級和北京路新商業中心的發展，人民商場、五堰商場、壽康永樂、京華量販、豐融超市、鑫城超市、鄂西北小商品城等本土企業規模逐漸強大，武漢

整裝待發｜于文斌攝

武商集團，居然之家、金地房地產、紅星美凱龍、中商百貨、國美、蘇寧、民眾樂園等外地企業相繼入駐，這裡成為十堰市最為繁華的休閒、娛樂、購物和商業、金融中心。

漢十高鐵線路的開建，更是拉近了十堰與省會武漢的距離，使武漢到十堰可早出晚歸。武當山機場於二〇一五年開始通航，機場西距十堰市城區十五公里，東離道教聖地武當山景區二十公里，有直達武漢、天津、昆明、杭州、西安、上海等城市的航線，是一條以國內旅遊為主，兼顧通用航空服務的國內支線機場。十堰武當山等著名景區，將進一步成為國際高端遊客的首選旅遊目的地，十堰市民出行也將更加便捷。

第六節・故都名城　故事荊州

　　荊州是座有故事的城市。

　　荊州位於長江中游，湖北中南部，兩湖平原腹地，是一座古老的名城，歷史悠久，文化厚重，是首批中國歷史文化名城。四千年前禹分九州時，便有荊州。幾千年來這裡人文繁盛，又為兵家必爭之地，歷來有「江左大鎮，莫過荊揚」之謂。

　　荊州在歷史上作為楚國國都達四一一年，因此可謂是楚文化的發源地。荊州共有楚城遺址五處，文化遺址七十三處，古墓八百多座。在這片土地上，處處都是楚文化的氣息，處處都可以嗅到五千年前的文化芬芳，處處都有道不完的故事。

　　一提到三國就會聯想到荊州。《三國演義》共一二〇回，其中就有七十二回提到荊州。魏、蜀、吳鼎立爭戰，整個時代的興衰傳奇都與荊州息息相關。「園林好，祠祀武鄉侯。兩表精誠光簡冊，三分籌策肇荊州。」時至今日，荊州境內仍然三國遺址遍存，行走於荊州，就像是翻閱一卷風雲迭起的三國史書。

　　荊州，在歷史的長河中，有過榮耀，有過滄桑。護城河水流淌數千年，曾經的金戈鐵馬，換成了如今的霓虹次第。歷史給這座城留下了太多瑰麗與傳奇的烙印，對於無數慕名前來的人來說，荊州永遠是春風萬里，西蜀雄關，三國英雄綸巾羽扇說千秋的古城。

荊州古城　歷史的見證

　　除了三國遺跡，在荊州，最能代表荊州歷史文化、最值得一看的應當是保存完好的護城牆。據《後漢書・地理志》記載，荊州古城牆的修建時間，可以追溯到二八〇〇年前的周厲王時期。考古學家先後在荊州發

掘出宋代和五代時期的磚牆，還有兩晉、三國時期的土城。荊州古城是我國府城中保存最好的古城垣。磚城厚約一米，牆內垣用土夯築，下部寬約九米。牆體外用條石和城磚砌築。磚城通高九米，周長一一二八一米。磚城牆體用特製青磚加石灰糯米漿砌築。特製大青磚每塊重約四千克，有的燒製有文字。文字磚記載了負責製作城磚的官府、官員和製作時間，這也是荊州古城牆修建史不可多得的檔案實證。

荊州古城四周原有城門六座，每座城門均設置了前後兩道門，兩門中間建有甕城，以便「甕中捉鱉」，致攻城之敵於死地。後為緩解城內交通，新開城門三座，新開城門均無甕城。六座古城門上原來都建有城樓，時至今日，經歷歲月的洗禮，只剩有東門和大北門兩處有城樓，而這裡也是領略荊州古城風貌最好的地方。

荊州古城護城河

和長城一樣，荊州古城牆最主要的作用同樣是軍事防禦。整個城牆上城垛四五六七個，砲臺二十六個，藏兵洞四個，如此之多的軍事防禦設施，足見荊州重要的軍事地位。其中最具特色的就是藏兵洞，四個藏兵洞主要分別在東西南北四個方向，長十點五米，寬六點三米，分上下兩層，每個洞可藏一百個人。在藏兵洞中又有小的藏兵洞，可容二人。藏兵洞與牆體相比，較為向外突出，有射擊孔，遇敵攻城則可輕而易舉地擊退敵人。

　　荊州古城牆是我國保存最好的護城牆之一，城牆東西直徑三點七五公里，南北直徑一點二公里，總面積四點六平方公里。外有護城河，全長一點〇五公里，寬三十米，水深四米。護城河西通太湖，東連長湖，與古運河相連，駕舟從內河可直達武漢。幸運的是，久歷戰火的荊州最終保全了城牆，也保全了這個千年古城最初的風骨。

義薄雲天：關公義園

　　關公文化在海內外華人中有著深遠的影響，他是「義」的象徵。一個「義」字，道出人們對中華古老文化中仁、義、誠的信仰和渴望。關公所代表的「義」恰似一顆閃光的明珠，光芒四射，熠熠生輝。二〇一六年六月十七日，陰曆五月十三（傳說關羽磨刀的日子），關公義園正式開園迎客。關公義園在荊州古城東南方，東北鄰風景優美的護城河，南面是學苑路，以西是鳳台路，總面積達二二八畝，投資額達十五億，以多種方式展現關公「義薄雲天」的一生。

　　關公青銅雕像位於九龍淵的西面，背倚荊州古城牆，由著名美術大師

韓美林設計，它的內部主要以鋼筋架構，混凝土充灌，十分穩固。總高五十八米，其中基座高十米，青銅聖像淨高四十八米，重一二〇〇餘噸，其拼裝和銲接技術水平全國一流，建設者們經過八百多個日日夜夜精雕細刻和無縫拼接、打磨，終於使關公像巍然矗立在古城東南端。整個基座酷似一艘前進中的輪船，關公雕像屹立在船頭，手提青龍偃月刀，迎風斬浪，威武非凡。關公雙目微醺，不怒而威，整個身軀迎風而立，直插雲天，鼓起的戰袍與身軀融為一體，有山的壯美，海的雄渾。塑像以巨大體量與獨特造形體現了《孫子兵法》之用兵最高境界——「其疾如風，不動如山」，帶來強烈的視覺衝擊和震撼效果。

關公義園

關公義園包括「一尊聖像」、「兩個中心」（三國文化展示中心、三國文化體驗中心）、「三台大戲」（《入城儀式》《劉備招親》《關公的世界》）。三國體驗文化中心利用現代科技設計了穿越時空體驗三國文化的環節，人們可以在這裡身臨其境感受三國的風雲變幻。在武聖殿朝武聖，在財神殿敬財神，在忠義殿悟忠義，在古戲台看關公摺子戲，別有一番風情，別有一番韻味，別有一番感悟！此外，《入城儀式》《劉備招親》和《關公的世界》這三台劇目是荊州文化新的發展點，演繹了一則則膾炙人口的三國故事，展示出一幕幕氣勢恢宏的歷史畫面。

荊州博物館：楚文化寶庫

荊州博物館位於荊州古城的西門，名列全國十大博物館之一，屬於國家一級博物館。展館內按時間順序展示著這塊土地上的人們從遠古走來的足跡，館內藏品多達十四萬件，件件都是奇珍異寶，這些文物都是楚文化輝煌的見證。在漆器的收藏數量上，荊州博物館可謂是全國博物館中藏品最多的一個，秦漢簡牘和楚簡牘的數量也是全國第一。越王勾踐劍和吳王夫差矛曾見證過歷史風雲，經久不腐的男屍更是世界的奇蹟。在荊州，一片瓦礫，一抔黃土，一處遺跡，都記錄了中華五千年的滄桑，都展現了歷史恢宏瑰麗的畫卷。

楚王車馬陣

楚王車馬陣位於荊州古紀南城近郊熊家冢，規模宏大，氣勢磅礴，被稱為「中國第一王陵」，它印證了楚國的強大和實力的雄厚。置身於君王出行的壯觀車馬行列之中，人們彷彿穿越回金戈鐵馬的春秋戰國時期。

位於古都西安的秦始皇陵兵馬俑是仿真俑，而荊州的楚王車馬陣則全是真的車馬殉葬，在年代上屬於春秋戰國時期，要早於秦始皇陵兵馬俑，是楚文化的精華，也是中華文化庫裡的奇珍異寶。

　　整個墓地占地約十五萬平方米，分為主冢、附冢、車馬坑與附屬建築等幾個部分，氣勢恢宏。主冢南側殉葬坑就有九十二座，已經發掘的有五十五座，出土文物有三千多件，十分精美罕見。已經探測清楚的祭祀坑共有二一三處。在主冢和附冢西側，還發掘出一座特大型車馬坑和排列有序的三十四座小型車馬坑。根據結構類型，可以將這些車輛分成四類，即：裝載車馬部件的配件車、運糧草的輜重車、戰車和禮儀車。禮儀車裝飾的傘蓋、車輿華麗，製作精緻，彰顯主人的地位。《逸禮・王度

楚王車馬陣景區展廳

記》中記載：「天子駕六，諸侯駕五，卿駕四，大夫三，庶人一。」按照周禮，只有天子才能享用駕馭六馬的待遇，而楚莊王只是一個諸侯國，他亦乘此規格的車，由此可見楚王身分的高貴，同時也表明周天子的地位下降，楚王在禮儀上有所踰越。

第七節・飛享農谷　花漾荊門

　　荊門處於湖北省中部，被稱為「荊楚門戶」，是一座典型的中部中等城市。這裡沒有摩天大樓，沒有繁華街巷，人們生活悠閒安逸。好生態，慢節奏，高品質，這就是荊門印象。

　　荊門給人最深的印象，莫過於一望無際的油菜花。春天的荊門，就在這金色的海洋中，燦爛著，芬芳著，變得碧綠，慢慢走向豐收。無論從哪個方向去荊門，都是要穿越這片花海田野，當然，在不同的季節，這片田野的顏色是不一樣的，但無論何時，她總不會讓你感到失望。

　　荊門的美來源於生態。丘陵崗地宜草宜木，森林繁茂，江漢平原土質深厚肥沃，特別適合農作物生長，荊門是江漢平原富庶的農業大市。作為全國重要的優質糧、棉、油生產基地，荊門的水稻、棉花、油料、水果、生豬和水產品產量均居湖北省前列。荊門「國寶版」橋米歷史上為宮廷貢米，遍布山區的珍稀樹種對節白蠟，是少有的森林「活化石」。

　　荊門的城市氣質來源於它的楚文化歷史。它是楚文化的發祥地之一，這裡誕生了長江流域最古老的文明屈家嶺文化，出土了被稱為「改寫中國思想史」的郭店楚簡。世界文化遺產、全國最大的單體帝陵——明顯陵和楚漢古墓群、屈家嶺文化遺址等分布於此。這裡養育了道教創始人之一老萊子、一代楚辭文學家宋玉、南宋理學家陸九淵、楚國歌舞藝術家莫愁女等著名歷史人物，留下了「陽春白雪」「下里巴人」等千古傳頌的歷史典故。

　　荊門的時尚，在於它是全省首個飛行器基地「愛飛客」小鎮所在地，小鎮選址於荊門漳河新區，地處漳河水庫東岸。根據規劃，鎮內劃分為機場核心區、航空會展區、航空科研區等十二大區域。「愛飛客」將建成中國最大的特種飛行器生產、試驗、試飛基地，華中地區最大的航空運動休閒體驗中心、華中地區最大的通用航空運營服務基地。「愛飛客」小鎮還可向廣大飛行愛好者、市民，提供航空技能培訓、水上飛

機翔翔、飛行表演等體驗活動。小鎮連年成功舉辦極具特色的「愛飛客飛行大會」,「愛飛客」小鎮已及荊門市已成為航空愛好者及廣大遊客嚮往的探秘之地。

生態荊門　休閒勝地

荊門的山川秀美,不僅在於吸引八方遊客的萬頃油菜花海,更是因為荊門位於荊楚之中的荊山山脈,境內的千佛洞、太子山、虎爪山、大口等國家森林公園林木蒼翠,溶洞奇絕;全國第八大人工湖和國家級水利風景區漳河水庫碧波萬頃,水質優良。

荊門的生態,在市內就可以感知。龍泉公園為中國百家名園之一,整個公園占地面積七十八公頃,景區內山、泉、湖、河相映成趣,樓、台、亭、閣顧影生輝。龍泉公園裡還有大量的摩崖石刻,增加了公園的文化底蘊。文明湖一年四季碧波蕩漾,蒙泉、龍泉、惠泉、順泉全年泉水不竭,冬天泉水溫暖,夏季泉水涼爽。天鵝湖公園是荊門市區中最大的公園,這裡深受廣大群眾的歡迎,是一個休閒娛樂的好去處。象山大道南面有一公園名曰生態運動公園,總面積達四十四點〇八萬平方米,湖北省第十三屆運動會的主場地就在這裡,是集訓練、競賽、運動休閒等多功能於一體的大型生態運動主題公園。

千佛洞國家森林公園地處荊門市中心,園內有千佛寺和千佛洞,公園的名字正是來源於此。整個園區將城市景觀與人文景觀進行結合,由東寶山、將軍山、大台山、廟山、羅漢山、青山等山體組成。公園裡的東山寶塔修建於隋朝,虎牙關經唐代修復後至今保存得十分完好,和尚塔

是園內僧人修行的地方，千佛洞、千佛寺香火不斷，還有讀書檯、品泉等景點，是市民感受自然、品味歷史的一處勝地。

在荊門，有一條四季如畫的生態景觀走廊，即由綠林山、虎爪山、太子山、大口國家森林公園組成的休閒自駕線路。綠林山風景區是大洪山國家級風景名勝區的核心景區，位於大洪山南麓、京山縣北部的綠林鎮。綠林山是秦末農民大起義的發源地，這裡有保存完好的古兵寨群，有泉清瀑急的美人谷瀑布群，有驚險刺激的鴛鴦溪漂流，是一個集山、林、水、泉、瀑、洞於一體的生態旅遊區。虎爪山森林公園是大洪山風景區的一部分，占地面積五點四萬畝，綠化率達百分之九十二，植被十

第十二屆中國（荊門）菊花展（荊門市檔案館供圖）

分茂盛。民間傳說此地曾經有一個異人驅趕老虎經過，在經過山頂的時候留下腳印，此山因此而得名。這裡茂林、修竹、庫海、蒼山渾然天成，是鄂中一顆綠色寶石。

大口森林公園距鍾祥市區東南三十公里，森林覆蓋率達百分之九十點三。園內自然景觀優美，融溶洞、溪泉、瀑布、文物古蹟於一體。分為九級天溪景區、雲台觀景區、鷹子洞景區、柳門口景區四大景區十七個景點。尤以鷹子洞瀑布為絕，瀑寬六米、落差三十六米，飛流直下，若銀河高懸。瀑側分布著大小百餘個蜂窩狀的溶洞，洞洞相連，一洞可進，百洞相連，洞瀑相掩，曲折迴環，猶如迷宮。

太子山是明朝嘉靖皇帝當太子時的狩獵地，山名便是來源於此。太子山上有西漢王莽的藏金洞和藏佛洞。這裡擁有因大自然海陸變遷而保留在江漢平原上的獨一無二的喀斯特地貌景觀——石倉雨林，還有隨處可見的「樹抱石」「石抱樹」自然奇觀。近年來，經過精心打造的太子山森林小鎮，客棧和民宿風格各異，溫馨清雅，或有農家樸實之風，或有文青小資情調，適宜於家庭親子度假，是一處絕妙的緩解工作生活壓力的休養之地。

規模巨大的人工水庫漳河水庫，在一九五八年由來自荊門、荊州、當陽等地十萬民眾不計報酬、肩挑背扛、奮戰八年始建成。水庫建成後，灌區糧食總產量由開灌前的三點四七億公斤增長到十四億公斤。景區總面積四百平方公里，其中一〇四平方公里的水域浩瀚無邊，八百公里的庫岸線迂迴曲折，湖中島嶼羅布，盡顯「千島湖」神韻。湖中已開發的有觀音島、常青島、李集島等島嶼。有「亞洲第一人工土壩」之稱的觀

音寺大壩蔚為壯觀，近年新建的陽光沙灘是全國規模較大的湖泊沙灘浴場，是人們休閒度假的絕佳去處。

「愛飛客」小鎮是荊門又一處熱門旅遊地。小鎮位於荊門漳河新區，在漳河水庫的東岸，緊鄰荊門市外環路，總面積達四二一九五畝。小鎮被劃分為機場核心區、航空會展區、航空科研區等十二個區域。在這十二個區域裡，計劃建設飛機展銷中心、飛行員培訓中心、機場及運營基地等若干項目，傾力將「愛飛客」小鎮打造為中國最大的特種飛行器生產、試驗、試飛基地，華中地區最大的航空運動休閒體驗中心、華中地區最大的通用航空運營服務基地。「愛飛客」小鎮向飛行愛好者、市民提供多種體驗活動項目，比如航空技能培訓、水上飛機翱翔、飛行表演等。二〇一五年和二〇一六年，小鎮成功舉辦了兩屆獨具特色的「愛飛

愛飛客飛行大會｜黃道春攝

客飛行大會」。「愛飛客」小鎮已成為航空愛好者及廣大遊客嚮往的探秘之地。

鄉村美景　莫愁美食

　　荊楚大地美如畫，最是荊門油菜花。春天的時候，被稱為「中國農谷」的荊門滿目花海人潮，這裡蜂飛蝶舞，黃燦燦的油菜花與村莊組成優美的田園畫卷。這是華中地區最具江漢平原特色的花海，一望無垠，一馬平川，點綴其間的綠色將這黃金的「海面」分割成不同形狀的圖案。不論你曾經觀賞過怎樣的花海，當你來到荊門沙洋七十萬畝的油菜花海時，會油然而生一種「醉了」的感覺。花海迷宮、水車、棧橋，徜徉花海，沐浴花香，大概是春天裡最愜意的事。

　　沙洋縣是整個荊門地區油菜種植最密集的地方，在這裡發現了中國第一粒人工稻種。今天，它是全國一百個農墾現代農業示範區之一，這裡的良種「雙低」油菜產量占到全湖北省的四分之一。每到春天，這片花海成為湖北最熱門的油菜花賞花地，每年吸引賞花遊客一百多萬人次。從二〇一二年起，打造「中國農谷」成為湖北省級發展戰略。荊門在打造「中國農谷」的同時，著力將油菜花打造為鄉村旅遊的品牌項目。經過多年的不懈努力，油菜花旅遊節推介活動越來越受到世人的注目，荊門油菜花賞花品牌名聲越來越大，沙洋縣也入選為「中國最美油菜花海」「中國美麗田園」。

　　除沙洋油菜花海外，鍾祥市石牌鎮的彭墩鄉村世界也是一個極具特色的鄉村休閒旅遊景區。它以突出農業產業化和新農村建設的新面貌、新氣象為特點，其中的景點有村容村貌、農民小區、農民公園、農業產業

六大基地和彭墩古鎮等。村裡道路寬闊，綠樹成蔭，步行道曲折蜿蜒，一排排整齊的農民住宅掩映林中。占地二百畝的農民公園，古樹參天，茂林修竹，花開四季。

大洪山南麓屈家嶺不僅有聞名世界的屈家嶺新石器文化遺址，還有湖北省最大的國營農場「五三農場」，它是江漢平原重要的糧倉和水果基地，因此這裡有「人祖故里，桃花世界」的美譽。屈家嶺月寶山桃文化旅遊區坐落在月寶山地域，面積五萬畝，每到三月間，這裡變成一片粉色的花海，池塘水庫散布其間，是一個賞花、品果、垂釣、度假的好地方。春天可以觀賞沙洋萬畝油菜花海、屈家嶺桃花園、京山茶花源，夏季彭墩村荷花正盛開，秋冬季這裡有萬畝紫薇，荊門如今四季都能賞花觀景。

位於屈家嶺白龍山的白鹿春旅遊度假區，由普云禪寺為代表的三十四個旅遊點組成，並以二十世紀六〇年代建起的養鹿場形成的鹿文化為特色。目前，這裡有一二〇〇多頭梅花鹿，鹿舍面積達二五〇〇〇平方米，是中國南方重要的梅花鹿繁殖基地。該景區已成為觀光、養生、專題考察於一體的知名度假區。

在荊門鍾祥，有一處獨具特色的文化鄉村、小資鄉村和美食鄉村，那便是毗鄰世界文化遺產明顯陵的莫愁村。二〇一六年下半年開業的鍾祥莫愁村，是荊門市又一個時尚的去處。莫愁村北接世界文化遺產明顯陵，南依莫愁湖國家級濕地公園，距鍾祥市中心二公里。確切地說，莫愁村並不是一個村，而是一個集荊楚民俗體驗、長壽文化探秘、鄉村田園休閒、溫泉旅遊度假、運動休閒養生為一體的旅遊綜合體，定位為「湖

北民俗民藝第一村」，是一個可以深度體驗「地道鄉土民俗、浪漫荊楚民藝、多元文化風情」的旅遊目的地。

數據顯示，鍾祥市現有百歲老人一〇九人，全市百歲老人占總人口的比例較高。莫愁村的長壽食材博物館，集中展示了鍾祥百歲老人的生活狀態以及他們的生活飲食習慣和各類健康食材、長壽貢品食材等，揭示了「世界長壽之鄉」鍾祥長壽老人的飲食祕密。

莫愁村極具荊楚韻味的古集市和老街巷裡，有一百多種風味獨特的小吃、五十家非物質文化飲食老店、二十位民間小吃傳承大家和十大傳統老式作坊。這裡所有食品都採取食材現場展示、成品現場製作的方式進行。莫愁村的建築是典型的青牆黛瓦、馬頭牆式的徽派風格，其街道上鋪設的石板、房子使用的青磚很多都是從雲貴等地收集而來的，不少古磚和古石有近百年歷史，屋內牆上的圖案、花紋則是由民間老藝人一筆一畫描繪出來的。這裡注定將成為荊門市一個新的時尚旅遊地標。

時尚荊門　購物娛樂

二〇一二年建成營業的星球商業中心，是荊門一次性整體開發體量最大的城市綜合體項目。這裡有高檔歐式住宅歐洲城邦、高星級星球國際大酒店和彙集購物、休閒、餐飲、娛樂為一體的綜合型購物中心。購物中心首次成功引入了沃爾瑪超市、蘇寧電器、橫店國際影城、連鎖量販式KTV歡樂空間等各類經營業態的知名品牌，是玩在荊門的首選場所。

荊門的知名酒店有星球國際大酒店、碧桂園鳳凰酒店、帝豪國際酒店等。此外，還有東方百貨大廈、荊門中商百貨等購物、休閒和娛樂集中的場所。

第八節・吳楚故都　鄉愁鄂州

鄂州是「鄉愁」的源起，也將以「鄉愁」為標識。

美哉，梁子湖；妙哉，武昌魚！這是梁子湖畔的城市，這裡是武昌魚的故鄉，這是吳國故都、楚國之根——鄂州。

「千年往事人何在，遺跡猶存說仲謀。」吳王城、武昌樓、試劍石、讀書堂……眾多的三國遺跡，向人們訴說著一千多年前古鄂州的風韻與輝煌。長江的波浪和湖水的漣漪，造就了鄂州江邊有山、山下有城、城中有湖、湖中有島的美景圖。

二〇一三年七月二十二日，中共中央總書記習近平在鄂州視察時指出，城鎮化建設就是要「望得見山、看得見水、記得住鄉愁」。近年來，鄂州百萬人民乘習總書記視察鄂州的東風，努力打造山水鄉愁旅遊品牌為核心內容的旅遊城市。鄂州的山水田園裡，藏著人們的鄉愁夢……

休閒度假梁子島

梁子島位於梁子湖的萬頃碧波中，它四面臨水，遠離城市喧囂，所以才得以留存下這超凡脫俗、歲月無痕的清麗面容。由長嶺碼頭乘船，約二十分鐘即可抵達島上。島上小街的青石板依然可見，歷盡滄桑的戲台好像仍在上演著昨日的喧鬧。旌旗飄揚的酒肆、風格相似的臨街木樓，帶你穿越到一段復古的時光。臨街的餐廳，每家門口都有大大的玻璃魚缸，裡面各種魚由顧客現選現殺，每家都有做湖鮮的絕活，絕不會讓慕名而來的遊客失望。梁子湖的魚、蝦、蟹、蓮、菱、藕，每一樣都是天然美味。這裡最出名的特產就是武昌魚，而梁子湖就是它的正宗原產

地，毛澤東對於武昌魚的讚美，讓武昌魚名揚天下，也讓武昌魚等湖鮮產品成為鄂州市一個重要的產業。

遊梁子島，可租用自行車環遊，步行更是首選。島上除居民區外，植被良好，是一個大大的天然氧吧，經觀音像，抵達周瑜點將台，這裡曾是三國名將周瑜率水軍屯兵操練之所；面對浩瀚湖面，獨自憑欄懷古，千年往事如波如煙。傍晚時分，遊客可以選擇住在湖邊的酒店，當然也可以住進農家小院，聽著水的流淌聲、草叢間小蟲的鳴叫聲緩緩入睡。第二天晨起，可乘老鄉的漁船觀湖上日出，體驗漁家撒網捕魚的樂趣。船上烹製工具一應俱全，可以自己動手去感受湖水煮湖魚的曼妙滋味。

在梁子湖這個水鄉澤國，一年一度的梁子湖捕魚節掀開了饕餮盛宴的序幕。梁子湖螃蟹成為這個季節街頭巷尾當之無愧的主角，就連蜚聲四海的武昌魚此時也要也甘當綠葉。梁子島的主打食材就是層出不窮的水產品：螃蟹、河蝦、田螺，武昌魚、紅尾魚、白刁、鱖魚，蓮子、菱角、藕，黃鱔、甲魚、烏龜……它們的烹飪手法講究漁家的一個「真」，水鄉的一個「淳」，傳統的一個「厚」，味覺的一個「鮮」。每一道菜都有它獨一無二的經典之處，非筆墨可以形容，只能親自前往體驗。

梁子湖畔采紅菱

梁子湖畔楠竹村一年一度的采菱節已經成為美麗鄉村游的一大亮點。每年八月至十月，十萬畝湖面上，漁歌聲起，擊水聲揚。乘輕舟出發，在由一簇簇水草形成的天然港汊中進入大自然的迷宮，滿湖的蓮葉、荷花、紅菱，水天一色，人鳥共歡，迎風而立，心緒飄飛，採摘的樂趣總

梁子湖上采紅菱｜楊維攝

是激勵著人們親自動手與大自然做一次深入的交流。

　　船舷左右，紅菱觸手可及，蓮蓬信手拈來。厚道而又好客的老鄉們，世世代代就依靠這大自然的餽贈，生兒育女，繁衍生息。菱角可煮粥，可烹製菜餚，有養胃消食之功效。新鮮蓮子在摘下來兩小時內口感最好，時間久了，就只能剝開與菱角、蓮藕一起，快火炒成一盤清爽脆滑的「荷塘三寶」了。湖中有芡實，當地俗稱「雞頭苞」，是消暑祛濕的節令食材。

感受三國吳都

　　三國時期，吳主孫權一直是一個獨立於世人視線之外的一代霸主。雖然《三國演義》中為他鋪展開的筆墨並不多，但歷史還是將這片吳頭楚尾、富庶之地贈予他，將那個三國鼎立、豪強並起的時代機遇贈予他，

月圓吳都｜程建華攝

將一腔登基稱帝、「以武而昌」的英雄熱血賦予他⋯⋯在鄂州，我們可以一一重拾那些遺失在歷史塵埃中的記憶。

秀園、武昌樓、避暑宮以及吳王試劍石、比劍石等遺跡都在此地，遊客可以去博物館領略艟艨巨艦、弓弩刀劍的威力，也可以去江灘公園仰視吳王稱帝、揮斥千軍的雄風。這一條線路中，還穿插有諸多值得拜訪的文化景觀，如蘇東坡曾經流連駐足、飲酒吟詩的九曲亭；黃庭堅夜宿觀星、傾聽松濤的松風閣；淨土宗慧遠大師掛錫講法的古靈泉寺等，均在必經途中。西山景區有一種小吃名叫「東坡餅」，色澤金黃，鬆脆可口，是蘇東坡當年至愛，不能不品嚐。

紅蓮湖畔打高爾夫、購物

紅蓮湖、梁子湖景區內都設有高爾夫球場，這是華中地區少有的。短短兩日行程，可以領略兩處場地，體味高爾夫運動的精彩，這對高爾夫運動愛好者來說，可遇不可求。

紅蓮湖景區距城區車程約三十分鐘。附近兩處休閒購物中心，均在十五分鐘車程內，交通十分便利。豪威城市廣場購物便利，其中的台灣美食由台灣烹飪大師親自主理，值得去好好感受。逛累了，在電玩城打一通激烈的電子遊戲，或在時代金球影院看一場電影，放鬆身心。鄂州海寧皮草城的規模在華中地區專業市場中屈指可數，是選購皮革、服裝的購物天堂。

峒山社區　尋覓鄉愁

「望得見山，看得見水，記得住鄉愁。」「建設美麗鄉村，是要為鄉親們造福。」二〇一三年七月二十二日下午，習近平總書記來到長港鎮峒山村，在村社區服務中心與部分村民親切座談，首次談到鄉村建設要「記得住鄉愁」。總書記的話，成為鄂州市打造「鄉愁」文化的最大動力。

峒山社區充分挖掘歷史文化內涵，突出鄉村旅遊、生態農業、古鎮文化三位一體的特色。在村域北部峒山建旅遊區，將「船尾」的景點招隱寺、陳氏宗祠、紫竹、進士墓、望江亭、荷花池、硯盤石、宴月樓及「船頭」和「船艙」的景點將軍柱、清風亭、獅子塮進行開發和保護，形成一個和諧的整體。同時，配套建設旅遊服務設施。在峒山腳下建文化產業園區，以工藝美術和當地的戲劇文化為主；在村域南部，建高效農業

峒山村鄉景（鄂州市旅遊局供圖）

示範區，以高效的農業示範田為主；在村域中部和東部建農業種植園區；在村域北部和西南部，建水產養殖區，以養魚為主；在村域西南部，建花卉、苗圃種植區，以種植各類花卉為主；在村域中部，建蔬菜林果基地，以種植綠色蔬菜、水果為主。沿水體走向建設成以「吃農家飯、住農家屋、幹農家活、享農家樂、購農家物」為特色的鄉村旅遊景點。

第九節・董永故里　孝感動天

孝感是全國唯一一座以孝命名的地級市，位於湖北東北部，因東漢時期的孝子董永賣身葬父、行孝感天動地而得名。孝感距離武漢較近，僅有六十公里，地理位置優越，交通便利，距武漢天河國際機場三十公里，距內陸第一大港武漢港五十公里，漢孝城鐵開通後，武漢到孝感僅需三十多分鐘。

孝感歷史文化悠久綿長，是我國孝文化之鄉和楚文化的重要發祥地。董永賣身葬父、黃香扇枕溫衾、孟宗哭竹生筍等古二十四孝中的「三孝」就發生在這裡；秦代竹簡、秦漢漆器等國寶級文物舉世聞名；楚王古城、門板灣遺址、葉家廟等古代遺存絢麗繽紛。孝感物華天寶，風景宜人。膏、鹽、磷被譽為孝感「三寶」，麻糖、米酒中華老字號馳名中外，是湖北知名的特色禮品；雲夢魚麵、安陸白花菜、漢川刁汊湖蓮子等各具特色；安陸古銀杏群、大悟烏桕群、雙峰山、觀音湖、白兆山、龍潭湖、刁汊湖、湯池溫泉等景點不勝枚舉，自然風光美得醉人。

孝文化之城

在孝感，孝文化已深入人心，成為孝感人民自覺遵守的家風和道德守則。為弘揚和傳承孝文化，孝感市已連續舉辦十三屆中國孝感孝文化藝術節，一屆比一屆內容豐富，參與範圍廣泛，成為全民津津樂道的文化盛宴。隨著「小孝持家、中孝敬業、大孝愛國」的現代孝德孝義深入人心，「四孝」品牌也在逐步創建。

董永公園是孝感孝文化的重要載體，也是孝感市民休閒娛樂及舉行重大慶典的場所。董永公園為國家 3A 級旅遊景區，位於孝感市城區槐蔭大

董永公園｜毛峰攝

道東段，一九八四年建成，占地七十五畝，分為三個區域。園內有孝子祠、仙女池、槐蔭樹、鴛鴦樓、理絲橋、滌絲亭、白步梯和升仙台等景點十二處。景點按董永賣身葬父、孝行感天、仙女下凡、百日姻緣等情節為線索建造，歌頌了孝感人民尊老孝親的傳統美德。

山水形勝

　　孝感境內的白兆山又叫碧山，在湖北省安陸市西北煙店鎮和雷公鎮交界處，距離市區有十四公里，屬大洪山餘脈。唐朝玄宗時期，李白「仗劍去國，辭親遠遊」，來到安州（今安陸），並長期居住在這裡。李白「酒隱安陸」長達十年，在這裡留下了大量詩篇和很多遺址遺跡。除了李白這樣的歷史名人來過安陸外，韓愈、杜牧、劉長卿、歐陽修、曾鞏、秦

觀等歷史名人也曾到過這裡，在這裡覽勝題詠。

距孝感市區四十公里的雙峰山旅遊度假區，是鄂東北最大的森林公園。雙峰山由兩座對峙山峰組成，其中最高的那個山峰海拔八八七點三米，是孝感市最高的山峰。根據民間傳說，雙峰山是董永、七仙女「仙化」而成，「此眼化作雙峙劍，刺破蒼穹問緣由」，風景區的名字便是來源於此。

雙峰山風景區旅遊境內奇峰景秀，怪石林立，林木蔥鬱，這裡有：唐代農民起義軍領袖黃巢、王仙芝屯兵聚糧遺跡；可稱湖北第一大古兵寨的白雲寨；鬼斧神工的天然溶洞——青龍洞；三國時期孟司空，清初工部侍郎、畫家程正揆活動舊跡；蔣緯國結髮之妻石靜宜女士舊居；還曾灑下徐向前、李先念等老一輩革命家艱苦奮戰的血和汗。這裡自然資源與歷史文化珠聯璧合，是休閒度假康體的好去處。

安陸白兆山｜劉俊萍攝

孝感市東城新區風貌 | 毛峰攝

　　孝感應城市的湯池溫泉度假村是國家 4A 級旅遊景區。景區占地四五
○○畝，是溫泉主題型綜合旅遊度假休閒景區、全國旅遊標準化溫泉類
試點單位。經過十年發展，湯池溫泉全面升級，內有湖景高爾夫球練習
場、商務度假酒店、大型水上歡樂世界、高端溫泉湯屋、大型露天遊樂
場等多項配套設施。作為國內罕見的優質保健型溫泉，湯池溫泉度假村
日出水量達一點○四萬噸，水溫常年維持在 70℃左右，泉水中富含硫、
鈣、鎂、鉀等四十八種對人體健康有益的礦物質和微量元素。

第十節・名人之鄉　風流黃岡

黃岡是中國、也是世界上傑出名人密度最高的城市之一。

黃岡地處湖北省東部、大別山南麓、長江中游北岸，境內倒水、舉水、巴水、浠水、蘄水、華陽河六水並舉，百湖千庫星羅棋布。版圖面積一點七四萬平方公里，總人口七五〇萬人。黃岡是紅色老區、名人之鄉，人文風流是其最鮮明的都市特色。

在二千多年歷史長河中，黃岡人文薈萃，大師輩出，曾獲得「中國傑出名人之鄉」稱號，誕生了中國佛教禪宗四祖道信、五祖弘忍、六祖慧能，宋代活字印刷術發明人畢昇，明代醫聖李時珍，現代地質科學巨人李四光，愛國詩人、學者聞一多，國學大師黃侃，哲學家熊十力，文學評論家胡風，作家熊召政、劉醒龍等一大批科學文化巨匠；成就了「千年風流人物」蘇東坡；走出了董必武、陳潭秋、包惠僧三名中共一大代表，董必武、李先念兩位國家主席，王樹聲、韓先楚等二百多名開國將帥。正可謂「數風流人物，還看黃岡」。

黃岡文脈尤盛，著名的百年老校黃岡中學，曾是全省高考狀元最多的學校，考生考入清華、北大名校比例之高，令湖北省其他中學難以望其項背。時至今日，「黃岡密卷」仍是全國各地中學生的寶典。黃岡中學的成就，使得黃岡備受全國矚目，也是黃岡人民的驕傲。

遺愛湖漫步

遺愛湖如綠色珍珠，鑲嵌於都市之中；東坡赤壁則是黃岡的文化底色，見證著黃岡的城市發展。遺愛湖和東坡赤壁，一個現代，一個古樸；一處自然，一處人文，決定了黃岡的氣質。

黃州全景圖｜方華國攝

　　要問黃岡市民，近年來黃岡市城市建設最大的亮點和成就是什麼，他們會毫不猶豫地將遺愛湖列為首位。曾經的污水湖、死湖、爛湖，臭氣熏天，一片蕭瑟，人們避而遠之。如今湖面碧波蕩漾，湖邊弱柳扶風，綠樹成蔭，花團錦簇，亭台樓閣，曲徑通幽，每天有數萬市民在此散步健身，無數外地遊客慕名而來，無不驚嘆她美比西子，城中有此一湖，美哉，福哉！

　　遺愛湖公園位於黃岡市區，是一座集東坡文化、生態保護、休閒娛樂等於一體的綜合性開放式公園。黃岡人對謫居於此的蘇東坡有著深厚的感情，遺愛湖的得名，也因蘇東坡而來。據說，一三〇〇多年前，貶謫

於此的偉大詩人蘇東坡，清廉自律，銀餉不夠養家，便在此開荒種菜種稻，並給湖畔的小亭題名「遺愛亭」，故而這個美麗的湖泊就有了一個浪漫的名字——遺愛湖。這裡不是得意者的天堂，而是失意者的故鄉，所以一直以來，雕琢不多，附會也少，依舊保持了自然清新的本色。當年的遺愛亭早已消逝在歷史的煙塵中，後來的黃州人便把當年城郊、現處城中的東湖、西湖、菱角湖叫作「遺愛湖」。為什麼會把與遺愛亭毫無關係的湖泊叫作遺愛湖呢？大概是質樸的黃州人懷念那個清廉的太守蘇東坡吧。遺愛湖的正門是地標式的東坡塑像以及一塊一塊詩詞碑刻，人們來到這裡，自然會懷念起這位偉大的文學家。

遺愛湖湖水清澈透明，湖面如鏡，岸邊楊柳依依，遠處青山環抱，風景怡人。這裡一年四季，時景不同。跳廣場舞的大媽，騎行的年輕人，約會的情侶，玩耍的孩童，都能在這裡找到他們的天地。每週，這裡會放映露天電影，市民們可以免費觀看流行大片。

「半畝方塘一鑑開，天光雲影共徘徊。問渠那得清如許？為有源頭活水來。」這是南宋著名理學家朱熹的詩句。以水為主體，依山就勢，以不同主題合理布局亭、台、榭、竹、橋、灘和民居，形成一片獨特而美麗的田園風光，讓遺愛湖有著世外桃源般的意境，如同一幅韻味無窮的山水畫，給人們一種回歸自然和超凡脫俗的感覺。對那些久經都市嘈雜喧鬧、愛好旅遊的人們來說，到遺愛湖一遊，不能說不是一種美的享受。

遺愛湖湖岸線曲折多變，又有小島點綴其中，處處是景。整個公園由「一環、兩片、五區、十二景」構成，其中一環指的是沿著遺愛湖的觀光旅遊線路；兩片是東湖片區和西湖片區；五區是東坡文化休閒區、文化

商業休閒區、竹園生態休閒區、原生態自然保護區和市民戶外運動遊樂區；「十二景」涵納中國傳統文化中的春夏秋冬、風花雪月、梅蘭竹菊等內容，且與蘇東坡個人的品性、人生經歷、藝術成就緊緊連繫在一起。

赤壁懷古

風流黃岡，文風尤盛。若要了解黃岡的文脈，最值得一去的，當數古老而經典的景區黃州東坡赤壁。

東坡赤壁位於黃州城西，又名文赤壁，是國家 4A 級旅遊景區。出黃州古城漢川門，北面一山陡峭如壁，因山石顏色赤紅，故名「赤壁」。東坡赤壁聞名於世，不僅因其地勢特殊、樓閣講究而有凝重之感，更因這是一座文學和書法的殿堂，是了解大文學家、書法家蘇東坡的最好去處。

　　兩晉至北宋時期，此地月波樓、橫江館、竹樓逐漸建成。北宋年間，大詩人蘇軾被貶到黃州，他在黃州常吟詩作賦，《念奴嬌・赤壁懷古》和《前赤壁賦》《後赤壁賦》等都作於此地。此後蘇軾便和赤壁緊密地連繫在一起，這裡也被後人稱為「東坡赤壁」。

　　二賦堂始建於清代，匾額是清代名臣李鴻章所題。堂中央一木屏頂梁而立，木屏前後分別刻有前、後《赤壁賦》，字大如拳。前為楷書，豪邁俊逸，是清代黃州教諭程之禎所書；後為魏書，古樸蒼勁，為近代書法家李開先所書。二賦堂東邊留仙閣，閣內有《東坡笠屐圖》石刻和蘇軾為其乳母任採蓮撰寫的墓碑，還有近代名人繪畫的《赤壁泛舟圖》和清末名人楊守敬書《留仙閣記》石刻。留仙閣東行十來步是碑閣，內嵌一〇八塊蘇軾手書石刻，楊守敬集成的《景蘇園帖》被稱為稀世珍寶。此外，東坡赤壁還建有雪堂、怡然齋、快哉亭、羽化亭、攬勝亭、望江亭

等。自唐以來，這裡一直是遊覽勝地，從李白、杜牧、王安石、范成大、辛棄疾、陸游、袁宏道等歷史名人，到董必武、陳毅、胡耀邦等黨和國家重要領導人，都先後遊過赤壁，並留下了大量詩詞、楹聯、匾額和書法手跡。從這點上來看，東坡赤壁堪稱文化寶庫。

歷來，「赤壁」地名被多地爭論，人們常以黃州東坡赤壁為「文赤壁」，非當年赤壁大戰的發生地。但也有人考證說，黃州赤壁既是東坡赤

東坡赤壁

壁，亦是歷史上赤壁大戰的發生地。其中，著名學者余秋雨為此專門作文論述過。他的理由有三。其一，黃州赤壁非蘇東坡而始。唐朝詩人杜牧任黃州刺史時，無意間在泥土中發現一支折戟，他認為這是三國戰爭時期留下的遺物，因此而作詩《赤壁》：「折戟沉沙鐵未銷，自將磨洗認前朝。東風不與周郎便，銅雀春深鎖二喬。」而在此後的一百多年後，蘇軾才真正第一次來到黃州，由此可以推斷，黃州赤壁早已名揚天下。其二，黃州赤壁是天生赤壁。在全國所有命名為「赤壁」的地方中，只有黃州赤壁才是真正的自然形成的褐紅色，用今天的地理名詞來說就是名副其實的丹霞地貌。其三，黃州赤壁形制與《三國志》及《三國演義》中描述的戰爭場景一致。在《三國演義》的第四十八回中這樣描述道：「操見南屏山色如畫，東視柴桑之境，西觀夏口之江，南望樊山，北覷烏林，四顧空闊，心中歡喜。」今天的黃州赤壁的東面剛好是九江，以西是武昌，以南是鄂州，以北是團風縣，其地理位置與書中吻合。

在最近幾年的時間裡，東坡赤壁風景區得到飛速發展，占地面積從原來的四百畝變成今天的一三二六畝，其中遊覽區按照特色進行分區，主要有古蹟遊覽區、動植物觀賞區、遊樂區、廣場區、風景區等，主要景點有月波搖影、棲霞挹爽、東坡問天、龍山松聲、竹樓夜雨、鏡湖觀荷、索橋飛瀑、赤壁夕照等，總計三十多個。然而最核心、最精妙的還是老赤壁景區範圍內的古建築和歷代名人書法。

黃高探秘

一座城市有一座城市的地標，就像天安門之於北京，阿里巴巴之於杭州，黃鶴樓之於武漢。黃岡的地標，可能不是東坡赤壁，也不是遺愛

湖，而是黃岡中學。黃岡在經濟上屬於相對落後的地區，但它擁有深厚的文化底蘊及眾多的歷史名人，還有黃岡中學帶來的輝煌。

黃岡中學在高考中一直保持著百分之九十八以上的升學率，其中重點大學的錄取率更是達到百分之七十五左右，比例之高在全國的中學中都處於領先地位。不僅如此，該校還六十多次獲得湖北省及黃岡市的文理科狀元，前後七百餘人被保送到清華大學、北京大學。學生積極參加各類比賽，有三千多人次獲得國家級獎勵，十六名學生在國際數、理、化奧林匹克賽中共獲得十九枚獎牌。

時至今日，各種冠以「黃岡密卷」的模擬試卷，仍是全國各地中學生的寶典。「百年黃高」四個紅字在主教學樓上閃閃發光，未進校園，這幾個字已映入眼簾。一百多年來，這所學校走出了無數人才，現在這所百年老校仍然在不斷為祖國培養棟梁之才。

據統計，一百年的時間裡，黃岡中學共有四萬多畢業生，其中也走出了很多著名人物，比如革命先驅董必武、革命烈士董毓華、中共黨史上的重要人物包惠僧等，還有學者胡風、嫦娥工程運載火箭的相關設計師賀祖名、運動健兒邱波等，難以一一列舉。

黃岡中學風景優美，四季如春，總占地面積達六百多畝，是一座園林式學校。校園學風濃郁，學子們從黃岡十個縣市選拔而來，是各地尖子中的佼佼者，他們嚴格自律、好學上進，朝氣蓬勃的校風一脈相傳。

黃岡中學的輝煌和良好的學風，並非一朝練就。政府對教育的重視，是黃岡中學得以苗壯成長的重要原因。在外地人看來經濟並不發達的黃

百年黃高｜唐光成攝

岡，卻在竭盡所能，為黃岡中學建設更好的校園，引進最好的師資，二
〇〇六年新啟用的新校區，甚至比黃岡市政府的辦公樓更加恢宏。

本地人認為，黃岡中學的神話，源於老區人對改變命運的極度渴望。
對很多人來說，拚命讀書，考進黃高，個人和家庭的命運才會有轉機。

近些年來，由於優秀師資的流失等原因，黃岡高中似乎不復昔日的輝
煌，但它仍然是全省最知名、最令學子和家長嚮往的高中之一。

第十一節・香城泉都　月色咸寧

　　咸寧是座月色撩人的城市。

　　咸寧位於湖北省南部、長江南岸，堪稱湖北的「南大門」。咸寧集奇麗山水於一身，是中國的溫泉之都、桂花之鄉、楠竹之鄉、苎麻之鄉、茶葉之鄉。近年來，咸寧大打生態牌，讓這顆「鄂南明珠」更加熠熠生輝。

　　咸寧是名副其實的「香城」。咸寧的「香」來自桂花，整個咸寧市是桂樹的海洋，金秋季節，桂花香飄天外，成就了一座香氣瀰漫的幸福之城。在中國的桂花產區中，咸寧的桂花產量位於第一，它與杭州、六安、桂林並稱為中國桂花四大產區。每到秋天，大街小巷、樓前屋後桂花盛開，整座城都蒸騰於香霧之中，走在路上便會自然而然地心情舒暢。

　　咸寧堪稱為「泉都」，境內溫泉眾多，僅在市區內就有十二眼。溫泉谷－陸溪口－龍佑－浪口－九宮山－溫泉谷構成了咸寧市溫泉景觀圈帶。溫泉谷溫泉流量大、面積廣、溫度高，且環潛山國家森林公園、沿淦河景觀帶分布，既是景觀帶，也是休閒養生帶。咸寧市區周邊也有很多溫泉，著名的有嘉魚山湖溫泉、赤壁龍佑溫泉、崇陽浪口溫泉、通山九宮山溫泉等。咸寧以溫泉為主題，每年十一月舉辦國際溫泉文化旅遊節，以節造勢，以節招商，漸成品牌，咸寧休閒養生的旅遊形像已經深入人心。

　　近年來，咸寧規劃打造「月光之城」，著力發展旅遊休閒經濟，以城區月光旅遊為龍頭，圍繞月桂文化、浪漫溫泉，構建「一河兩岸、五街六園」月光旅遊空間格局，大力發展「夜旅遊」，發展月光旅遊經濟。

咸寧全景圖

月色溫泉　浪漫之城

　　白天的咸寧，與入夜的咸寧，有著完全不同的兩張面孔。

　　白天，這個城市與其他中小城市一樣，熱鬧、祥和，大街小巷車流不息，商業往來井然有序，市民生活悠然自得，是一個充滿花香的城市，有著別樣的、詩意的生活氣息。

　　在這個溫泉之都，市民有著別的城市沒有的福利，那就是泡泉。咸寧市較早開發的溫泉是位於赤壁市郊的五洪山溫泉，這是一處經專家鑑定的極為珍貴的醫療礦泉，建有溫泉康復中心。二十世紀八九十年代，咸

寧人都喜歡在這裡泡溫泉，甚至許多外地人也慕名而來，這裡也是一些離退休老幹部定點的療養所。

那時，市民泡泉尚未形成風尚，只是偶爾的奢侈享受。二十世紀八〇年代，咸寧市區淦河月亮灣有一處露天的溫泉池，是市民皆知的免費溫泉點。該處水溫約 50℃，非常適合泡浴。雖然條件簡陋，甚至沒有更衣室等基本的設施，但由於水質好，又免費，來此泡泉的人絡繹不絕。二〇一三年左右，開始有人在此裸泡，如今，這裡裸泡族逐漸形成規模，並且自發形成了男女分時裸泡的規則。這些裸泡者以三類人為主：借溫泉治病者、當地低收入人群、平時洗澡不便的人。他們以中老年為主，也有少許年輕人是裸泡常客。

在溫泉之都，咸寧人享受的不僅是這個福利。近年來，咸寧市推出旅遊「一卡通」，本地市民持卡不僅可以免費無限次遊覽多個景區，還可以

月夜溫泉（咸寧市旅遊委供圖）

享受本地溫泉景區門票半價優惠，所以，對於咸寧市民而言，經常去各溫泉酒店和度假區泡泉，已經成為生活的一部分。

沿淦河分布的眾多溫泉度假村則是外地遊客的主戰場，也是上演夜色咸寧的大劇場。這裡共有泉眼十二處，構成了「一城十二泉」的「泉都」特色，「一城十二泉」有碧桂園鳳凰溫泉、溫泉谷、三江溫泉、太乙溫泉、楚天瑤池溫泉、溫泉國際、漢商溫泉、長印溫泉、疊水灣溫泉，以及嘉魚山湖溫泉、赤壁龍佑溫泉和崇陽浪口溫泉。

萬豪溫泉谷度假村是其中的典型代表，它位於咸寧潛山森林公園的正門處，這裡距離武漢僅一個小時車程，到長沙也只需要二點五個小時。附近有多條鐵路通過，如京廣鐵路、京珠高速、城際鐵路等，交通十分便利。因此，這裡是武漢市民的後花園，也是武漢高鐵沿線城市最喜愛的休閒度假之地。

潛山山腳，淦河的沿岸鋪著木棧道，四周綠樹成蔭，桂花樹散發著陣陣芳香，無論白天還是夜晚，這裡都是花香四溢。白天，這裡是咸寧市民休閒散步鍛鍊的極佳去處，各溫泉度假村似乎都是極寧靜的，看不到遊客往來和溫泉泡池的熱氣騰騰，一到夜晚，尤其是十月份天氣稍涼後，這裡又是另外一幅圖景。

特色溫泉、風味美食街、高級酒店、茶樓紛紛建成，讓此地成了集SPA、觀光、會議、娛樂、休閒、度假多功能於一體的大型綜合性度假村。

白天的溫泉谷是相對寧靜的，各個特色泡池掩映在林蔭或木屋之中，蒸騰著氤氳熱氣，偶爾有三五男女聚在一個泡池中聊天暢談，享受著溫

泉水和霧氣的潤澤。有的泡池設有衝浪、按摩的設備，躺在其間，十分舒適。在一個池泡上十多分鐘，便可披上浴巾，換一個「口味」，享受藥浴、牛奶浴、花瓣浴……

夜間，咸寧的各個溫泉便熱鬧起來。不知何時，人們養成了夜間泡泉的習俗，也許是黑色的天幕和溫泉景區的燈光共同營造了一種神祕寧靜的氛圍，讓人置身其間，更能享受與大自然的親密，享受大自然的饋贈。

儘管溫泉眾多，但一到週末或節假日，咸寧的溫泉酒店仍然是「一床難求」「一池難求」，人滿為患，許多酒店要提前一週左右預訂。數萬名來自各方的遊客，分散在咸寧的各溫泉之中，或聚友暢飲，或與家人共享天倫，或與愛人共浴於情侶小屋……泡溫泉，最佳的境界是反覆出幾次汗，讓毛孔徹底張開，讓血液快速循環，身心徹底放鬆，然後，再往休閒區享受一次專業的 SPA。「一夜泡泉，勝過養生數年。」

在咸寧，常常數萬人同享這一城夜色，同享這一城桂香，同享一輪明月，同享這一城溫泉水……讓身心徹底融入這溫柔的水和浪漫的月夜。人生之快意事，除卻泡泉，夫復何求？

月色嫦娥　香泉映月

從武咸城際鐵路出口往龍潭大道方向約二點五公里，映入眼簾的是一處獨特的風情小鎮。小鎮名為香泉映月生態旅遊度假村，這是近年來咸寧市新開發的旅遊項目。

龍潭大道生態景觀帶橫貫整個項目景觀中軸，兩邊青山碧水，東望潛

山國家森林公園，龍潭河蜿蜒其間。該景觀帶占地面積達三九八五畝，以「香」為主題打造而成，分為三個部分，即天香小鎮商購休閒區、桂花生態博覽區和萬國香村旅遊度假區。從功能上看，它是一個集旅遊、房地產、商業為一體的多功能項目。

白天，園區內亭、橋、樓、榭各具風情，濃蔭如蓋，湖水清碧，是休閒、騎行、戶外運動的好去處。到了晚上，天香小鎮便有另一番景象。各式的燈籠，把仿古的建築和街區照得更加立體，三三兩兩的遊客或徜徉街上欣賞夜色，或坐於小館裡品嚐美食，或搗著一杯溫熱的咖啡，讓時間靜靜地流淌。

夜色中，還有另一處精彩，每天吸引著上千遊客陶醉其中，那便是在月球劇場上演的神話音樂劇《嫦娥》。這一音樂劇根據中國傳統神話故事「嫦娥奔月、后羿射日」進行創作，兼采咸寧本地嫦娥的傳說，採用現代化聲光線手段，融入了音樂、舞蹈等元素，體現咸寧地方特色，傳承中華文化經典，講述了這個情滿人間、萬古流芳的英雄故事。

演出《嫦娥》的月球形劇場，也是一處標誌性景觀，它占地二點五九公頃，以真實山水河流為舞台布景，可容納二五〇〇名觀眾。以月球為創作原型，以環形山、隕石坑等月球經典符號為創作元素，由兩塊四分之一球面拼成的主體建築為一〇八米寬、三十六米高的「半月球」劇場，外觀造型高端大氣，新穎時尚。在劇場外圍水系的倒映下，劇場與倒影會拼成一個「月亮」，與天上月、水中月形成「三月交輝」的景象，營造出極為逼真的「奔月」效果。

月色潛山　休閒生活

如果說溫泉谷是外地人到咸寧的休閒養生之地，那麼潛山森林公園則是咸寧市民健身、娛樂、休閒的後花園。潛山地處市區，屬於幕阜山的一部分，整體上東高西低，海拔為二九六米。潛山山勢險峻，連綿不斷，氣勢非凡。在山上古木參天，翠竹扶風，一年四季鬱鬱蔥蔥。據統計，整座山有四百多樣樹種，二百多種花卉，植被覆蓋率達百分之九十三。山下淦河蜿蜒曲折，山水相映，好一幅江南美景。

潛山是咸寧的綠肺，是咸寧市民最為珍愛的大自然的饋贈，除了溫泉，咸寧人最愛的去處便是潛山。咸寧市民喜歡來這裡登山、散步。每天清晨，這裡是老人的樂園，他們在這裡舞劍、打太極、健步走、遛狗、遛鳥，大片的竹林是最好的負氧離子製造者，給老人們一天的活力。白天，也有不少外地遊客來潛山觀光旅遊，潛山的植被茂密，山上的幾處主題博物館是遊客深入了解咸寧的最好途徑。

夜幕降臨後，潛山更加活躍起來，特別是夏秋兩季，潛山氣溫適宜，是最佳的乘涼散步、健身娛樂的場所。一家人晚餐後來此散步，享受清風習習、桂香撲鼻，這是一天中最愜意的時光。為方便市民夜遊，潛山夜間燈光充足，各交通標示也十分清晰。到潛山登山健身，與大自然親近，並感受這個城市的文化和歷史，已成為咸寧市民日常生活的重要一環。有時，山上市民多達數千乃至上萬人。

潛山也是咸寧人的驕傲。相傳，這裡古時潛有賢才佳人，因而得名「潛江」。潛山留有不少文化古蹟，人文資源豐富，其中最著名的當屬潛山寺。潛山寺始建於唐代開元年間，到明代已發展到九重十三殿，氣勢

恢宏。相傳，宋代樞密參政知事馮京、明朝侍部朱延立早年曾就讀寺中，清代咸寧知縣陳煥世曾留有「潛山寺懷古」的詩句。此外，潛山還有「三台八景」的動人傳說，三台即為觀音台、梳妝台、讀書檯，八景即為書檯夜色、牡丹晴嵐、溫泉沸波、石洪飛渡、頻溪煙雨、瀑布騰聲、龍漂秋色、狗井松濤。

潛山的最高峰當屬老虎岩。遠遠望去，山勢險峻，巨石猶如從天而降，狀似猛虎。當有風吹過時，虎嘯般的聲音不絕於耳，「虎嘯松濤」便由此得名。整個老虎岩最險峻的地方落差可達十幾米，是一個絕佳的攀岩場所。

潛山桂花博覽館

位於潛山的桂花博覽館於二〇一〇年開放，它是國內第一個桂花主題的博覽館，館內有多個展示咸寧桂花文化的展區。該博物館也是潛山國家森林公園的一部分。站在潛山桂文化博物館，可遠眺咸寧全城景色。

二〇一三的九月，國內首個以竹子為主題的博物館在潛山國家森林公園正式落成開館。該博物館外形內飾均以竹為主題，全部採用新型重組竹材——竹楠木建造，外立面也採用竹楠木製作的仿楠竹裝飾。博物館占地面積近七百平方米，分兩層，高十三米。竹子博覽館分序廳、歷史、資源、經營、加工、文化六個展廳。序廳正前方是一座大型竹絲編屏風，屏風上是一幅《畫龍點睛》，寓意竹子博物館是潛山這條龍的眼睛，也寓意竹產業是生態咸寧這條龍的眼睛。

如今，隨著潛山森林公園基礎設施的不斷完善、遊覽項目的不斷豐富，每天有數以萬計的市民在潛山登山、漫步、吸氧，也有大批的外地遊客慕名而來，在享受潛山竹林、松林、桂林濃蔭的同時，也通過桂花博物館和竹子博物館了解這座城市的個性和文化。

遊樂咸寧　舌尖美味

都說沒喝賀勝雞湯不算去過咸寧。賀勝茶鄉美食街上的旅寧雞湯是最為有名的。該店選取本地土雞，以天然無污染的泉水精心燉製而成。經過長時間燉製的雞肉味鮮、柔嫩，讓人欲罷不能。湯中富含蛋白質等多類營養物質，加入本地紅薯粉共同煮製後，營養價值十分高，有補氣、補血、壯陽的功效。現在，店裡有瓦罐裝的成品雞湯出售，只要拿回家加熱即可食用，同樣美味。

除雞湯之外，位於長江之畔的咸寧赤壁，以長江鮮魚為主材做成的赤壁魚糕（也叫「肉糕」）也是當地特色佳餚。嘉魚縣的野藕排骨湯也是上等的美味，《舌尖上的中國》讓嘉魚野藕名揚天下，美味的野藕排骨湯更是名聲大振。嘉魚縣簰洲魚丸、臭干子，還有咸安的寶塔肉，崇陽的毛竹筍乾燒肉等也是難得的美食。到咸寧，不光是眼睛的享受，味蕾也能跟著一起跳舞。

第十二節・炎帝故里　鍾愛隨州

這裡是炎帝故里、編鐘之鄉、中國專用汽車之都——隨州。

隨州地處湖北省中北部，東承武漢，西接襄陽，南達荊州，北臨信陽，實為鄂豫門戶、鄂北重鎮。京廣、漢丹、寧西鐵路貫穿東西，縱橫南北；漢十、隨岳、麻竹高速公路星羅棋布，四通八達。隨州版圖面積九六○○平方公里，人口二五八萬人。這裡群山逶迤，樹木蔥蘢，北觀桐柏山團團密霧，南聽大洪山陣陣松濤。這裡河流縱橫，水庫眾多，既無大旱之憂，亦無洪澇之虞。

這是一片神聖而美麗的沃土，炎帝神農用他深邃的目光，注視著大地神州多彩的模樣；這是一座神奇而美妙的殿堂，鐘鳴天下，千古絕響，演奏出多少震古爍今的春秋華章；這是一部珍貴的歷史畫卷，濃縮了華夏文明開啟的全部過程。

炎帝故里　聲名遠播

隨州是國家歷史文化名城。炎帝神農文化在此孕育，這是中華民族開拓創新的源頭；沉睡千年的曾侯乙編鐘，泛著青銅的色澤，仍然奏響著千年古樂。從炎帝神農創立的農耕文明，到曾侯乙編鐘所滲透而出的青銅文化，再到「專汽之都」的現代工業文明，隨州在文化鏈條上傳承至今。

華夏悠悠文明史，烈山腳下是源頭。位於烈山腳下的神農洞，相傳是中華民族的人文始祖炎帝神農的誕生地。炎帝神農在此植五穀、創農耕、嚐百草、療民疾……其赫赫偉業萬民景仰，彪炳功績萬世流芳。

隨州市中心的炎帝神農故里景區，山光水色，樹木蒼翠，橋榭相連。

入口處的地方有中國書法協會原主席沈鵬先生親筆題寫的「炎帝神農故里」幾個大字。景區入口的文化雕塑壁，展現了人類在矇昧時代的混沌景象。景區水域是烈山湖的一部分，九拱橋橫跨烈山湖，有一一七米長，它把景區入口和神農大殿兩部分相銜接。華夏始祖門在核心景區中軸線上，位於九拱橋及聖火廣場之間。主門高達六米，兩邊的側門高四米，借鑑漢代早期的門窗設計方式，呈斗栱形狀，通過門的高矮來區別突出主次地位，「華祖」「農宗」門上有精美的雕刻圖案，這些圖案是早期炎帝農耕時代文化的反映，採用青石材質，造型古樸大氣。

景區的主體建築是炎帝神農大殿，採用廡殿頂、三重檐，高台基的建築形制展現了歷史上荊楚地區高台建築的地域風格，三重花崗岩台基體現炎帝神農的始祖地位。大殿兩邊的鐘鼓樓以簡練的石亭形制、小巧的

炎帝故里（隨州市外僑旅遊局供圖）

尺度襯託大殿的雄偉壯闊，並在立面構圖上與大殿在視覺上形成穩定的三角形。此外，景區內還有八大功績柱以及高達四點四米的神農塑像等標誌性建築，以及傳說是神農誕生地的烈山洞穴。

神農大殿前是謁祖廣場，廣場長一一七米，寬一一七米，為正方形，面積一三六八九平方米。採用福建產的上等花崗岩鋪裝，可供兩萬人一起參加拜祖活動。從西周開始，民間祭祀從未間斷，隨州百姓會在每年農曆四月二十六日炎帝神農誕辰之日的時候來此敬香祈福，求五穀豐登，祁萬民安康。而二〇〇九年起連續舉辦的世界華人炎帝故里尋根節，成為海內外華人共同的盛事。來自海內外數十個國家和地區的華僑華人、港澳台同胞代表，以及社會各界代表齊聚於此，同緬華夏肇端，共懷九州始祖。炎帝故里尋根活動使隨州聲名大震，成為海內外華人共同的精神家園，一舉確立隨州作為炎帝神農故里不可撼動之地位，達成海內外炎黃子孫之共識。

位於隨州市城關西北二點五公里的擂鼓墩，是著名的曾侯乙編鐘出土地，該地古為隨國領地，山嶺綿亙，古冢森森。曾侯乙是戰國早期曾國的君主，他的墓營建立在紅砂岩坡之上，鑿石為穴，墓地面積達二二〇平方米，深近二十米，一共分為四室，均以巨木鑲隔。隨葬物品十分豐富，主要有禮樂器、兵器、車馬器、金玉器、漆木竹器及竹簡等，共一點五萬餘件，最為珍貴的是其中一套六十四件的編鐘，是稀世之珍，體現了我國古代較高的音樂發展水平和高超的青銅鑄造技術。這也是隨州「古樂之鄉」的來歷。它反映了中國古代科學藝術成就水平，也是中國文化寶庫裡的奇葩，現藏於湖北省博物館。

二〇一〇年十二月，隨州淅河葉家山古墓群的發掘，被中國社科院評為當年六大考古發現之首。葉家山古墓群為西周早期墓葬，距今已有三千多年的歷史，這座比曾侯乙墓還早五百年的墓群，讓世界見證了它的古老神奇。

隨州這片神奇的土地，引來多少文人雅士為它歌吟。春秋士大夫季梁，在此提出「民為神主」的民本思想，史書有云：「繼神農之後，季梁為大賢」。詩人李白在此餐霞飲露，談詩論道，並在壽山寫下「床前明月光，疑是地上霜」的千古名篇。歐陽修居住在此求學，中舉後，留下「荻畫學書」的人間佳話。宋代大詩人黃庭堅數度遊歷於此，並發出「詩到隨州更老成，江山為助筆縱橫」的文明絃歌……這些人文典章，既增加了隨州的歷史厚度，又豐富了這個城市的文化內涵。

斗轉星移，日月更替。曾經歷經滄桑的千年郡縣，如今蝶化為荊楚的文化旅遊名城。

古城新韻　汽車之都

不出城郭而獲山水之怡，身居鬧市而有林泉之致。古人的居住理想，如今在隨州化為現實。承炎帝之古風，聚編鐘之神奇。㵲水厥水，兩水碧波迷人眼；一河兩岸，長堤煙柳拂人頭。隨州自然生態和人文景觀交融輝映，抒寫了「城在綠中、水在城中、人在景中」的生態和諧畫卷。

隨州城兩山（大洪山、桐柏山）拱衛，山雖不高，卻是滿目皆綠；兩水（厥水、隕水）入城，水雖不滿，卻是萬千滋潤。關於隨州建城史，一說隨州城始建於西周，因為《左傳》中有記載。一說炎帝神農在此始

興貿易，日中為市。這「市」便為隨州城邑之基礎，中國城市之雛形。

　　隨州文化公園是隨州市近年來精心打造的一處生態文化工程，是隨州市民及外地遊人休閒娛樂的重要場所。公園位於城東新區的中心位置，總占地九二〇畝，工程建設總投資近五億元，隨著周邊規劃的綜合商業街區的建設開發，這一區域將成為具有隨州特色的生態文化休閒街。文化公園依託隨州悠久的歷史文化，將生態和文化景觀作為主線，集中展示神農文化、編鐘文化、季梁文化、隋文化，是一個富有代表性的地域文化特色十分濃厚的文化大觀園。

　　隨州文化公園根據它的功能，可分為東、中、西三區：東區是運動健身區，圍繞運動主題，分為生態休閒、水上運動、體育健身等功能區。中區是文化園的文化核心區，彰顯隨州地域文化，利用景觀雕塑、主體建築、文化小品、浮雕、文化長廊等多種手段，全面地展示隨州文化的魅力與風采，使文化公園成為隨州的文化走廊、景觀長廊。其中農耕文化壇，建在公園的至高點，是公園標誌性文化景觀。西區為生態景觀區，主要有百花園、鳥語林、民粹園等，同時布局各類文化場景雕塑，主要有大型歷史畫卷、曾隨之謎青銅雕塑等文化小品。整個文化景觀設計根據隨州歷史文化、歷史名人、民俗民藝作為三條文化展示主線，注重挖掘隨州厚重的地域文化，文化蘊涵豐富。整個園區既是一個生態景觀園，又是隨州文化的一個索引，也是文化旅遊品牌的一大亮點。

　　厚重的地域文化澤被隨州的山川形勝、秀美風光，並被演繹成一首雋永且充滿人文關懷的詩篇：被譽為「楚北天空第一峰」的大洪山，集各類風景名勝之精華，峰峻、山秀、林幽、洞奇、泉醇、湖美，是國家級

風景名勝區，更是華中佛教名山、養生天堂；省級地質公園琵琶湖、省級風景名勝區徐家河岸柳依依，百島競秀，漁舟游弋，有「水上樂園」之盛名；國家森林公園中華山和七尖峰，突兀而立，氣勢非凡；九億年的火山溫泉、世界最大的古銀杏群落之一的洛陽千年銀杏谷、發源於桐柏山之巔的原生態漂流淮河西遊記漂流等一大批風景名勝，處處佳境，引人入勝。遊覽山水，美景相隨，生態之旅，身心不憊。

隨州風物，景韻獨特。群峰疊嶂的大洪山，西漢末年，王匡、王鳳等綠林好漢在此聚眾結義，譜寫了一曲曲驚天動地的英雄史詩。而如今的兩王洞，流水聲響若琴絃，鐘乳石巧奪天工。大洪山頂的慈恩禪寺，實為曹洞宗祖庭，乃古代著名佛教叢林，更是荊楚信眾敬香禮佛勝地。琵琶湖猶如上天散落的一顆璀璨珍珠，玲瓏剔透，自然天成。九億年前的

編鐘樂舞(隨州市外僑旅遊局供圖）

火山遺址，訴說著滄海桑田。女王溫泉、淮河漂流、三潭飛瀑等自然奇觀，令遊人流連忘返。洛陽古銀杏群落，更是欣賞自然美景的絕妙去處，時值深秋，落葉遍地，一片金黃。以尚市桃花、萬和蘭花、三里崗香菇等「五朵金花」為代表的鄉村旅遊令人目不暇接，徜徉其中，不辨天上人間。

隨州擁有「中國專用汽車之都」的美名，全市專汽及零部件生產企業近二百家。隨州還是「中國香菇之鄉」，是湖北省重要的農產品出口基地，年出口創匯額位居全省前列。隨州的「中國蕙蘭之鄉」美名享譽中外，每年的國際蘭花展吸引了世界各地的蘭花愛好者和專業人士。

隨州古稱「漢東之國」，歷史悠久，文化燦爛，風景秀麗，物產豐富，以「古、奇、美、新」而著稱，唐代大詩人李白曾以「彼美漢東國，川藏明月輝」的不朽詩篇讚美隨州。

細品韻味悠長的隨州，好似暢飲一壺窖藏多年的老酒，歷久彌香，綿香醇厚！聽編鐘神曲，看曾侯古墓，拜炎帝始祖，訪專汽之都，游靈山秀水，神韻隨州譜華章！

第十三節・地質奇觀　風情恩施

這裡氣象萬千，這裡風情萬種。

恩施土家族苗族自治州首府恩施市位於湖北省西南部，地處武陵山區腹地，位於被稱為「動植物黃金分割線」的北緯 30° 線上。一直以為恩施很遠，因為她一直深藏閨中，山重水復，如一方不染塵沙的淨土，綠意盎然，山歌浪漫；一直以為恩施很神祕，那絢麗的服飾、奔放的擺手舞、吊腳樓中的哭嫁歌，讓人嚮往。其實，恩施的交通十分便利，高速公路、飛機、鐵路基本能夠直達全國其他主要城市，乘坐動車到省會武漢僅僅需要四個小時。近年來，五湖四海的遊客，源源不斷地湧向恩施，一睹她神奇的風采。

恩施是聯合國教科文衛組織評定的最適宜人類居住的地方之一。進入恩施，猶如進入了一個天然的大氧吧，空氣濕潤起來，眼睛滋潤起來，心也隨之放鬆和寧靜下來。市內有集中展示土家族的歷史文化成就的「恩施土司城」，清江河水從城中緩緩流過，遠處山巒環繞，景色優美，沿清江的親水走廊、多個城市公園和廣場，是恩施市民休閒娛樂的好去處。

這裡也是巴人的起源地，兩千多年以前他們就在這裡居住。土家族、苗族、侗族、漢族等多個民族混居在此地，各種文化相互碰撞相互融合，又獨自形成各自的文化體系。「土家女兒會」被稱為東方情人節，恩施便是它的發源地。這裡是著名的民歌《龍船調》的誕生地，來到這裡，遊人便會沉浸在「擺手舞」「儺戲」「南戲」「撒葉兒呵」的歡樂海洋裡。

在恩施，有這樣幾件不得不做的趣事。

與朋友喝「摔碗酒」

在古代，土家族若是兒女要上戰場，臨行前必定要喝酒摔碗，以此壯行，「摔碗酒」便是來源於此。民間還有另一種說法：土家族的兩兄弟之間有了恩怨，為了家族的團結，雙方最終達成和解，便共飲一碗酒，之後便將酒碗摔碎，以此表示仇怨消逝，永結同好。

今天，這種習俗仍然保留著，只是它所傳達的意義已經發生了變化，今天喝摔碗酒代表著雙方的友誼。今天的人們會使用淺口碗，倒入玉米釀製的酒，和朋友碰杯飲盡之後，將碗摔碎。隨著「啪」的一聲，陶片四濺，豪情四射，人與人之間的距離更近了，心與心貼得更近了。

一場朋友聚會，往往菜錢不多，酒錢不多，而買單時才發現，一元一個的碗竟摔破了幾十上百只，外地人覺得這是一種浪費，恩施人則覺得這是一種情誼。

參加一場土家女兒會

恩施女兒會也叫「土家女兒會」，被譽為「東方情人節」或「土家情人節」。每年的農曆七月七日至十二日，是傳統的「女兒會」吉日。女兒會是恩施州土家族具有代表性的區域性民族傳統節日之一，是一種獨特而新奇的節俗文化，最初流行於恩施石灰窯、大山頂一帶，如今已發展成全州性的民族節日。

女兒會保存著巴人最原始的文化習俗，它是偏僻的土家山寨中與封建包辦婚姻相對立的一種戀愛方式，是恩施土家族青年在追求自由婚姻的過程中，自發形成的以集體擇偶為主要目的的節日盛會。其主要特徵是

以歌為媒，自主擇偶。女兒會是土家族青年男女的盛會，以年輕姑娘為主，也有已婚婦女前往參加，通過對歌的形式尋找意中人或與舊情人約會，暢訴衷情。

參加女兒會的姑娘們一般會著民族傳統服裝，她們把自己最漂亮的衣服都穿在身上，長的衣服穿裡面，短的衣服穿在外面，一層一層套在一起，謂之「亮摺子」或「三滴水」，還會將自己的金銀首飾佩戴上，以此彰顯自己的美麗。

女兒會這天，姑娘用背簍將本地的土產山貨背到街上，放在街道邊，將背簍倒置，自己坐在上面，等待心上人來買。小夥子在肩上挎著一隻簍，裝作漫不經心的樣子，主動找姑娘說話。如果雙方情投意合，就會

女兒會開幕式｜田智達攝

到街旁的樹林中去參加女兒會，在會上男女對歌，互通心曲，考驗智慧，以定終身。

在女兒城吃小吃

女兒城小吃街左鄰繁華的商業區，右鄰水上樂園，彙集恩施州八縣市特色小吃以及全國各地特色美食，恩施油香、土家包穀粑粑、恩施豆皮、建始大餅、炕洋芋、蒸兒糕、成都缽缽雞、陝西夾肉餅、長沙臭豆腐等經典美食頗受遊客青睞。遊客還可以觀摩一些小吃的現場做法，如恩施豆皮，將磨好的豆粉調成漿狀，從一個漏斗小嘴慢慢漏下來，在燒熱的平底鍋面上由內向外畫圈，熟練的手藝傳人畫的圈又圓又均勻，像一個大大的攤平的白色的彈簧，整個過程就像製作藝術品一樣精彩，不少人看得入了迷。「彈簧」煎熟後，變成了淡黃色，用筷子攔腰盛起，香

土家女兒城

梭布埡石林

氣四溢，既可現吃，也可以煮著吃……當地人推薦的小吃店有胖子涼麵、建始大餅、土豆也瘋狂、陝西夾肉餅、貴哥滷肉卷等。

在梭布埡石林對山歌

恩施市梭布埡石林被稱為世界第一奧陶紀石林，石林片區在外觀上形

似一隻葫蘆，四周群峰環繞，鬱鬱蔥蔥。該景區平均海拔九百多米，夏季涼爽，冬季溫暖，植被茂盛，野生動物繁多。整個地區氧氣含量較高，是一個天然的氧吧。

在梭布埡景區舉行的一年一度的土家女兒會是土家族男女青年相親尋覓意中人的節日。每到這個時候，姑娘們都會穿著盛裝來此挑選如意郎君，兩兩相對，互唱山歌。豪放的土家族漢子，在豐收的季節裡敲起鼓，跳起歡快的舞蹈。善良的土家族人早早地準備好苞米酒和蓑衣飯，迎接遠到的客人。

遊客來了，熱情好客的土家導遊一定會教唱幾支山歌，《六口茶》《黃四姐》《黃酒歌》等土家經典山民歌，曲調簡單，易學好唱，導遊與遊客配合，一唱一和，歌聲在石林山谷間迴響，裊裊不絕。

第十四節・江漢明珠　水鄉仙桃

　　仙桃市地處於江漢平原中心，全市國土面積達二五三八平方公里，人口一五五萬人。仙桃市前身為沔陽縣，有五千多年的文明史。中華人民共和國成立初期設沔陽專署。一九八六年，撤銷沔陽縣，成立仙桃市。這裡物華天寶，人傑地靈，如果說江漢平原是荊楚大地上一頂瑰麗的桂冠，那麼仙桃就是鑲嵌在桂冠上的一顆璀璨明珠。亮麗的水鄉生態風光，獨特的歷史人文風景，開放的宜居城市風采，是這片土地的魅力所在，神韻之魂。

　　仙桃是有名的歷史文化名城，擁有一五○○多年的建制歷史，是荊楚文化的重要發源地之一。仙桃名人眾多，如元末農民起義領袖陳友諒、辛亥元老張難先、中山艦艦長李之龍、著名藝術家王玉珍、小米科技創始人雷軍等。沔陽雕花剪紙、沔陽花鼓戲、麥稈剪貼被列入國家級「非遺」名錄，仙桃也被評為「中國民間文化藝術之鄉」。仙桃被稱為「狀元之鄉」，光是明清兩代文武進士就有八十八人，改革開放以來每年為國家輸送一萬多名優秀大學生。仙桃還是著名的冠軍之鄉，李小雙、楊威等五位世界冠軍都是從仙桃走出去的，被亞洲體操聯合會命名為「亞洲體操之鄉」，被譽為「世界冠軍的搖籃」。仙桃是著名的魚米之鄉，境內沃野千里，河湖密布，物產豐富，是全國重要的糧、棉、油、豬、魚、蛋生產基地，先後榮獲「國家現代農業示範區」「全國淡水養殖大市」等十張國字號名片。仙桃是著名的法學家之鄉，從這裡走出了王利民、張明楷等全國法學泰斗，八十多名法學博士。

仙桃是水鄉園林之城，是沔文化的發源地。仙桃市旅遊景區景點主要以「兩湖」「兩沔」為代表。

　　其一，休閒谷排湖。仙桃湖泊眾多，有排湖、沙湖等濕地景觀。其中，文化底蘊深厚、水域面積最大的排湖，正在打造運動休閒主題旅遊區。排湖被稱為仙桃的母親湖，距離市區有十八公里，原本水域面積達一一○平方公里，因此有百里排湖的說法，是仙桃最大的淡水湖，目前水域面積有十三點五平方公里。排湖歷史悠遠，這裡的五樂台曾經是楚王出遊打獵的地方。「千里送鵝毛，禮輕仁義重」的典故也源自排湖（古稱「沔陽湖」）。南岸的謝家灣是元末農民起義領袖陳友諒的祖籍地。當代著名作家碧野先生曾稱讚排湖，並寫下了著名的散文篇章《靜靜的排湖》。排湖風景區總體目標是：打造以運動休閒為主題的國家 5A 級旅遊、運動、休閒度假區——中國休閒谷。香港絲寶集團投資三十億元建設排湖五樂台度假區，規劃建設三個亞洲領先、全國一流、中部頂尖的高爾夫球場，目前第一個大眾化球場已建成營業，正在啟動建設第二個國際錦標賽球場和第三個會員制球場。

　　其二，沙湖濕地公園。沙湖國家濕地公園位於仙桃市沙湖鎮境內，距離城區有四十二公里，離省會武漢市三十公里，是一個內陸湖泊濕地。二○一二年十二月，國家林業局審批通過建立該國家級濕地公園。沙湖東為長江，西是漢水，湖水與二者相連，以南是洪湖，以東是荊河大堤，古老的東荊河貫穿全境，是公園裡主要水系來源。通過專業人士的調查取證，可以確認目前園區內共有二種國家一級保護動物，三十多種國家二級保護動物，八十多種省級保護動物，九種國家一、二級保護植物，濕地景觀特徵明顯，生物種類多樣，是鳥類繁殖的良好內陸選地。

沙湖國家濕地公園

特別是園區內的野生蘆葦林，對於改善區域生態環境有著極大的作用。

其三，沔城風景名勝區。沔城風景名勝區地處於仙桃市西南沔城，總面積十八平方公里，風景區內有眾多名勝古蹟，人文景觀別具一格，有「四十八古井、四十八牌坊、四十八古廟」之說，較為有名的有陳友諒故居、諸葛亮讀書檯、狄仁傑問政處、唐朝復州城垣等。整個景區充滿民族風情、富含民族文化，同時也是一個宗教聖地，這裡有道教的玄妙觀、佛教的普佛寺、伊斯蘭教的清真寺、儒教的孔聖廟等。這裡自然風景秀麗，水鄉神韻奇異。千畝東沼紅蓮池和綠色文化長廊，是休閒、賞荷、垂釣、泛舟的好去處。

其四，美食薈萃的沔街。沔街是仙桃的文化美食街，由仙桃市政府傾力打造，是圍繞傳統文化，兼具旅遊、商業、商務、居住等功能的文化

旅遊項目。沔街全長三千米，占地面積達二四三點八畝，整個街區分為南街、中街、北街三條街，沔街目前建有仿古城樓三座，明清建築風格門棟三十七棟，仿古牌坊三個，各主題文化廣場六個，仿古亭樓三個。仙桃市非物質文化創新基地、大漢王陳友諒紀念館和旅遊接待中心也設於此。沔街與沔陽公園相連。沔街的興起，源於仙桃的美食。仙桃美食眾多，交通便利，位於漢宜高速路旁的仙桃是過往客貨車司機最喜歡的

落腳地，常有旅客下高速，在仙桃吃完中餐再繼續趕路。沔街建成以前，僅有幾家農家樂為過往客人提供美食，常常供不應求，於是市政府就決心打造沔街文化美食一條街。仙桃著名的美食有「兩蛋一雞」，即沙湖皮蛋、鹹鴨蛋，毛嘴滷雞，以及聞名天下的「沔陽三蒸（蒸魚、蒸肉、蒸蔬菜）」、仙桃香米、黃鱔、與「沔陽三蒸」齊名的沔陽三臘（臘魚、臘肉、臘雞鴨）和沔陽麻鴨。沔城蓮藕、藕帶等也都能在沔街吃到。

未來，仙桃將堅持規劃統領、綠色引領，構建「一江八水五湖」的城市綠色發展格局，對城市生態水系全面進行景觀式改造，精心打造一批綠蔭環城河、環城景觀大道、生態文化長廊、秀美水上客廳，建成水系聯通、水質清澈、水景精緻的生態旅遊大環線和曲幽綠蔭小環線，使整個城市靈動秀美，水鄉神韻十足。

沔城復州城

第十五節・陸羽故里　僑鄉天門

　　天門市地處江漢平原北部，因境內天門山而得名。天門古稱「竟陵」，西元前二七八年秦昭王設竟陵縣，而這位秦昭王就是電視劇《芈月傳》中芈月的兒子。天門山位於天門的西北部，清朝雍正年間，因避康熙陵諱，「竟陵」改名為天門。一九八七年撤縣建市，為省直管市。

　　天門素有「三鄉寶地」的美譽，是著名的僑鄉、棉鄉、文化之鄉。全市棉花年總產量達五萬噸。該地區有大約八萬名華僑、華人生活在海外，遍布四十四個國家和地區，加上他們的後代，一共有二十八萬人之多。天門是世界茶文化的重要發源地、「茶聖」陸羽的故里。世界文化名人「茶聖」陸羽，唐代詩人皮日休，明代竟陵派文學創始人鍾惺、譚元春和清代狀元蔣立鏞等多位名人都誕生於此。天門的教育十分有名，可稱為「狀元之鄉」。從一九七七年開始恢復高考制度算起，天門為國家培

天門市景（天門市外事僑務旅遊局供圖）

養了大約十八萬名大學生。除此之外，「中國曲藝之鄉」「中國蒸菜之鄉」「中國民間文化藝術之鄉」「中國茶文化之鄉」也是天門著名的標識。

「茶聖」陸羽是天門的驕傲與榮耀。《茶經》是世界上第一部關於茶文化的專著，由陸羽所寫，其內容主要是闡述飲茶的要旨與妙趣。這部書流傳廣泛，被後人翻譯成多國文字，傳播到世界各地，對中國茶業和世界茶業發展作出了卓越貢獻，後世讚譽他「開啟了一個茶的時代」。如今，日本、韓國等東南亞國家為數眾多的茶道專家和品茶愛好者幾乎每年都會專程到天門來朝聖，並舉辦各種活動紀念陸羽。陸羽對天門影響深遠，天門有陸羽大道，有陸羽紀念館，還有茶聖廣場、茶經廣場等與陸羽相關的景觀。為紀念這位天門籍的世界文化名人，發揚天門茶文化，天門還每年舉辦中國（天門）茶聖節，以茶會友，以茶交友。

陸羽故園和陸羽紀念館是天門必去的遊玩之地。陸羽故園占地面積達四十三萬平方米，其中水域面積二十八萬平方米。園內有「三湖三島」，島上有茶經樓（又名「天下第一茶樓」）以及連接三島的夫子橋、古雁橋、司子橋及青塘別業、雁橋廣場、茶聖廣場、茶經廣場、雙湖廣場、植物印章迷宮、東崗草堂、大型景觀噴泉以及一系列以陸羽生平經歷為內容的情景雕塑、主題人文雕塑等諸多景觀。

陸羽紀念館在天門市區西湖畔陸羽舊居處。該建築是一九八五年開始重新修建的，主要仿照西塔寺的原貌進行建設。該館總占地面積約一萬平方米，建築面積二五〇〇平方米。館舍由雁橋、山門、陸公祠、鴻漸樓、服務設施等建築組成，為歇山頂式仿唐建築。山門是一座充滿民族特色的建築，屋頂翹角重檐，古香古色。陸公祠面積一八二平方米，主

陸羽紀念館

要是展示陸羽在茶文化方面的事蹟。而門額上的「陸羽紀念館」五個大
字是原中宣部副部長、著名詩人賀敬之的手跡。殿內的陳列櫃裡存放的
是陸羽的個人遺物、主要文獻著作和照片，還有一些國內外著名專家學
者研究陸羽的書刊、畫冊、評論文章等，達三百餘件，如日本東京女子
醫科大學的教授諸岡妙子在一九八六年出席首屆陸羽學術討論會時奉還
的《陸羽茶經》珍本和日本京都「日中茶經研究交流會」的文獻資料。
鴻漸樓大堂中間的位置佇立著一尊高二點八米的陸羽銅像。

　　近年來，天門將發展重點放在文化旅遊產業上，文化旅遊設施建設不
斷完善。陸羽紀念館、文學泉景區、天門劇院相繼改造和修繕。陸羽故
園、東湖公園、博物館、植物園、市革命歷史紀念館等文化旅遊景點已
竣工，陸續對外開放。天門糖塑、三棒鼓、江漢皮影入選全省第一批非
物質文化遺產保護名錄。

天門的東湖是位於中心城區的一個湖泊，它的水體面積大約三十三萬平方米。東湖公園由北西東共三塊水面組成，根據不同的功能可分為文化活動、濱水休閒、生態濕地、時尚生活四個區域，在地理位置上構成字母 L 形。公園被設計成一隻浴火重生、振翅欲飛的鳳凰，在景觀設計中還蘊含著天門的地方文化特色，出土文物中的鳳凰造型，明代竟陵派文人鍾惺、譚元春所著的《唐詩歸》，始於清朝中葉迄今已有二百多年歷史的天門花鼓戲、皮影戲等都是公園設計的主要元素。漁鼓廣場兩側有景觀小品，皮影雕塑、天門方言都登上了專門設計的景觀牆，這些都是當地文化的集中體現。

位於天門市東南部的沉湖是天門市一處靜謐的世外桃源。沉湖曾經是中國人民解放軍總後勤部的基地，同時也是湖北最大的軍墾農場。它位於天門市東南部，地處天門、仙桃、漢川三市結合部，依然保持著原來的濕地風貌，氣候適宜，林木茂盛，水網密布，物種豐富，環境優美，具有獨特而豐富的生態農業資源和軍墾文化資源。值得一提的是軍墾河將沉湖與外界完全分離，沉湖基本沒有人煙、村落，環境十分安靜，是動物理想的棲息地，也是野外探險、體驗鄉野、田園狩獵的好去處。

第十六節・曹禺故里　蝦城潛江

　　潛江地處江漢平原，根據歷史記載，從宋乾德三年（西元 965 年）開始建縣，到今已經有一千多年的歷史。隨著發展的需要，於一九八八年撤縣建市，一九九四年被列為省直管市。

　　潛江是一座歷史文化之城。潛江是楚文化的發源地之一，境內的章華台被稱為「天下第一台」，它是東周楚靈王的行宮，有二五〇〇多年的歷史，遺址被列為「2000 年全國考古十大新發現」。潛江擁有深厚的歷史文化底蘊，孕育了被譽為「東方莎士比亞」的傑出戲劇大師曹禺（1910-1996）等眾多英才。潛江花鼓戲、潛江皮影戲、潛江民歌屬於國家非物質文化遺產。曹禺文化產業園是全省首批創建省級現代服務業示範園區。

　　整個潛江市內地勢平坦，屬於平原，在氣候上是亞熱帶季風性氣候，因此降雨較多，氣溫適宜，植被茂盛，境內有「二湖、二園、一壩」。潛江不僅擁有古澤國的浪漫，更具有江南水鄉的氣質，被稱為「水杉的第二故鄉」，市內的潛林公園、水杉公園更使得這座城市充滿野趣。放眼觀望平原第一壩——興隆水利樞紐，更讓人享受一番大壩鎖碧水的美景。

　　潛江是古雲夢澤一角，湖泊星羅棋布，河流縱橫交錯，是一座水鄉園林城市。借糧湖、返灣湖、關田河、漢江，一望無際的油菜花海，百畝連片、碧波萬頃的蓮塘，構成了一幅江漢平原水鄉美景圖。潛江是著名的「水鄉園林」，境內有大量水杉。水杉是冰川世紀的活化石，潛江以水杉為市樹，林蔭密布，巨樹參天，市區綠化率達百分之四十，綠色長

廊、河堤林帶貫入城中，有一種「林在城中，城在林中」「河在城中，城在河畔」的感覺。著名作家碧野稱讚潛江是「一座綠色的城」。

潛江是著名戲劇大師曹禺故里。曹禺祖籍湖北潛江，出生於天津。他的劇作充滿民族特色，十分具有藝術性，感染了一大批的觀眾，培養了眾多的優秀演員。豐富的思想內涵、超凡的藝術表現力是曹禺作品的特徵。他的劇作久演不衰，百看不厭，《雷雨》《日出》《原野》《北京人》等劇目是中國近百年文學藝術史上的經典作品，是現代戲劇創作史上劃時代的標誌。

曹禺對潛江文化影響深遠，潛江市有多處紀念曹禺的紀念館和文化場所。其中，曹禺文化旅遊區主要由曹禺公園、梅苑兩部分景區組成，濕地公園還在設計施工當中。潛江與曹禺有關的重要景點有曹禺公園、梅苑、曹禺大劇院、中國戲劇陳列館、世博會湖北館等，可以稱之為全國戲劇創作和戲劇交流的重要平台，同時亦是市民休閒娛樂的地方。

曹禺紀念館坐落於曹禺公園內，是一所綜合展示曹禺傑出貢獻和藝術成就的專業展館。曹禺紀念館在布展方式上，著重使用現代科技手段，多角度、全面化、全方位地展示曹禺先生生平和創作情況，館藏資料豐富，史料價值巨大，整個紀念館呈現出具有較高藝術品位。為了做到準確、權威，紀念館特邀上海戲劇學院教授曹樹鈞為整個展覽撰寫了文字腳本。

紀念館共有上下兩層，室內面積達三千平方米。一樓是序廳，在中心位置佇立的是一尊曹禺先生半身雕像，他身上披著風雨衣，衣領豎立，就好像在沐浴人間風雨；眼睛炯炯有神，聚精會神地注視著前方，好似

在察悉人間滄桑與苦難。雕像身後擺放了一架立體屏風,《曹禺全集》在屏風上呈扇形有序排列。序列兩邊的漢白玉石壁上,刻著曹禺家世和曹禺的散文名篇《我是潛江人》。二樓共有兩個展廳,主要陳列展示曹禺的著作、手稿、照片、字畫等各類珍貴資料及實物三千多種(件),並按創作篇、演出篇、管理篇、教育篇、交流篇、知音篇、鄉情篇、緬懷篇和書畫展覽劃分為九個部分、三個展區,這條展線長達四七三米,全面系統地介紹了曹禺先生生平、創作和曹禺著作的影響,將曹禺個人的人文魅力充分展示出來。

潛江,是蜚聲海內外的小龍蝦之鄉。小龍蝦學名「螯蝦」,原產地為美國路易斯安那州,大約二十世紀初的時候進入我國境內,目前在我國的長江中下游地區有較大的分布數量。潛江小龍蝦的出名源於當地農民

曹禺公園 | 程崇尚攝

的智慧和創新，將原本愛在稻田裡鑽眼打洞的害蟲小龍蝦規模養殖，並加工出口。經過當地政府的支持培育，如今小龍蝦已成為年綜合產值超過五十億元的大產業。

潛江小龍蝦體型肥碩，頭較小尾較大，整個腹部呈透明狀態；兩隻前螯粗大，肉質鮮嫩，可食比例大，出肉率高，加之做法多樣，成為華中美食一絕。每年五月至十月的「吃蝦季」，潛江市的大小餐飲店、農家樂、星級酒店乃至路邊夜宵攤都會賓客盈門。潛江小龍蝦有油燜大蝦、滷蝦、蒸蝦、泡蝦、湯蝦、烤蝦、蝦球和凍蝦八大系列，在烹飪方法及配料生產方面已經實現標準化。售賣龍蝦的餐館不僅遍布潛江大街小巷，而且進入全國各地包括北京的中高檔酒店。雖然潛江小龍蝦在很多地方能吃到，但要吃上味道正宗的小龍蝦，「吃貨」們寧願驅車前往小龍蝦的家鄉潛江。

東方路雲集上百家蝦店，成為潛江最有名的龍蝦美食街。兩隻碩大的通紅的大龍蝦舉著「潛江龍蝦街」的牌匾迎著四方賓客。每天，來自全國各地的小車排起了長龍，兩旁的店鋪裡滿是前來吃蝦的食客，觥籌交錯，一派熱鬧的品蝦休閒景象。以「小李子」「蝦皇」「老字號」等為特色的油燜蝦餐飲店，創新出滷蝦、蒸蝦、蒜茸蝦、泡蝦、烤蝦等八大系列多種風味的潛江龍蝦。

近年來，潛江市政府大力發展中國潛江生態龍蝦城項目，準備創建一座集餐飲、旅遊、住宿、娛樂等多種服務於一體的多功能高檔次的蝦城，讓食客們享受頂尖美味，舒適入住。龍蝦城門口，高十八米、長二十五米的大型龍蝦雕塑舞著大鉗甲迎著四方賓客。龍蝦城不僅是一個吃

蝦的好去處，它還提供文化、餐飲、商業、娛樂、度假等功能，是一個吃喝玩樂的好地方。這裡自然生態環境也是極好的，境內有鳥類一千多種、植物一萬多種，它們共同組成了一個面積廣闊的熱帶雨林風景區。另外，潛江有匯聚歷史、名人、戲劇、小龍蝦等內容的文化博物館，還有娛樂購物、風情酒吧、兒童遊樂、狂歡水上世界等一系列設施。

潛江境內的江漢油田是中國重要的油田之一，牛磺酸生產業在全國首屈一指，石油鑽頭生產在亞洲位居第一，還是國內重要的眼科用藥生產基地。潛江豐富的水產資源使生態農業成為潛江的經濟支柱。潛江也是

潛江生態龍蝦城｜程崇尚攝

一座新型工業之城。潛江地上盛產糧油棉，地下富藏油氣鹽，已形成油氣開採、紡織服裝、冶金機械、化工醫藥、農副產品加工五大支柱產業，擁有四家上市公司，以及「中國小龍蝦之鄉」「全國裁縫之鄉」等稱號。目前，潛江正在極力打造華中家具產業園，試圖在家居行業占據一席之地。

一到黃岡，就期待著赤壁之遊。

攝影包裡，普通鏡頭之外，還帶了一隻廣角鏡頭。為要去到一個浩渺雄渾的水世界。

為作赤壁遊，一路讀誦蘇東坡的詞《念奴嬌・赤壁懷古》《前赤壁賦》和《後赤壁賦》。不由得想起佛經裡的一個短句：受持讀誦。誦讀這些鏗鏘而又低回深致的文字，應是一個後來者必修的功課。

真正前去的時候，天陰著，我想像著鉛雲之下，那浩蕩的江流一定泛著一種光，一種類似金屬灰的光，在低垂的天空下流淌、旋轉、鼓蕩。一船人在波濤之上，向著名叫赤壁的赭色崖岸漸漸逼近，心情激盪。那時，我將把相機換上廣角鏡，拍下同時有著時間與空間縱深的廣大景象。

然而，當我們來到一個小小丘岡的頂部時，被告知，這就是赤壁的所在了。

丘岡上有幾座建築。從有路的一面上去，走進的建築是佛教的，也是對蘇東坡進行某種紀念的。

無路的丘岡背面，是一道二三十米高的斷崖，照例有一座亭子，亭下崖縫間，斜著一株烏桕樹。樹不高大，枝幹蒼老，葉片依然綠光照眼。當地朋友說，腳下的山崖就是傳說中的赤壁。俯下身子去看，崖壁確乎有些暗紅，只是被雜草被苔蘚遮沒，沒有那麼鮮明而已。崖下一個池塘，上面點點浮萍，一時被稀疏的雨點擊打，一時又被漏出雲縫的陽光照耀。我當然

要問長江何在？當地朋友的手指向南邊。我的眼光掠過池塘，看見一條馬路，隔著馬路又看見一些錯落的樓房、一些間雜其間的樹，然後，是灰色的天空。長江不可見。我知道長江就在那灰色天空的下面。

自蘇東坡來黃州後，又過了近千年漫長時光，漫流的長江水一次次束堤就道，早遠離了赤壁。今天，沒有了江流拍岸的赤壁，卻並不落寞，因了蘇東坡流傳千年的詩文，自有一大巴一大巴的遊客，前來覽勝，前來憑弔。

不太貼切地想起蘇東坡的話：「逝者如斯，而未嘗往也。」「蓋將自其變者而觀之，則天地曾不能以一瞬。」

我選旅遊目的地，不會因為別人去，所以我也要去，也不會因為讀了種種旅遊指南。我的一種旅遊，就是為了追蹤我心儀的人物。去古眉州，是為去三蘇祠。我去青神縣山下的岷江邊，是為看蘇東坡年少時的讀書檯。那裡好風水，正是李白寫下「峨眉山月半輪秋，影入平羌江水流」的地方。我也曾住在西湖邊上，每天走蘇堤一遍，風雪無阻，達一月之久。

如今來到黃岡，自然也是因為蘇東坡。

因為蘇東坡在那時還叫黃州的地方生活過，寫作過。

西元一○八○年，跌入人生谷底的蘇東坡出了監獄。大年初一，由差人押解，自北宋的都城開封出

發，一月之後，到達了貶謫之地黃州。貶謫當然是人生的大失敗。按今天流行官場的成功學，他不必選擇這種失敗。王安石這個拗相公想富國強兵，搞改革，這個改革很有必要。那時的北宋朝，與西夏，與遼（金）構成一個並不穩定的三角關係，時戰時和，常備大軍外，還要為維持和平往北方輸幣納貢。所以日本歷史學家杉山正明說：「被強調為文化大國的北宋，實際上是一個擁有大量軍隊的軍事國家。這不僅對北宋政府的財政，就是對其社會也造成很大負擔。」今天，人們只說蘇東坡反對改革，卻不說他和很多反對改革的保守派不同。他不反對改革本身，而是反對過於激進的改革，反對用人不當的改革。從這個角度看，蘇東坡不是保守派，而是理性派。但中國這個國家，改革與保守向來容易陷於極端，理性派幾乎從來不占上風。

國家政治牽涉到一個人的宦海沉浮，情形總是過於複雜，我的興趣也不在理清這千頭萬緒。我感興趣的只是感受文化的力量。貶謫、放逐，這種官場的失敗可以摧毀絕大部分人的生活。但對於極少數的人，對於杜甫，對於李白，對於蘇東坡，情形則是兩樣。文化使生活繼續，使他們得以光芒四射地繼續著詩意的生活。或者說，偏偏是從官場的失意處、失敗處，他們的生命與人格才放射出最燦爛的光華。

蘇東坡在黃州，在定惠院，在臨皋亭，在雪堂，

在新墾的東坡。禪定、讀書、交友、飲酒、躬耕、出遊、吟詩、作文、發明菜式、懷鄉、與親人生離死別。林語堂在《蘇東坡傳》中說:「黃州也許是淒隘骯髒的小鎮,但是無限的閒暇、美好的風景、詩人敏感的想像、對月夜的傾心、對美酒的迷戀——這些合而為一,便強而有力,是以使詩人的日子美滿舒服了。當莊稼已然種上,無金錢財務的煩心,他開始享受每一個日子給他的快樂。」

是的,快樂。沒有文化,沒有文化造成的曠達與自信,何來快樂?一個官員退了休,不去慶幸平安著陸,卻因失去權柄抑鬱而終,怎能理解中華文化中有一股偉大力量,可以使一個人,在貶謫中,從艱難的生活中依然獲得快樂?

想來,那時的官僚體制裡,即使不斷上演著劣幣驅逐良幣的戲碼,卻也沒有強大到能把每一個體制中的人都完全異化的力量。所以,一個人如蘇東坡者,在被體制拋棄時,卻得以在邊緣處修復心靈,在邊緣處從生活的審美中獲得重生的力量。

讀到當地史料統計說,蘇東坡在黃州,四年,一千餘天,竟寫詩作文數百篇,平均兩天左右便有一篇。如此,一個人,在人生低谷處,卻將自己成就為中國文化的一座高峰。

初到黃州,孤苦無告,在他筆下,卻輕描淡寫:「見寓僧舍,布衣蔬食,隨僧一餐,差為簡便。」

黃州訪東坡行跡記

在黃州見到故鄉的海棠，說成是：「也知造物有深意，故遣佳人在深谷。」唐人詩云：「岷蜀地千里，海棠花獨妍。萬株佳麗國，二月豔陽天。」蘇東坡在客地見到，想成是上天垂憐，以家鄉名花來安慰遊子。

　　以天下為家的人，卻可以時時遭逢故鄉，因為，水是從家鄉峨眉山上奔流而來。「臨皋亭下，不數十步，便是大江。其半是峨眉雪水，吾飲食沐浴皆取焉，何必歸鄉哉！江山風月，本無常主，閒者便是主人。」

　　一個傳統的中國士大夫，身上交織著許多因素：文化、學問、讀歷史的教訓、對社會的本分責任。一個社會，知識分子願意擔負社會責任，但社會卻不給他機會。一個體制，知識分子願意提供歷史教訓——比如蘇東坡看到改革的躁急與濫用小人參政——卻因此被放逐。那麼，他就只剩下一條路，完成人格的塑造，在歷史深處留下一個文化巨人的身影。在政治腐敗與崩潰處，文化的影響得以擴大，文化得以源遠流長。

　　到今天文化已經因為有了太多的定義，太多目的不一的闡釋而面目全非，但在那時的黃州，文化還是按自己的法則運行。拯救一個弱小的人，同時，成就一個偉大的人——一個不會再有來者的人。這個人就是蘇東坡。他生活，他書寫。他的書寫是一個豐盈靈魂的外化。漢語文中會永遠屹立著蘇東坡在黃州的書寫立下的豐碑。

　　《承天寺夜遊》，最好的小品文，自然天成。讀完

此文，再看張岱，就會覺出些許雕琢之感來。

《念奴嬌・赤壁懷古》，中國最大最長的江流，李白在三峽、在黃鶴樓書寫過，但一直要等到這偉大的詞章誕生，長江彷彿才具有與其體量相稱的文化與歷史的重量。

《前赤壁賦》和《後赤壁賦》，讓我們可以品味中國的文化人如何以儒、釋、道三家的精義豐富一己的生命感，並洞穿天地與時間的融通與深邃。我甚至以為，要洞穿圓融了儒釋道精神的中國士大夫氣質，這兩篇奇文自是最好的範本。

還有可讀可觀的《寒食帖》。中國的文字有意義，有形象。這種形象的書寫本身就可以見性情，見修為，見人格。蘇東坡留墨在此，讓我們心甘情願成為這種精妙文字的永遠臣僕。

長江可以改道，赤壁可以不復當年景象，但黃岡，因為蘇東坡，自成為一個文化高地，千古不移。

所以，今天的黃岡人要建一個名叫遺愛的公園來紀念他。所以，今天黃岡人要建一個美麗氣派的城市公園時，才有那麼多可以依憑的風雅深致的文化資源。臨別之夜，去到遺愛湖邊的曲折湖岸，不用一一去過依東坡逸事與詩文意境構建的十數個景點，只消看湖水在面前搖盪，那些清詞麗句就在心頭湧起。舉目望去，湖的中央倒映著遠處繁華市塵與街衢迷離的燈火。

黃州訪東坡行跡記

就此離去嗎？

還要去東坡去過的黃梅。那裡有禪宗六祖悟道的東禪寺。那時，六祖惠能還是一個廣東地面的樵夫，到客店賣了柴，卻聽聞一個旅人讀誦經文。「惠能一聞經語，心即開悟。遂問客誦何經。客曰：《金剛經》。復問從何所來，持此經典。客云，我從蘄州黃梅縣東禪寺來。」惠能便立即北上求法了。

這樣的地方蘇東坡是必去的。讀他的詩文集，果然有詩兩首。他去時，《六祖壇經》裡的東禪寺已經叫了五祖寺。蘇東坡初到此處，便口占一首《遊五祖寺》。待與寺中長老接談後，又作《五祖山長老真贊》：「問道白雲端，踏著自家底。」好個「自家底」！沒有這個底，入寺燃香點燭，佞佛而已。有了這個底，才能領略到「萬心八捧禪，一月千江山」的澄明化境。

我們去時有雨，山與寺都隱在霧中，我在寺中佛經流通處，得《金剛經》一本，便立在廊下佛像前，讀誦一過，通身微微汗出。再到寺中施禪茶處討茶吃，一個年輕僧人以山泉水泡鐵觀音，三杯過後，我通身大汗。立於山前，此時雨停霧開，破雲夕陽，照亮山下田疇平曠，屋舍儼然。而夕陽的光瀑後，那不可見處，便是長江，正浩浩蕩蕩。

當年蘇東坡離黃州，是乘船過江，過了江，還聽到黃州城頭的鼓角：「黃州鼓角亦多情，送我南來不辭遠。」

下山來，我再乘車過黃州，飛回蘇東坡的老家四川。在飛機上想起一九八四年第一次參加文學筆會，就吃住在眉州三蘇祠中。那時，在祠中得尚未公開發行的林語堂著《蘇東坡傳》一本。從此尊他為神，倏忽已經三十年了。

原載《湖北日報》2014 年 10 月 24 日

浪漫

02 章

鄉村

大美河山，採擷鄉間明珠；水墨荊楚，繪就村鎮畫卷。

「綠水青山就是金山銀山」，既是領路人的殷殷囑託，也是時代的吶喊與民眾的期盼。美麗中國，寄託著中華兒女的祈願與期盼。美麗湖北，標示著荊楚人民的追求和夢想。

荊楚大地的山鄉之間，時而散發時尚現代之美，時而展現淳樸厚重之美；抑或瀰漫大氣浪漫之美，抑或洋溢清新自然之美。行走其間，或可品明清古街之韻味，或可賞現代田園之秋色，或可抒登高望遠之胸臆。

山青青，水粼粼。春如歌，秋似詩。陶淵明曾經寫下中國村落的美好景象：「土地平曠，屋舍儼然，有良田美池桑竹之屬，阡陌交通，雞犬相聞⋯⋯」千百年來為人推崇、令人嚮往，「九萬里悟道，終歸詩酒田園」已然成為現代人的生活時尚。

這些荊楚大地上的顆顆明珠，值得用鏡頭去追隨，用筆墨去詠愛，用誠心去體驗。願以真摯的文字，凝聚最美村鎮的點點滴滴，抒寫旅行者的浪漫感受，記錄她們，展示她們。

鄉村不老，美麗永駐。

第一節・最美旅遊名鎮

> 　　古老而美麗的鄉村小鎮分布在神祕的大山、廣袤的原野和浩瀚的江湖之間，自然山水與民俗文化融為一體，浪漫風情與鄉鎮新貌交相輝映，引人入勝而又韻味無窮，每一個小鎮就是一篇講不完的故事。心是狂熱的，你就可以讓心兒在原野上奔放，在草原上馳騁。心是自由的，你也可以獨處一隅，安享寧靜，品味與自然的親密，在光陰婆娑中尋找真實的自己。

鍾祥市客店鎮

　　位於大洪山南麓的客店鎮，是鍾祥、京山、隨州之間相連接的地方。這裡山水壯麗，又是革命老區和國家級風景名勝區。一九九四年建鎮以來，逐漸發展為擁有土地二七三平方公里，人口一點五八萬的旅遊名鎮。其中，該鎮共有約三十萬畝山林面積和一點七萬餘畝的耕地面積。客店鎮的最高處為海拔一〇五一米，平均海拔三五〇米，是大洪山國家級風景名勝區的主要部分，景區規劃面積達一〇四點七平方公里。該地區的氣溫平均值為 16.5℃，四季分明。超高的植被覆蓋率和森林覆蓋率使得該地區動植物資源十分豐富，其中極具觀賞性的植物和珍奇動物便多達一五〇餘種。

　　漫步在客店之中，山川映入眼簾，小路曲徑通幽，炊煙裊裊升起，這不正是「暖暖遠山村，依依墟上煙」的真實寫照嗎？實際上，客店也正是由古人的詩詞而生。在這裡，連綿起伏、雄偉壯麗的娘娘寨、青峰山

絕對讓你流連忘返。娘娘寨最高海拔可達一〇五〇米，這裡雲霧繚繞，藤蔓叢生，松柏翠竹，如詩如畫，獲得了「荊楚屋脊」之美譽。在當地的民間傳說中，當年觀音娘娘曾於此地擒拿水妖，普度眾生，因此後人便將此山稱為「娘娘寨」。以青色磚石建造而成的娘娘寨山門，位於娘娘寨的西埡口，十分具有古代氣息。青山綠樹之間的八折河，因蜿蜒曲折八道彎而得名，四十公里的長河橫穿客店。河流兩岸，吱吱作響的木質水車似乎在唱著古老動聽的歌謠。彎彎的山道邊是掩映在一片蔥蘢中的白牆黛瓦的民居。夏秋季節，八折河明燈村段邊的成片蘆葦開出雪白的蘆花，蘆花在風中搖曳，將你帶進「蒹葭蒼蒼，白露為霜」的優美意境。彎彎山道邊的「農家樂」同樣是客店的一道亮麗的風景線，棗紅的門窗、木質的柵欄、大紅的燈籠以及別具風味的特色農家土菜和地方小吃，無

客店鎮

不將農家風情展現無遺。賞山中景、品山中珍是當地「農家樂」的功能所在，無時無刻不在吸引著大量遊客流連品嚐，甚至不少的當地人也前來大快朵頤。

客店鎮擁有一家按國際五星級標準建造的商務型旅遊酒店——櫟樹灣國際大酒店。酒店依山傍水，環境怡人，空氣清新。在這裡，按照國際標準建造的網球場、游泳池、演藝中心吸引不少遊客前來駐足、休息。位於趙泉河村的茶園觀光項目更是聞名天下，遊客可體驗茶園採茶、農戶炒茶、個人品茶的所有環節，精彩的茶藝表演更是讓人流連忘返。另外，客店鎮還建有華葛文化風情園，它是華中地區唯一的葛文化博物館，遊客可以深度體驗葛文化。在這裡，你可以對葛產品加工、葛苗葛根種植有所了解，也可以體驗葛藤山野外狩獵探險和葛農耕民俗文化娛樂互動，當然，葛粉、橡粉、綠茶、香菇、木耳等也是人們愛不釋手的旅遊伴手禮。

來鳳縣百福司鎮

恩施西南百福司鎮地處鄂、湘、渝三省交界之地，其東部為湖南省龍山縣，南部則是重慶市酉陽縣，因此人們也稱之為「一腳踏三省」。全鎮面積一九一平方公里，轄二十三個行政村、一個社區，總人口三點一萬人。作為酉水流域的第一古鎮，百福司鎮也是以擺手舞為主的土家文化發祥地，擁有著十分深厚的文化底蘊和由此而生的豐富的旅遊資源。

煙雨濛濛的古鎮靜靜地躺在酉水河畔，若隱若現的遠山、穿行而過的酉水、臨河而建的古樸民居勾勒出一幅幅美麗的畫卷。集鎮臨河之處建

有石製護欄，護欄上雕刻有土家民族及當地的風俗民情、歷史沿革、鄉紳人物、文化傳承、建築風格等內容，人物栩栩如生，文字雋永簡潔，是一部反映當地風土人情的百科全書。鎮裡還建有民族風情一條街，遊客們可以在此盡情享受土家美食，品味土家文化。

坐落在鎮河東鄉土家山寨的舍米湖擺手堂是渝東、湘西、鄂西土家族擺手舞的發源地，也是土家族最古老的舞堂。始建於清順治八年（1651年），被譽為「擺手之鄉」「神州第一擺手堂」。它位於村南的山坡上，占地五百餘平方米，呈長方形，周圍圈以用山石建成的院牆。大門狀類牌坊，在大門與神堂之間，有一條石鋪甬道，道旁則是高大的古柏。神堂的牆壁由石塊砌成，屋面覆蓋人字披黑色布瓦，使得神堂古樸而厚重。在這裡，供奉著土家先祖彭公爵主、向老官人和田好漢塑像。每到

百福司鎮

新春，這裡便十分熱鬧，人們披紅戴綠，紛紛來到擺手堂，場內松樹上張燈結綵，大家圍繞松樹跳舞，鳴鑼擊鼓，徹夜不眠。

百福司的另一個景觀就是卯洞。卯洞是一座騎跨在酉水河上的雄偉壯觀的大山洞，內有暗河。洞高三十八米，寬五十八米，長二二〇米，洞頂平整如刀劈斧斫，遊人無不稱口叫絕。沿暗河兩岸，石峰溶洞星羅棋布，比比皆是。落印潭、仙人洞、卯洞的美麗傳說至今流傳。

夜色降臨，充滿民族風情的鎮政府門前廣場上，鑼鼓響起來，在都市大媽們跳廣場舞的時候，這裡的人們跳起了擺手舞，老漢、大媽、幺妹、細伢齊上陣。地道的土家語和著標準的擺手舞：「烏哈說、苦列說、喘列說、羅呦說，胡裡達舍胡裡達舍巴日惹多列！」漢語的意思是——灣裡人、坡上人、後山人、寨上人，大家都來跳擺手舞吧！

紅燈萬盞人千疊，一片纏綿擺手歌。

紅安縣七里坪鎮

七里坪鎮距紅安縣城北二十三公里，位於鄂豫兩省邊際，是中國歷史文化名鎮和紅色旅遊名鎮。全鎮版圖面積三六二平方公里，轄六十九個行政村、一個居委會，總人口九點八萬人。這裡是轟動一時的黃麻起義策源地，也是鄂豫皖革命根據地的中心。在這裡，中國工農紅軍第四方面軍、紅二十五軍和紅二十八軍三支紅軍主力部隊應運而生，全鎮有以長勝街革命遺址遺跡群為主的國家級重點文物保護單位三十七處，是鄭位三、秦基偉、徐深吉等一四三位共和國將軍和省部級以上領導幹部的故鄉。

七里坪鎮

這裡自然景觀優美，其夏季宜人的氣候更是吸引不少遊人在此休閒度假。其中，天台山風景區連綿起伏，層巒疊嶂，山清水秀，林海蒼翠，雄偉壯麗。其主峰天台山海拔達八一七米，峭壁林立峰頂卻似平台，廣數畝，高百餘仞，似與天相接。天台山環周皆石崖陡壁，僅靠北宋元祐七年（1092年）開鑿的石蹬登山。拾級而上，有坐忘台、撫琴處、了心關、留月岩、披雲峰等十景。天台山文化資源同樣十分豐富，留下了不少文人騷客的足跡。原建廟宇雖然大多遭到破壞，但「天台山十景」及眾多摩崖石刻仍然存在。天台山國家森林公園之中，長達五點八公里的對天河曲曲折折，流向峽谷深處，由青石板構成的河床更是令人嘖嘖稱奇，河流上下游落差達一四三米，使得景區內灘多浪急，氣勢如虹。河谷兩岸則有大量的天然奇石和直入雲霄的參天古木，壯麗景色異常迷人，是野外漂流的不二之選。坐在橡皮艇中，隨流直下，與激浪搏鬥，與險灘相爭，別有一番風味。與此同時，藤蔓叢生、奇石林立、山花爭相鬥豔的山林風光更是使人應接不暇、流連忘返。

七里坪鎮的紅色文化在長勝街得到集中展示。由黃麻起義遺址、長勝街革命遺址群、鄂豫皖特區蘇維埃政府舊址、鄂豫皖特區革命軍事委員會舊址、紅四方面軍誕生地等二十處遺址構成的遺址群是國家重點文物保護單位。長勝街長三八〇米，保持了大革命時期的原貌，鄂豫皖特區蘇維埃銀行、黃安縣蘇維埃經濟公社、列寧市場等一批遺跡遺址都集中在這條街上。古長勝街的石板街面以及具有清代建築風格的老房子似乎都是時代的見證者。磚木結構的老房，有一層的，有兩層的，高低錯落。青磚、黛瓦、飛簷、馬頭牆等無不完整地保存著二十世紀三〇年代的面貌。漫步街頭，既感受到習習古風、依依古韻，又能聆聽到革命先輩們艱苦歲月裡奮勇的吶喊。

二〇一六年五月，中國郵政發行的《中國古鎮（二）》特種郵票首髮式在湖北黃岡紅安縣舉行。紅安七里坪鎮作為全國重點鎮、首批中國歷史文化名鎮題材、這次唯一的「紅色古鎮」代表，登上該套郵票，七里坪鎮成為「國家名片」。

大冶市陳貴鎮

陳貴鎮位於大冶市中部，是我國青銅文化的重要發祥地之一。全鎮國土面積一六〇平方公里，轄十九個行政村、二個居委會（社區），總人口六點六四萬人。如今，這裡已經集「全國文明鎮」「中國明星鎮」「國家衛生鎮」「中華詩詞之鄉」「中國龍獅運動之鄉」「中國楹聯文化之鄉」等眾多榮譽於一身。作為曾經全國聞名的礦業重鎮，伴隨著礦業的枯竭，如今陳貴旅遊以一種全新的姿態展現於世人面前。

陳貴鎮旅遊以雷山溫泉和雷山風景區而著名。雷山溫泉是全省發展較早的溫泉度假區，其水資源來自小雷山山谷底層地熱之水，屬於稀有的礦溫泉，富含鈣、鋅、硒、鈉、鎂、碘、氡等五十多種對人體健康有益的微量元素，特別是其水溫高達五十六度以上，是極為罕見的百分之一百的天然氡礦溫泉。雷山溫泉度假區有三十二棟連體別墅，可同時滿足五百人會餐，三五〇人住宿，可以承接五百人參加的大型會議。

與雷山溫泉緊緊相連的是雷山風景區，全景區總面積為五十四點八平方公里，包括小雷山、大泉溝、天台山三個景區，是省級風景名勝區、省級森林公園、國家 4A 級旅遊景區。小雷山景區以石景奇特名聞天下，以休閒為主題；天台山景區佛教文化聲名遠播，以朝佛為主題；大泉溝

景區泉清谷幽，有黃石「九寨溝」之稱，以避暑為主題。連綿不絕的小雷山，以奇石林立而為人熟知，大自然的鬼斧神工把她雕成千姿百態，別具神韻。這裡不僅風景如畫，而且地靈人傑，更有鼎盛的文風。位於雷山方廣洞的古訓堂是重要的教育基地，堂前有九龍柱環繞，天池倒映。內建三座大殿：孔子殿、周公殿、舜帝殿。殿的四周有青松翠柏，殿宇之間有百步雲梯相連，雲霧環繞十分壯觀。殿兩側則有長廊直達山頂，與雷峰塔銜接。巡廊入殿，可感受歷代人物的詩詞名言，登塔望遠可飽覽四野風光，娛目壯懷，妙趣橫生。

陳貴鎮還能提供農家住宿、購物娛樂、鄉村體驗、美食餐飲等服務，有「一村一品」「一村一景」的特色旅遊小集群，萬畝紅豆杉種植核心

陳貴鎮

區、萬畝特色花卉苗木種植示範區、萬畝高效觀光農業種植區連線成片。雷山生態莊園、官塘農莊、金良莊園、萬斗莊園、碧海緣莊園、張府園等農家莊園，可同時滿足一二〇〇人就餐。在享受完可口的農家飯菜之外，遊客們還可以盡情享受採摘水果、休閒垂釣的樂趣。在鎮西部的農業園內，遊客可以採摘鮮甜可口的草莓以及綠色無污染的蔬菜；在楊庚大畈，遊客可以親自體會砍伐甘蔗的快樂。除此之外，遊客在結束快樂旅程之後，還可以在鎮真有味旅遊食品有限公司購買金柯辣椒、小蘿蔔、乾薯葉等特色農產品。

陳貴鎮，儼然成為礦山上的一顆旅遊明珠。

梁子湖區梁子鎮

梁子鎮位於梁子湖區西北部，由梁子島、毛塘半島以及長嶺集鎮帶組成，呈「一湖三地」格局。全鎮下轄四個村民委員會和二個居民委員會，總人口一三〇三五人。梁子鎮北為東溝鎮，東北為大冶保安鎮，西畔梁子湖，南與沼山、涂鎮毗鄰，鎮域面積一〇九平方公里，其中陸域面積十八點九九平方公里。地形以丘陵地帶為主，適宜橘、桃、蘋、梨、茶葉等果樹和各種溫熱帶蔬菜種植。

梁子鎮因梁子湖而得名。梁子湖生態優美，是著名的「水底森林、鳥類天堂」。梁子島是梁子湖中心的一個小島，四面是水，狀如菱角，面積約二平方公里。梁子島歷史悠久，古蹟眾多。早在唐五代時期，這裡的製陶水平便已十分先進，位於長山的瓦窯海遺址是華中地區發現的第一家唐五代時期的陶窯遺址，出土的珍貴陶器曾在英國展覽。在島上最北

邊的小山旁，建有紀念孟紅玉母子的一座白色大理石像，母子倆面湖而立，護佑梁子湖上作業的漁民。島上建有民俗文化一條街，將湖區文化展現得淋漓盡致，尤其是利用各種湖鮮製作而成的美味菜餚，如清蒸武昌魚、大碗魚頭、粢粑魚、鮓魚塊、黃顙魚豆腐湯、冰鮮蓮子、紅燒划水等，更是令人流連忘返。

梁子鎮節慶活動豐富，依託湖泊開發設計有桃花節、胡柚節、荷花節、采菱節、捕魚節、音樂節和自行車賽、彩虹跑等觀光休閒活動，是湖泊旅遊的首選之地。春天，田野裡桃花、梨花競相綻放，賞花踏青正當其時。參加環湖自行車賽，欣賞萬頃碧波，水鳥掠浪而起，不免心曠神怡。夏天，荷花送香，可以品嚐新鮮蓮子，採摘胡柚、瓜果，晚間則露營湖邊，枕著湖聲入眠，必定是一個難忘的夜晚。每年秋風送爽，菊

梁子鎮

黃蟹肥之時，梁子鎮便迎來了一年中最熱鬧的時候，人頭攢動，是遠近聞名的必遊之地。傳統的開湖捕魚儀式令人目不暇接，采菱之處總是笑語連連，當一籠籠的螃蟹從湖中捕撈而出時，梁子鎮上的歡樂達到了高潮，大自然的慷慨餽贈使這裡成了吃貨們的天堂。

梁子鎮氣候溫和，樹木蔥鬱，一望無垠的優質湖泊和別具特色的人文景觀吸引無數遊人前來，流連忘返。

赤壁市赤壁鎮

位於赤壁市西北的赤壁鎮，地處湘、鄂、贛三省的交會地帶，東北為嘉魚縣陸溪鎮，西北隔長江與洪湖市烏林鎮相望，西南經蟠河與湘北重鎮臨湘市接壤。全鎮版圖面積八十八平方公里，轄九個行政村，總人口二點五萬人。

赤壁鎮處於幕阜山低山丘陵與江漢平原的接壤地帶，境內低山、丘陵、平原、湖泊依次排列，長江衝擊層平原湖區與山區丘陵地區兼而有之。長江、陸水河兩大水系沿鎮而過。境內湖泊溝汊縱橫，湖水晶瑩透澈。在歷史的長河上，赤壁曾是著名商埠，名聞天下的「茶馬古道」由此通過。鎮內街道呈「米」字狀，大量的仿古建築使得這裡到處瀰漫著濃厚的三國古風。

赤壁，因三國而聞名；三國，也因赤壁成為人們能夠觸摸到的歷史絕唱。它宛如一顆光彩奪目的明珠鑲嵌在江南綠野之上，在全國乃至東南亞都有一定的影響。走在鎮內，鄉村小路上週都督麾下軍士運糧的車轍隱約可見，黃蓋湖中東吳水軍操演的軍號聲依稀響徹雲霄，三國遙遠的

歷史就這樣清晰而真實地縈繞在身邊。赤壁之戰遺址由赤壁山、南屏山和金鸞山組成，這三座小山起伏相連，蒼翠如海，再加上亭台樓閣錯落地隱現其間，使得景色益顯秀美。主要景點有赤壁摩崖、拜風台、鳳雛庵和翼江亭等。景點之間相距不遠，彼此之間以小路相連。赤壁山西南臨江的地方，巨岩斜亙連綿不斷達三百餘米，形狀各異，洶湧澎湃的江水拍打著斷崖，浪花雪白，聲大如雷。古往今來，無數文人騷客於此駐足流連，留下了不少千古絕唱。相傳赤壁之戰時，周瑜於磯頭指揮，突然看到衝天火光，斷崖瞬間照亮。周瑜於是立即寫下兩個楷書大字，並令人刻石紀念。雖為傳說，但赤壁命名之原因可見一斑。時至今日，赤壁磯頭臨江崖上，仍有「赤壁」二字，每字長一五〇釐米，寬一〇四釐米，據字體考證，當是唐人所書。「赤壁」石刻的旁邊還有諸葛亮、劉備、關羽、張飛、孫權和周瑜的畫像石刻，這些雕像與書法石刻交相輝映，可謂書畫並茂。

除此之外，赤壁鎮山水壯麗，自然景觀同樣美不勝收。比比皆是的翡

赤壁鎮

翠島嶼使得陸水湖成為國家級重點風景名勝區，五洪山溫泉的保健作用被人傳為美談，有「地下龍宮」之稱的玄素洞遠近聞名，青翠欲滴的莽莽竹海、層巒疊嶂的萬畝茶園、飄香萬里的獼猴桃園更是讓人流連忘返。

遠安縣嫘祖鎮

嫘祖鎮位於湖北省遠安縣，相傳是黃帝之妻、人類養蠶繅絲始祖、中華民族的母親嫘祖的誕生地。鎮內有十六個村和一個居委會，二點八萬人，版圖面積近四百平方公里。

這裡是國家級非物質文化遺產嫘祖信俗發源地、中國民間文化藝術之鄉、全省經濟百強鄉鎮、全省特色鄉鎮、宜昌市城鄉統籌試點鎮，是亞洲儲量最大的單體磷礦所在地。這裡山水壯麗，有著可與雅魯藏布江大拐彎媲美的靈龍峽和四億年前奧陶紀石灰岩形成的怪石坡，更有素有「西河歸來不溯溪」美譽的西河大峽谷，充滿兒時記憶的金橋夢裡老家……

靈龍峽由靈龍景區、怪石坡景區、迎龍溝景區、青龍山景區、玄廟觀景區五個部分組成。峽區岩石基本是奧陶紀時期形成，從形狀上來說為封閉狀態，西河水從西奔流至此，並於此以九十度角折向南去，有「湖北的雅魯藏布江大拐彎」之稱。峽谷兩岸奇石林立、鮮花浪漫、古木高聳，豐富的植被給人超強的視覺體驗。金橋夢裡老家景區有面積達六平方公里的奧陶紀石林、綿延成片的荷塘、歷經滄桑的古銀杏樹和見證歲月的古民居。在這裡，我們可以領略曾經輝煌燦爛的農耕文化和別具特色的古老的手工藝，石磨、石碾、石碓、爬犁等帶我們遠離城市的喧囂，回歸最原始的淳樸與簡單。因地處偏遠，原始的農家風貌和嫘祖嗚

嫘祖鎮

音、五魚鬧海、皮影戲等傳統民俗文化得以保留。

嫘祖鎮還有全國少有的化石古街，全長約二五三米，是古時以「堨絲」、綢緞、農產品交易為主的貿易集散地。這裡明清民居保存完好，成為歷史的見證人。街旁是由別具特色的巨型石板鋪就的鋪面，街道全由四點四億年前的海底腸腔動物化石——震旦角石鋪設而成，雄偉壯麗。

此外，綿延五千畝的十里紫薇畫廊，每至花開時節，嬌豔似火，美不勝收，如詩如畫。由石頭堆砌的生態走廊曲徑通幽，巧奪天空。園中有集紫薇觀賞、農家採摘、太公垂釣、野營燒烤、高檔餐飲為一體的生態農莊，更是給遊客帶來不一樣的極致體驗。

相約嫘祖故里，見證古鎮奇蹟；暢遊靈秀山水，盡享鄉野風情。

鄖西縣上津鎮

位於鄖西縣城西北的上津鎮與陝西省漫川鎮相鄰，南臨江漢流域，北枕秦嶺山脈，於明朝修建的古城坐落於金錢河下游的東岸，有「朝秦暮楚」之稱，歷來為交通、政治、文化、商貿、軍事之要地。

上津有著豐富的歷史文化資源，由於這里長期處於戰亂之下，加之水患頻發，留存於今的文物並不多見，這就使得古城、南北會館、古戲樓、明清古建築群（明清古街和四合院）等建築的保存更加難得。城樓和城垣已遭毀壞，其他部分仍較好地保存下來，故城淳樸厚重，別具歷史氣息，對於史學發展等方面具有不可替代的價值，其建築藝術更是當代藝術寶庫中不可多得的瑰寶。一九九二年，古城北門在當地政府的支持下按照原貌進行修復，並得以保存至今，歷年來吸引不少遊客慕名而來。

位於古城內和古城北門外的明清古建築群，以明清古街和其兩旁的古建築為主體，明清四合院建築為輔，構成了一個規模宏大、保存完好的明清建築群落。古街總長約一點五公里，青石街道寬三米，兩旁建築為青磚黑瓦，飛簷斗栱，雕梁畫棟，古樸雄渾，左右對稱，高低和諧，錯落有致。單個四合院一進數重，內置天井，圍以小屋，雕窗臨井，古色古香，風格獨特，一般三四戶一院，兩三院一族，鄉親之間和睦相處，相互照應，彼此支持，有「千里胡洞娃，院子三四家」的美譽。

南北會館中的南會館，又叫山陝館、陝西會館，位於古城東北後山腰二五〇米處，單獨成院，青磚黑瓦銀樓波浪頂，飛簷畫棟卷角馬頭牆，古樸生動，別具特色，門額及牆磚上雕有「山陝館」字樣，其字清新脫俗、蒼勁有力。館內有小型四合院，分設東西南北四廂房各六七間，不

上津鎮明清老街｜黃江平攝

同的廂房結構各異，分工齊全，是一座集吃住、遊玩、倉儲、集會等多種功能於一體的功能齊全的旅館、驛站。北會館位於南會館以北的十餘公里處，與南會館遙相呼應，也是單戶獨院，在整體結構、布局、功能與南會館基本相同，但又有細微的迥異之處。南會館房頂坡面較緩，表面圓潤；北會館房頂坡面陡急，棱角分明；在梁棟花紋雕飾處理上，南會館豪邁奔放，北會館做得精巧雅緻，南北風格對比明顯。

京山縣綠林鎮

綠林鎮位於京山、鍾祥、隨州三縣市的交界地帶，是著名的綠林起義的策源地。全鎮轄十四個行政村，一個街道居委會，鎮區面積二點五平方公里，總人口二萬人。

大洪山上美景多，綠林鎮就是其中的集大成者。綠林鎮整個街道呈現出白牆黛瓦、線條整潔、輪廓分明、樹木蔥蔥的景象，使人的精神也振奮起來。富水河穿鎮而過，河水清澈見底，水草搖曳其中，令人頓生親近之意。

綠林鎮有綠林寨、美人谷和鴛鴦溪等景區。綠林寨距今已有兩千多年的歷史，古樸蒼涼。此山多石英石，為火山噴發熔岩堆積而成，故山上無甚大樹，多灌木雜草。兵寨上有南北之分，設有演武場、瞭望塔等處。山頂上有平坦場地，以前固然可以設為練兵場所，但現在空置蕭條，令人扼腕不已。漢天門在當年梯田遺址處。兩塊參天巨石相互依偎，倒向一起，中有一門，容人通行，上長有無名小樹，形成一天然奇觀。劉秀當年過此門，得異夢，會盟王氏兄弟，而取天下，故稱「天子之門」。寨內有古漢梯田、子陵廬、烽火台、點將台、跑馬場、哨樓、演武場等人文景觀；也有駱駝峰、打鼓石、樹化石、火山石等天然美景。綠林寨自創了神箭營、神炮營、神騎營、神兵營、神弩營，中華絕活演武場、騎馬場、鬥獸場、古戰表演場、狩獵場以及會盟結義表演、空中

京山縣綠林鎮一帶的優美風光

走廊等多個旅遊景點和參與項目，堪稱「中國第一古兵寨」。

美人谷是與水分不開的。乘上竹排船，竹蒿輕輕一點，心也隨著那水波蕩漾起來。身邊的水是因水庫而成，故而平靜婉轉，岸上的農舍、砌石、雜樹倒影在水中，偶爾夾雜著雞鳴狗吠，令人油然而生「秦人避亂至此」的恍惚之感。上得岸來，沿著木製的走廊前行，身邊就是水的畫捲了。或是水壩橫截，淙淙而下；或是深潭奇影，碧綠遠遂；或是怪石棱嶒，回流曲旋。最讓人流連的自然是美人瀑，從二十餘米高的直壁山體上奔流而下，飛花濺玉，轟鳴激盪。在陽光的照射下，水霧背後出現神祕的圖騰、夢幻的炫光，令人如痴如醉。山壁上青苔斑駁，濕潤欲滴，使人頓生親近之意。

另外，綠林鎮還有鴛鴦溪漂流、「城歸」興辦的農家樂、牛仔老闆打造的百果園特色旅遊項目，農家樂接待設施也較為完備，從高速公路下來，沿標示牌前行即可抵達。

洪湖市瞿家灣鎮

瞿家灣鎮位於洪湖市西面，其西為監利縣，全鎮版圖面積四十二點五平方公里，鎮區面積五平方公里。鎮域之內，河網縱橫，水系發達，靠近江湖，是個湖濱小鎮，也是紅色旅遊小鎮。

瞿家灣鎮是無數革命先烈浴血奮戰的紅色土地，賀龍、段德昌等人都在此地留下了奮鬥的身影，革命的星星之火於此點燃，生生不息，革命的英雄人物於此艱苦奮鬥，百折不撓。這裡曾是湘鄂西革命根據地的首府所在地，如今也是全國優秀愛國主義教育基地和湖北省國防教育基地。

陽春三月，春風拂面，細雨飄落，徘徊在瞿家灣紅軍街老舊的青石板路上，在蜿蜒曲折的街巷之中獨自散步，最終消失在大街的一頭，別具一番風味。石板街的兩旁，則是始建於清末民初的彼此相連的木質民居，灰牆玄瓦，高垛翹脊，鳳點頭造型的飛簷向空中延伸。「撐著油紙傘，獨自徬徨在悠長、悠長，又寂寥的雨巷。」這是一條別具詩意的街，更是一條革命的街。「中共中央湘鄂西分局」等三十九處革命舊址密密地佇立在老街的兩邊。老街的後面是烈士陵園，園內有一座十二米高的紀念碑，使用水磨石製成，正面鑲嵌著黝黑的花崗岩，上面「湘鄂西蘇區瞿家灣革命烈士紀念碑」十五個遒勁大字是王震親手所寫。漫步紅軍街後，舉目四望，瞿家灣大道整潔如新，集貿市場人來人往……與古樸的老街相映成趣。

瞿家灣鎮

一曲「洪湖水，浪打浪」，將洪湖的美名弘揚天下，成為最好的生態旅遊廣告詞，外省或是國外的遊客因洪湖而知湖北，知瞿家灣。來到瞿家灣，就不能不去感知、體驗天下聞名的洪湖。荷花、菱藕、野鴨、菊花、走舸……如畫美景撲入眼來，四季景移，風格迥異，賞漁家風情、品農家魚宴、憶紅色年代，成為越來越多人體驗瞿家灣鎮的標配模式。

第二節・最美旅遊名村

人並不嚮往漂泊，但卻不得不以流浪的姿態飛向遠方。總有一刻，當人們在紙上寫下一句又一句的憂傷與焦慮時，才發現自己是一隻永遠飛不出村口的小鳥。當思念的情緒再次啟程的時候，荊楚風情已經深深地烙印在了我們的故鄉中。我們的故鄉正逐漸成為一個印記，一張品牌。願那一抹豔霞、一絲涼沁、一縷溫馨，永遠地凝固在你回眸的瞬間，縈懷在你回憶的時刻。

五峰縣栗子坪村

栗子坪村位於五峰縣採花鄉，東臨五峰鎮，南與灣潭交界，平均海拔一三〇〇米，面積十一點四六平方公里，351 國道穿村而過，環境宜人，空氣質量尤佳。陰雨天氣時，栗子坪村空氣中負氧離子含量每立方釐米至少都有二千多個。

「栗子兩淌，高山古村」是該村村落整體格局特色。全村宛如天間質樸的一塊天然明玦，靜靜地躺在大山深處，等待著想體驗靈靜之美的人們來發現，來品味。村內房子以木製居多，走在木地板上「咚咚」作響。堂屋裡擺放著一個現代的火爐，圓形桌面，中間有一小口，方便加柴禾燒開水，長長的金屬煙道從爐子旁邊伸出，透過牆壁向外排煙，爐子下面的火口，可以用來掏灰，最靈巧的設計是爐內還有一轉動抽屜，裡面可以放些土豆、紅薯、蠶豆，在烤火的同時還可以享受烤食，一舉多得。手放在面板上，暖暖的，面前的水壺嘴冒著絲絲的熱氣，不由讓人

想起白樂天的一首詩：「綠蟻新醅酒，紅泥小火爐。晚來天欲雪，能飲一杯無？」

全村家家戶戶門前乾淨而整潔，柴禾堆得整整齊齊，屋簷下窗明几淨，曬場上纖塵不染。保留著傳統建築風格的木式老房隨處可見，全木材結構，清一色的淡紅，因年代久遠的緣故，房子下半部多呈現風吹雨淋後的灰白。房子是嚴格的對稱造型，大門有三廂，右邊是臥室，左邊是餐廳、廚房。廚房裡還有比較老式的火坑，橫梁上面高高地懸掛著年豬，經過松枝、柏樹煙熏的臘肉就是這樣製成的。在鄉下農村，還保留有如此規模老房子的地方實在是鳳毛麟角，這也是栗子坪村的一大特色。一條小溪繞村而流，汩汩相伴，安靜得讓人感覺不到，但又總是恰到好處地呈現在眼前、環繞在身邊，水邊翠苔青青，讓人忍不住想掬一

栗子坪村雪景

口溪水，清涼甘甜。半山坡處有棵百年老藤，分枝九杈，或倒行爬伏，或蜿蜒而上，或依枝而攀，或扭身至極，林林總總，不一而論，令人稱奇。遠處山間有一大樹，分枝極多，樹幹粗壯，一種憤怒不平之情衝冠而起。清末年間，樹下一譚姓人家，得此樹佑護，前往恩施販物，獲利頗豐。過年期間，因放煙花燒著了樹冠，大樹頂部因此而毀壞。自此譚家好運終結，先是在外出營生中遭遇土匪，後來家道也逐漸敗落。故事亦真亦幻，體現了舊時人們相信因果、敬畏天理。

全村的鄉村旅遊已經興起，尤其是夏天避暑是其主打產品。近年來全村陸續開辦了二十多個農家樂，具備了一定的接待能力。

咸豐縣麻柳溪村

麻柳溪村位於咸豐縣黃金洞鄉，因兩岸長滿麻柳樹的小溪從村中通過而得名。全村村域面積近三萬畝，人口一千餘人，以羌族、土家族為主，是鄂渝邊區最大羌族村民聚居地。這裡的民族特色極為豐富，其中以茶海和風雨橋最為別具一格。

麻柳溪村是茶葉的莊園，也是茶葉的海洋。一進入麻柳溪村，映入眼簾的便是無邊無際的綠色的茶的世界。茶園規模十分宏大，修整成塊，隨著山勢起伏，茶海也逶迤翻騰。也許這裡的茶比不上普洱那樣的沉香，也沒有龍井那樣久經歷史的沉澱，但是它的獨特就在於它獨有的清新和雅緻，沁人心脾。這裡得天獨厚的地理資源，使得這裡的茶葉具有獨一無二的特色——完整的自然生態鏈出品、高山茶優於平原茶的陽光雨露、珍稀動植物和諧共生的生長圈、海拔八百至一二〇〇米最適合茶

葉種植的珍貴區域……茶農採摘下的每一片茶葉都是整整一個冬天的豐碩成果，在大地復甦的春天裡汲取營養，並最終在飲用者唇間留下清香，這成為麻柳溪茶最大的驕傲。

在村口處立有巨大標示「麻柳溪」，其後是一座新修的風雨橋，橋下的小河清澈見底，曲曲折折地從村中通過，所謂的小橋流水人家就是這樣的一番景緻吧。進入村莊之後，便可清晰地看到為群山環繞的整個村子，順著小溪往裡走便是進村的道路，小溪兩岸遍植麻柳樹。這裡山清水秀，樹木叢生，山上奇峰林立。整個村莊裡沒有任何的現代建築，建於壩上或獨棟立於山間的數量眾多保存完整的吊腳樓比比皆是。吊腳樓依山而建，和溪邊的眾多水碾子、羌式風雨涼橋和碉樓一道，形成了別

人間仙境麻柳溪

具特色的羌寨風情。

麻柳溪村山水環繞，溪流清澈見底，風光迷人，成為許多人流連忘返的好去處，人與自然的和諧狀態也成為此地吸引人的重要之處。漫步其間，聽流水潺潺，看裊裊炊煙，於溪邊漫步，於林中嬉戲，別有一番風味。

咸安區劉家橋村

劉家橋村，位於中華桂花之鄉咸寧市咸安區桂花鎮境內，依咸（寧）通（山）公路而成，距華中重鎮武漢八十公里，全村土地面積一點七萬畝，人口三千多人。

劉家橋坐落於群山環繞之間，白泉河從村中曲折而過，河水清澈見底，在古樹的掩映下形成一幅古樸而充滿風味的人文畫卷，成為江南水鄉的典型代表，整個湖北都難以找到如此大規模的古風民居。除此之外，淳樸的村民、厚重的文化底蘊和優美的自然景色使得這裡獨具特色。

劉家橋村古屋成群，古橋飛架，古木參天。劉家橋劉氏族人為漢高祖劉邦後裔，傳承至今已八十一代。他們在此聚族而居歷四個世紀，被譽為「楚天民俗第一村」。劉家橋古民居建築總面積達三點五萬平方米，共有大小房屋七四〇間，樓道三十八條，天井五十四個，通過白泉河上一座廊橋和一座獨木橋及石板路，將四處民居及學校連成一個整體。老屋依山從下而上呈階梯形建築，其他則依山傍水平地起基而建。建築風格整體上比較相似，都是以別具特色的青磚青瓦建成，採用典型的四方圍院布局，房屋皆為兩層建築，屋內一進幾層，石凳、石溝、石天井；屋

外青磚到簷，石門、石窗、石板路，蔚為壯觀。

當地居民保持著淳樸之風，世代以農耕為主，至今村裡還存留著許多古近代用過的工具，如石碾、推礱、紡車、碾槽、榨坊、花轎、竹轎，沿襲至今。還在使用的古近代用具有犁、耙、風車、水車、連枷、曬墊、盤籃、蔑籮、竹笥、石磨、舂臼、水臼、吊鍋、火塘等。不少農戶家中還保存有祖傳的關門床、太師椅、八仙桌、春台桌（書案）等家具，上面的花紋圖案，雕工精細，形象逼真。此外，村裡的紅白喜事、衣食住行亦帶有古樸淳厚色彩。

全村開辦農家樂二十多個。每年桂花飄香的季節，遊客紛至沓來，在小橋流水中獨坐青翠竹篁，靜品暗幽丹桂，成為咸寧至通山公路上的一

劉家橋村

道風景線。

谷城縣堰河村

堰河村地處鄂西北名茶之鄉襄陽市谷城縣五山鎮，位於五山之一的百日山下，有四個村民小組，一〇五〇人。堰河村是典型的丘陵山地地貌，山水環繞，背山面水，自然環境十分美麗。村內水資源豐富，五堰分布錯落有致，數條支流水體清澈，自山澗流下，從村中穿過匯入堰河。當地人民重視生態培育，多年以來植被得以不斷恢復，林木覆蓋率不斷提高，村域山、水、田、園和諧共生，環境恬靜而自然。

遠遠望去，映入眼簾的是隨處可見的綠色茶園，玉帶般的小河蜿蜒流過，別有一番風味。在參天大樹的輝映下，一幢幢別具風格的雕花木窗別墅相對而立，如詩如畫。進入村中，村落整潔乾淨，道路兩旁的水杉排成一列。特別是深秋季節，金色的樹葉與美麗的茶園相映成趣，把整個村落打扮得生機勃勃，充滿著朝氣與活力。暢遊其中，彷彿置身於世外桃源，令人流連忘返，久久不願離去。

堰河村以茶聞名，隨處可見茶的印記：鱗次櫛比的茶建築——茶館、茶店、茶樓、茶莊園；五顏六色的茶裝飾——茶旗、茶幌、茶廣告、茶招牌；琳瑯滿目的茶商品——茶葉、茶具、茶包裝、茶機械；摩肩接踵的茶人——採茶姑娘、製茶小夥、販茶商人、品茶旅客；別具一格的茶文化——茶歌、茶舞、茶鄉電影、茶藝表演等。除此之外，堰河村還陸續興建了茶壇、茶聖廳、奇石館、農博館等景點，除了品茶香，遊客還可遊覽茶葉製作，了解殺青、揉碾、烘乾、提香、篩選、包裝等茶葉生

堰河村

產的全過程，亦可拜茶聖，讀茶經，祭茶壇，賞奇石。走進農博館內，犁、耙、擂子、水車、老式紡線車等農具應有盡有，加上八仙桌、架子床、碗櫃、瓷碗、箱子等明清家具，儼然農耕文化變遷的歷史見證。

除了茶之外，堰河村還有百日山名滿天下，有峽谷、瀑布、雞鳴寺、甲板洞、鳳凰寨、銀杏閣等諸多景點。其中十里百日山最讓人驚奇，這裡山峰林立，樹木茂密，雲霧繚繞，茶氣飄香。玩樂之餘，購物也是不可或缺的，當地的「玉皇劍」有機茶遠近聞名，香菇、木耳、土雞、土雞蛋、臘蹄、山野菜等多種土特產也是品質獨特。

鄖陽區櫻桃溝村

位於十堰市鄖陽區茶店鎮最南部的櫻桃溝村，與張灣區漢江街辦柳家

河村接壤，村口有 209 國道，「櫻花大道」與外部相連接，交通便利。全村共有十一個村民小組，近二千人。櫻桃溝村以盛產櫻桃而在鄂、渝、陝小有名氣，其櫻桃種植面積達三千畝左右，這裡有適合櫻桃生長的自然環境，出產的櫻桃粒大肉厚、色澤鮮豔、入口甘甜。

每年三月，梅花才謝，櫻花即開。在綠色蔥蘢的秦巴山谷，在農家房前屋後庭院，盛開的櫻花如煙如霧，如雲卷雲舒。每當櫻花盛開之時，置身於整個雪白的山谷之中，彷彿置身於童話世界。城市中的遊人來來往往，頗有一幅「萬人踏青櫻花谷，嫣然一俏春已稠」的氣象。相關統計顯示，每年櫻花開放、櫻桃成熟的時節，都會有十餘萬人慕名而來，一飽眼福。到了收穫的季節，似乎櫻桃溝的每個人都沉浸在櫻桃樹的蔥鬱之中，漫步在田間地頭或農家庭院，用手輕輕將玲瓏剔透的櫻桃裝滿一筐筐一籃籃時，真不知該怎樣品味這陶醉與歡樂呢！

櫻桃溝村

櫻桃溝村的民居如畫一般點綴於櫻桃溝的路邊、林中，同樣構成了一幅美麗的畫卷。這些民居別有新意地以農舍的建造年代命名，如五零山居改造前是二十世紀五〇年代的一處牛棚羊圈，七零黃酒坊改造前是二十世紀七〇年代的房屋，還有八零院、九零居等。這裡有高聳的以黃泥抹就的山牆，山牆前用石砌柱作為支撐，沒有刷漆的整個台階是以片麻建造而成，已經泛白裂縫的木門也見證了歲月的滄桑。每戶農舍的房牆上掛著如今似乎已經退出歷史舞台的蓑衣、斗笠；屋內依稀可見舊馬燈、鐮刀等歷史的遺留，加上隨處可見的老式梳妝台、充滿著歲月痕跡的黑衣櫃，讓人不自覺地走回童年，用上千塊黑瓦片製作的瓦片屏風更是讓人產生無限的遐想。如今，各大民居均可以接待遊人，提供餐飲、住宿。

　　「攀枝弄雪時回顧，還繞櫻桃樹下行」。櫻桃溝村等你來！

荊州區桃花村

　　桃花村位於荊州古城西郊，318 國道與荊秘路於此相交，占地面積三千畝。

　　經過十餘年的發展，桃花村已經成為當地和周邊地區人民休閒娛樂、體驗鄉村趣味的不二之選。全村種植三千畝桃園、梨園，建有八十八戶江南徽派建築。人民公社釣魚台、錦繡園、紅葉香舍、農展館、桃花女神、桃園三結義、陶淵明雕像和五大觀景亭台錯落有致，桃花牌坊、桃東廣場、桃中廣場、百畝盆景園和五百米農家樂小吃一條街霓虹閃爍。陽春三月，在那桃花朵朵盛開、爭奇鬥豔之時，必然吸引輕盈曼妙的蜂

蝶前來赴會，同樣慕名而來的還有遠近前來踏春娛樂的人群。進入村莊，一幢幢明清風格的民居映入眼簾，頓覺古色古香，城市的喧囂也都一掃而光。一條五公里長、五米寬的桃花大道橫穿村中，放眼望去，人潮湧動，喜氣洋洋，真是一派盛世氣象。道路兩旁是附近農民擺設的小攤點，走走看看，別有一番風味。農民手工製作的荊漢平原上特有的一些特產，如魚糕、臘肉、乾菜等應接不暇。如果不想太過熙攘，則可以踱進盛放的桃園，大片紅雲撲面而來，桃花清香飄蕩其中，只見紅男綠女穿梭園中，時而攀枝留影，時而開心嬉鬧，對「人面桃花」的領悟就更深了一層。桃花村的農家菜原汁原味、堪稱一絕，其原材料的選擇完全貫徹「就地取材」原則，野芹菜、野韭菜是自家田裡長的，臘肉豆皮是自家特製的，土雞、土鴨是在桃樹底下伴隨著枯榮歲月而長大的，還有那土燒酒，用當地的話來形容就是「喝得喉嚨冒煙就是不暈頭」。

桃花村每年都會舉辦桃花會，除了賞玩桃花以外，還可以體驗其他精彩紛呈的活動，有大型文藝演出，有農家菜評選，有詩詞歌賦攝影，有桃花皇后選美，有桃緣相親交友，有桃林好漢比武，有農耕垂釣參與，有萬人環保簽名，有農副、機電產品展銷，還有文化、科技、醫療三下鄉等。

現在的桃花村，成為荊州旅遊線路上一個必不可少的節點：在荊州古城慎思追遠，去荊州博物館品味館藏國寶，到桃花村裡賞花踏青，再到關公祠堂燒香許願。

桃花村正在以嶄新的姿態成為一道亮麗的鄉村風景線。

點軍區車溪村

車溪村位於宜昌東部，坐落於三峽中堡島與巴人發祥地之間，共有二一○○餘名村民。這裡是巴文化和楚文化的典型撞擊磨合區，目前逐漸發展成為旅遊項目。

車溪村山水景觀十分壯麗，峽谷幽靜讓人彷彿置身世外。這裡擁有雄偉的山峰、奇特的山洞、飛流而下的瀑布、清澈見底的溪泉，讓人流連忘返。古寺廟遺址、古造紙作坊與巴楚土瓦民居交相輝映，奇特的怪石園林和人文資源水乳交融。如今，這裡開展了許多別具特色的娛樂項目，如森林浴、礦泉浴、生態農園觀光、睡仙洞獵奇探險、忘憂谷探幽、臘梅峽賞梅等，除此之外，遊人可在巴楚故土園參與風俗民情表演等，讓人回味無窮。

車溪村的特色在於集中地、原汁原味地展示了土家農耕文化。三峽水車博物館是全國第一家以水車為題材、動態展示水車演變史的博物館，它是我國古代農業高度發展的見證。水車博物館依照早期車溪沿河水車布局，遊客在這裡不僅可以接觸展品，還能參與水車勞動，體味先民生活，表現出極大的創新和人性理念。農家博物館則以「家」為形式，以「農」為題材，成為全國第一家反映土家農家文化生活的博物館，它的建造旨在表現農村生活的日常狀態、農業生產的基本狀況等。它依照早期車溪人居所樣式而建，由堂屋、臥房、客房、廚房、農具房、火藥坊、紡織坊、磨坊、榨坊、鐵爐坊等展廳組成，分別陳設車溪先民勞耕稼作和生活起居用品。難能可貴的是，這是一家由民間社會團體獨立籌辦的博物館，卻具有極高的研究價值和藝術價值。

每至夕陽西下、萬家燈火之時,「車溪燈火夜」便悄然展開,別有一番風味。土家特有的祭火神儀式莊重而神祕:首先是代表當地人隆重禮儀的古炮三聲迎賓,之後由幸運的遊客以現場擊石所取之火點燃篝火,充滿著自然氣息。清澈見底的溪水、熊熊燃燒的篝火、翩翩起舞的土家妹子共同構成了一幅迷人的畫卷。在歡快的節奏下,人們以舞姿表達車溪人的豪爽,以歌聲訴說車溪人的喜悅。苞穀酒美味無窮,酒到三旬,人們盡情歌舞狂歡,不醉不歸。

五彩繽紛的焰火在峽谷中盛開出絢麗的花朵,給青黛的群山披一件斑斕的外衣;歡快震撼的場面讓您忘憂祛煩,重溫年少時光。再回車溪夢裡老家,體味濃厚山野鄉土氣息,是潮流也是期盼!

車溪村水車博物館

東西湖區石榴紅村

　　石榴紅村位於武漢市東西湖區，交通十分便利。這裡曾經是個被世人遺忘的小村莊，在新農村建設的時代背景下，當地村民腳踏實地、銳意進取、開拓創新，逐漸將石榴紅村建設成為一個以「賞花、耕耘、採摘、垂釣」等觀光旅遊為基礎、以「住農屋、吃農飯、幹農活、享農樂」為核心、以「春桃、夏榴、秋桂、冬梅」四個不同主題為特色的新農村建設示範帶和休閒旅遊觀光帶。

　　站在蜿蜒的漢江大堤凝望全村，碧波蕩漾的漢水蜿蜒流淌，樹木蔥鬱，翠竹松柏相映成趣；瓜果蔬菜香溢原野，花壇景點星羅棋布，江灘綠地百鳥翔集，展示出迷人的風姿。一幢幢古色古香的徽派民居鱗次櫛比，一派祥和的氣象。鳥語花香、石榴盛開、如詩如畫的鄉村風光讓人

東西湖石榴紅村

流連忘返。

進入石榴紅村，只見道路兩邊都是成片的蔬菜基地，農民的房舍排列整齊，盡顯現代農村的整潔和樸素。遊人如織，到處可見前來參觀的學生和市民。主幹道上擺滿了銷售各種綠色農產品的小攤，各家各戶都在洗菜煮飯，招徠遊客。全村家家戶戶都開起了農家小餐館，用正宗的農家風味小菜招待遊客。有的還別出心裁，讓城裡來的人自己到菜地裡採摘，現做現賣，讓客人感受到地地道道的農家風味。

體驗式旅遊是石榴紅村的一大特色，遊客可以親自到果園採摘，體驗種菜耕地，置辦鄉村臘貨，參與農家互動遊戲、鄉村戶外拓展、專項節慶活動等。以石榴紅村為代表的「四季吉祥」新農村已成為武漢市展示農村風貌的一個窗口，這裡民風淳樸、歡聲笑語、一片祥和，成為和諧社會的集中體現。

羅田縣聖人堂村

聖人堂村位於羅田縣大別川百里畫廊上，地處海拔一七二九米的大別山主峰天堂寨腳下，正在風景秀麗的大別山國家森林公園的中心，轄四個村民小組，近七百人。村門樓上的楹聯寫著「綿綿百里青山去，悠悠千載白雲歸」。這裡藍天白雲，山巒起伏，展現出一幅迷人的美麗畫卷。

聖人堂村旅遊資源豐富，生態原始的自然風光比比皆是：紅旗山的珍稀植物群落令人歎服，和尚腦的古臂壁風光巧奪天工，天河大峽谷一瀉千里，大別山第一漂驚險刺激，朝陽庵古剎抒寫著佛法傳奇。該村還有天堂吊鍋、農家飯的飲食文化，有舞龍燈、唱東腔、採蓮船等民俗文

聖人堂村

化，有石碾、石磨、石滾等農耕文化，還有傳統的繡鞋墊、竹編、藤編
等民間工藝，可謂一年四景，「春看山花、夏玩漂流、秋賞紅葉、冬品吊
鍋」。

　　這裡一年四季皆是風景如畫，慕名而來的遊客常年絡繹不絕。在田間
地頭，隨處可見的是枝繁葉茂的烏桕樹，在良好的自然條件下，烏桕樹
葉紅得嬌豔，樹形優美，一排排百年老樹立於田間，形成一道亮麗的風
景線。據當地村民所述，因烏桕籽可出油且冠大葉密，自古以來，當地
人便有意識地進行栽種。深秋之後的烏桕樹葉由綠變紅，比楓葉還火紅
的景象堪稱一絕。每至此時，漫山遍野的紅葉在大別山森林的襯托下，

顯得格外壯觀，有「攝影家的天堂」之稱。

聖人堂村旅遊配套設施十分完善，道路、綠化、餐飲、住宿等均已得到極大的發展。極富大別山特色的天然野菜、大別山三寶（茯苓、杜仲、天麻）、天堂奇石、大別山根雕等系列產品一直暢銷。

保康縣堯治河村

堯治河村地處湖北房縣、神農架林區和保康縣的交界地帶，平均海拔一六○○米，版圖面積三十三點四平方公里，六八○人。村民人均年純收入達二點五萬元以上，家家住別墅，戶戶有小車，人人有工作。

堯治河村與神農架山水相連，具有非常豐厚的旅遊潛力。近年來，當地人憑藉著吃苦耐勞的「堯治河」精神，通過築壩辦電、修路開礦、興辦企業等，使堯治河村迅速完成了由高山極貧村到「中國山區第一村」的巨大轉變。如今，這裡已經成為環境優美、山水壯麗的旅遊、休閒絕佳之處。

村內的老龍宮洞內鐘乳石奇形怪狀，地下暗河清澈見底，四季恆溫14℃，在鄂西北堪稱一絕。巴岩峽、滴水岩瀑布飛流直下、氣勢恢宏。登臨堯治河村的老龍洞，樹木茂盛而蔥鬱，遠眺則山水景觀盡收眼底。由山底而上，曲徑通幽，一處處岩洞在眼前一一呈現。這裡的洞窟數量眾多、形狀各異，讓人應接不暇。為了保護文化遺產，堯治河村以磷礦開採為背景、以地質遺跡為主題，建設了堯治河博物館，生動地展示了堯治河人的民俗風情。

堯治河村

　　堯治河並不只有奇山異水，有「生物基因庫」之稱的原始植被才是當地的精華所在，神奇的古老傳說也在當地廣為流傳。這裡的大多數地方人跡罕至，至今仍處於次生林和原始森林狀態，千餘種植物在這裡生長，紅豆杉、古銀杏、雲錦杜鵑、原始牡丹、紫薇、臘梅等數十種珍稀植物也在這方土地上完好無損地保留了下來，成為人類一筆無法估量的寶貴財富。

　　堯治河村山水之美，是自然的美和生態的美。自然美和生態美，才是最真實、最有生命力的美。

第三節・最美生態農莊

青翠的群山不再緊鎖相思的眉黛，她端莊、典雅的容貌引起暗湧的
傾慕之潮，盈滿這靜謐的小小山坳。農家小宴豐盛而不奢華，鄉土文化
真誠而不原始，鄉村原野清澈而不落寞，盛情、風趣、民俗、村景引發
笑聲串串，在山坳上空盤旋，就這樣毫無顧忌地抒寫快意、抒發情感！

英山縣神峰山莊

神峰山莊是一個別具特色的生態農家樂。它坐落在風景秀麗的英山縣
孔家坊鄉新鋪村，占地面積五六〇畝，擁有高中檔別墅八棟，四合院六
套，是英山縣全力打造的西河十八灣中一個顯著的節點。

神峰山莊瞄準的消費人群是老年銀髮群體。山莊特別注意老人的安
全，推出了兩條四天三晚的標準化、人性化服務路線，形成了以綠色養
生遊和紅色文化遊為主的特色。按照行程安排，客人從住進山莊開始，
就知道每天每個小時的活動安排。老人可以欣賞文藝演出、採茶葉、劃
竹排，還能登大別山主峰、遊龍潭河谷、參觀烈士陵園。特別值得一提
的是，山莊裡面組織有豐富多彩的文藝晚會，每晚都會為客人們舉辦演
出，節目以英山縣和大別山民俗為主。這裡的服務人員同時具有導遊和
演員雙重身分。

山莊住宿建有別墅群，也建有四合院。四合院以「仁義禮信」命名，
充滿了濃濃的中國風情。最令人稱奇的是，客房裡沒有電視，沒有網

神峰山莊

絡，老人們可以盡情享受安寧。山莊還特意設有中草藥泡腳服務，以幫助老人睡眠。據說，當地人有用中草藥泡腳的習慣，對身體非常好。

山莊的餐廳的菜現採現吃，十分新鮮，廚師做菜不放味精、雞精等佐料，老人們能吃到最原汁原味的佳餚。山莊的山坡上有「畢昇」「活字」等漢字崖刻。「醫穢廳」房間外面的牆壁前擺放大量圖片和說明文字，其中有英山人畢昇的塑像照和對活字印刷的介紹，較好地將英山畢昇文化顯示了出來。

山莊的蔬菜棚、養豬場、蘑菇棚等地是循環經濟的體現。這裡還建有沼肥、沼液、沼氣基地，原料是養豬場的豬肥。利用沼肥種植的蔬菜、蘑菇鮮嫩，不生病蟲害，更不施農藥，是貨真價實的綠色食品。黑土豬、沼

肥菜和山雞是山莊的拳頭產品，客人離開時都會帶走大包小包的當地特產。

黃陂區林海農莊

　　林海農莊位於武漢市黃陂區六指街群樂村，318 國道及劉大公路交會處，木蘭草原附近。山莊占地面積一八五○畝，依山傍水，功能服務區設計分布合理，配套設施高檔且齊全，山莊山清水秀，生態種植養殖有一定的規模，能滿足遊客鄉村休閒娛樂各項活動需求。

　　山莊建築均為徽派建築，格調典雅，富有特色。山莊正門是迷人的紫藤花架，一直延伸到綠化帶。庭園的路面由凹凸不平的石板鋪成，這些石板都是從遠山運來，在此地生根，彷彿在等待著人們的足音。石板的縫隙中露出棵棵挺拔向上的倔強的小草，為庭院景觀增添了一份別緻和韻味，使整個庭院清新脫俗、別有風味。小徑旁是一副不完整的石桌，

黃陂林海農莊

供人們斟茶飲酒、早讀閒聊，旁邊圍著的是幾個陳舊的石凳。石凳上有歲月滄桑留下的斑駁痕跡，表面浮雕的圖案不再清晰精美，但它們的存在使得庭園別具一種文化氣息。山莊的建設嚴格體現了「以人為本」的理念，一切圍繞著遊客的實際需求來設計與策劃，房舍建築均不超過兩層，台階兩旁綠草茵茵，開窗即可看見可愛的小鳥，鬧中取靜，令人歎服。

生態餐廳為傳統四合院格局，室內裝修既有傳統的文化氛圍，又有農家色彩，設施齊全。山莊有特色包間十二間，宴會廳可容納一百多人，可承接農家喜宴，全部開放時能同時接待三百多人就餐。有獨立木屋兩座，內有農家大鍋台、吊鍋等特色民間飲食。十二間高檔客房可供遊客休息住宿棋牌等活動。蒙古包烤全羊、露營、親子項目、撈魚摸蝦等活動其樂無窮。山莊山清水秀，風景宜人，果木繁茂，鳥語花香，給遊客帶來全新的體驗。

鄂城區東正山莊

東正山莊位於鄂州市鄂城區新廟鎮月陂村，以生態休閒文化為主題，集園林建築、自然生態、生態產業綜合開發項目於一體，經營農家風味餐飲、休閒客房、會務培訓、水果採摘、蔬菜種植、土禽養殖、土雞蛋銷售等。

山莊總面積達一千餘畝，三面環山，層巒疊嶂，山水秀麗。這裡植被覆蓋率很高，且種類十分豐富。除天然植被之外，還種植有三十多個品種近二萬株果樹。山上有野雞等多種野生動物，山鳥的鳴叫給幽靜的山

谷增添了無窮的生機和樂趣。養殖場自然放養了近萬隻土雞，它們吃的是蟲子、菜葉、五穀雜糧，可年產無公害土雞蛋一百多萬枚。山莊的自然景色與人文景色交相輝映，別具一格。臨風亭坐落於山頂之上，坐於亭中，市區美景一覽無餘。積嘉亭臨水而立，這裡疊波層翠，鳥語花香，實在是美不勝收。臨芳墅依山而建，聽溪水緩慢流淌，品絕世好茶，著實讓人流連忘返。集禧居建築風格，古色古香，是就餐、住宿、會議、娛樂的絕好場所。

東正山莊位於梁子湖流域，湖產就是其最大的特色了。湖泊、池塘裡養殖有各類淡水魚類。素有「魚米之鄉」美稱的梁子湖，每年六七月間，就是品嚐當地湖鮮土菜的最佳時節。此時，湖區特有的篙菜、刺梗、荷葉、藕尖等水生植物最為鮮嫩，加上梁子湖獨有的水質，使得這裡的魚蝦更是肥美。這個季節去東正山莊的遊客能品嚐到篙菜煮黃顙、紅燒湖鴨、湖水煮湖魚、酥炸荷花、御膳藕丸、清蒸鯢魚、荷葉炒雞蛋、粉蒸野菱米、清炒紅蓮子、油炸荷花瓣、香煎大白刁、陽乾刺泥鰍、清炒刺梗等一系列湖鮮土菜。

此外，山莊設立的餐飲區有餐廳十六間，可同時容納二百人就餐。休閒區以提供吃、住、玩為主，有客房十八間，並配套會議室、檯球室、乒乓球室、棋牌室。垂釣區為人工池，池水引用鄰近的天然湖水，因此水質十分不錯。燒烤區設有五個烤架以滿足遊客野炊的需求。農產品種植區裡可以體驗農家生活，池塘捕魚、果園摘果、荷塘採蓮等項目，為旅遊提供了親近自然的平台。

赤壁市鳳凰山莊

鳳凰山莊雄峙於赤壁市蒲圻辦事處苦竹橋村那片得天獨厚的山水田園風光之中，占地面積一八〇多畝，擁有大型停車場一個，大小餐廳十二間，客房十八套。這裡交通四通八達，山清水秀，氣候宜人，是臨近城區居民休閒娛樂的不二之選。果園、竹園、菜園、養殖園、魚塘等農業生態產業鏈渾然一體、妙趣天成，山莊俯瞰彷彿一個巨大的「回」字，蘊涵著江南獨特的民俗風情和農莊韻味。

鳳凰山莊

走進鳳凰山莊，徽式格調一覽無遺。路旁復古的車輪軌跡，記憶著石板街的繁華與歷史。山莊裡的江南明清石窗博物館告訴人們，這裡不僅僅是一個農莊。這座二層磚木結構的百年古民居，是主人花巨資從江西深山裡面一戶百年老宅的主人手上購得，並整體遷移至此。走進古樸的民居，品味古老的中國民俗風情，端詳著只能在書本上感知的閨房、八仙桌、天井、祭祀等處，思古懷遠之情激盪著胸懷。眼前精妙絕倫的藝術，讓我們不得不佩服古代的能工巧匠，他們用勤勞的雙手雕琢出栩栩如生的人物、膾炙人口的故事。文王求賢、八仙過海、三顧茅廬等平雕或浮雕的鏤空畫面，表現出極其獨特的藝術風格。

八角廊牆上，形式各異的三百多扇石窗記載著明清文化和江南民俗。在這樣一個小山莊收藏有如此「寶物」，不禁讓人對鳳凰山莊又增加了幾分嚮往與崇拜之情。

遊覽鳳凰山莊之後才發現，這裡還有豐富的紅色記憶。在毛主席圖像館裡，幾十種、近萬枚（幅）毛澤東各個時期的雕像、像章、掛像、剪紙等，向我們陳述著那段戰火紛飛革命年代的歷史。也許不久的將來，這裡可以開闢成本地的紅色文化教育基地。

這裡不僅有油而不膩的「鴻運當頭」，更有茶葉煎蛋讓你苦中有香，雜魚吊鍋讓你一品俱全，臘肉鱔片讓你香中有鮮，紅薯粉讓你神清氣爽……漫步鳳凰山莊，不僅能感受靜謐的格調、閒適的韻律，還能品味非同一般的農家特色佳餚。

大冶市龍鳳山莊

龍鳳山莊位於大冶市劉仁八鎮。進入龍鳳山莊，首先映入眼簾的是高聳的門樓，上有對聯「靈峰競秀奪龍騰九天之勢，雙溪匯流引鳳鳴幽谷清音」，與歇山式古典建築風格的牌樓大門相呼應。山莊左邊青龍山，右邊玉鳳山，前為朱雀，後為玄武，完美契合風水。如今的龍鳳山已成為大冶的一張名片，其天然養生文化與人文歷史景觀相融合，實在是引人入勝。度假村四周翠竹蒼翠，枝繁葉茂，風景如畫，美不勝收。門樓左邊是拓展運動場，是青少年戶外培訓和國防基礎教育培訓基地，右邊是釣魚池，以供遊客娛樂之用。往上的左邊大樓是農民高科技培訓學校，後邊是新建的別墅群，可供臨時居住，也可以長期出租。右邊一號樓是

住宿樓，按星級標準建設，二號樓是餐飲部，可同時供三百人餐飲，三號樓是會務樓，可同時容納五百人舉辦會議，旁邊是翠竹園、連體別墅和許願池。

龍鳳山上還有望月亭、龍鳳亭、鳳尾亭、青龍亭、報恩亭等景點。龍鳳山海拔不高，山勢卻比較陡峭，盤山公路蜿蜒曲折，平級階梯拾級而上，山頂上修建供防範森林火情的瞭望哨一座。登臨瞭望哨俯瞰四周，方圓三十里風光一覽無餘，文峰塔、筆架山、赤烏銜章、雙港口等景觀盡收眼底，引人入勝，人們的心靈在此刻間不自覺地得到放鬆和舒展。

龍鳳山莊所在之處還有紅色因子。彭德懷、蕭克等於八十多年前在此地組建紅三軍團和紅五軍，開展土地革命，建立紅色根據地。「紅三軍團建軍紀念館」和「紅五軍司令部舊址」牌匾由王平上將題寫。紅三軍團革命舊址二○○六年被列為全國重點文物保護單位。舊址原是劉仁八鎮

龍鳳山莊

進步紳士劉步階的莊園，清末開始建造，見證著歷史的滄桑。其磚木結構和中西結合的建築風格更是獨具特色，它由一進三幢五開間組成，分上下兩層，總面積九五〇平方米。一九三〇年六月，彭德懷在此主持召開紅五軍擴大會議，根據中央軍委會議精神，決定在劉仁八成立紅軍第三軍團（簡稱「紅三軍團」）。不過，這裡最受遊客歡迎的則是「黑五類」產品：黑糯甜玉米、黑花生、黑土豆、黑紅薯和黑芝麻。

興山縣小台農莊

坐落在宜昌市興山縣南陽鎮陽泉村的小台農莊自二〇一二年底開業以來，便以其獨特的建築風格、地道的傳統農家菜品、別具民族風情的地方文化以及熱情的服務受到了廣大遊客的一致認可。小台農莊規模不大，僅擁有餐桌十五張，客房八套，然而，它卻吸引著一批又一批的遊客前來。

小台農莊有著得天獨厚的天然優勢：昭君浣紗的香溪河水從門前靜靜淌過，連綿不絕的青山則靠於背後，一頭枕著長江三峽，一頭牽著神農架。在從宜昌興山縣通往神農架的神興旅遊公路之側，她靜靜佇立。走近小台農莊，你會更加流連忘返：花草世界裡的生態停車場、火柴棍拼接的店名、青磚立面與木質結構並存的建築、小橋流水與亭台樓榭相映成趣，著實是一幅美麗的山水畫卷。

兩隻小狗趴在門前的地墊上睡眼惺忪，黃色小貓蜷縮在石磨上已然入夢，淺口花瓶裡插著狗尾巴草、院子裡整齊的木頭柴火有序擺放、屋後菜園裡的蔬菜綠意盎然、旁邊的果園滿是豐收的喜悅……這裡的一切彷

小台農莊

彿都是天然形成，讓人不禁感到歲月靜好，生活充滿希望。

　　既然是農家樂，自然少不了要吃、住、娛。這裡有只有在香溪河才生長的「紅尾魚」、興山有名的「懶豆腐」、炕高山土豆、苞穀燒酒。食材就地取來，廚師亦來自本地。小台客棧雖僅有八間客房，但個個別具特色。房間分別坐落在兩個四合院內，以風、花、雪、月和高山、流水、平沙、落雁命名，一致的木結構和仿古裝飾使之古色古香，清新自然。院子裡的石頭多為小台的姑娘們親自由香溪河邊挑而來，房間裡的木茶几、木凳子也都是當地木材打造而成。

農莊在自家的菜園種植了水果和綠色蔬菜，隨時等遊客前來品嚐。小台農莊的建造式樣來自於李來亨抗清遺址古寨的神祕傳說，但是也不完全照搬。來到農莊，你會忘記世間的喧囂與吵鬧，拋開身上的一切疲勞與浮躁，盡情地享受大自然的優美饋贈，聽潺潺流水，聞花香沁脾，彷彿置身於人間仙境。

應城市龍池山莊

　　龍池山莊位於應城市八湯公路九公里處，毗鄰漁子河水庫，東承應城國家礦山公園，西啟湖北名鎮湯池溫泉風景區，占地面積一千餘畝。其中，林地六百餘畝，水面一百餘畝，農田蔬菜一百餘畝，是集餐飲住宿、園林園藝、水產、生態土雞養殖、垂釣休閒、種植採摘於一體的農業生態觀光旅遊產業鏈園區。

　　山莊裡的原生態松林蒼勁有力，有「活化石」之稱的對節白蠟，以及枸骨、朴樹、黑櫸、香樟、檀木和北美風番、刺葉冬青、紅葉石楠等各類名貴樹木交相搖曳，桃園、橘園、藍莓園、枇杷園、孔雀園點綴其中，各色植物灑綠吐翠，相映成趣，自然景觀和人文景觀相得益彰，堪稱「天然森林氧吧」。山莊擁有近百畝水面，大小魚池自然形成，育有青魚、草魚、鯉魚、花白鱗等數萬尾，綠樹環抱，是廣大垂釣愛好者的理想選擇。數萬土雞散養林中，漫步自得，珍珠雞、貴妃雞、元寶雞林林總總，雞鳴之聲奏成田園之樂，令人悠然而生退隱之意。鱉、蝦、魚、稻基地則是山莊奉獻給遊客的另一個禮物，山莊嚴格遵循自然法則，堅守環保、綠色、有機、生態的理念，其有機雞蛋、有機蔬菜、瓜果、野化生態甲魚、綠色有機大米等產品得到了眾多遊客的一致認可。

龍池山莊｜李鴻飛攝

　　龍池山莊食府每日可供四百餘人就餐，紅燒仔塊雞、滷土雞等均是十分具有特色的美味佳餚。園區內供遊客消費娛樂的燒烤區、野炊區等一應俱全。涼亭、樓閣、水車、長廊等別有一番風味，與山莊食府的美味相映成趣。開心農場種有各種日常瓜果蔬菜，通過太陽能燈除蟲的方式實現綠色無污染，遊客在採摘過程中邊吃邊玩，在享受山莊特色菜餚、秀美景色的同時，可自己動手抓土雞、撿土雞蛋，並可現場加工美食帶走。遊客們還可在山莊休閒垂釣，棋牌娛樂，體育鍛鍊。

　　龍池山莊「荷塘深深，白鷺低飛，田園漁影，鳥語花香，雞鳴聲聲」，正是洗去塵土與喧鬧、回歸自然與寧靜的好去處。

京山縣盛老漢莊園

　　盛老漢莊園位於荊門市京山縣錢場鎮吳嶺村，武荊高速京山南出口三千米處，是以國家級烏龜原種場而聞名的生態休閒農漁業觀光園。

　　這便是一座迷人的花園，在這片廣闊的田野上，櫻桃、石榴、木瓜、枇杷、柿子等瓜果呈一片豐收的景象；梅花、茶花、杜鵑、紫薇、薔薇、睡蓮、桂花等鮮花爭相鬥豔。在花園裡的龜池旁，則是二千餘棵枝繁葉茂的大樹，它們或是百年古樹盆景之奇觀，或是集神州名樹之大成，或是產自深山妙處，讓你彷彿置身於世外桃源。

　　神州大地上唯一一處十萬隻烏龜聚集竹筏上嬉戲曬殼的奇觀，只有在這裡才能看到。烏龜展覽館裡的化石、標本、史料，將烏龜的歷史、文化、價值、作用一一展示在面前。觀賞龜池裡，不同國籍、不同產地、不同品種、形狀各異的各種烏龜告訴你更多有關烏龜的故事。這裡還有大量極其罕見的、只產在京山境內深山處的對節白蠟樹，它們大多已生長數百年以上，以自己曼妙的身姿迎接著來自全國各地的遊客。

　　作為以烏龜為主題的生態莊園，以莊園裡養殖的生態烏龜做出的「盛老漢一品涮龜」「盛老漢滷龜」兩道湖北名菜是莊園餐桌上不可多得的美味佳餚。這裡秘製的「盛老漢長壽湯」，選用生長八年以上的烏龜，運用傳統工藝熬出龜板膠，再放入龜肉用紫砂鍋燉製。龜膠原汁融入龜肉而成湯，具有滋陰、止血、補血、長壽的功效，滋陰大補不上火，具有其他藥食同宗的補品所不具備的獨特之處。

　　莊園占地六百多畝，生態烏龜養殖區可同時接待三百人，另外還有現代多功能會議室及大小餐廳、四星標準客房和木屋小別墅，觀龜、戲

老漢莊園

龜、釣龜池是這裡的一大特色，做豆腐、釀酒等農事活動體驗區同樣一應俱全。

利川市民欣生態農莊

民欣生態農莊位於利川市西南忠路鎮，距利川市城區中心四十七公里。經過用心的經營和沉澱，這裡已成為集休閒走廊、餐飲住宿、休閒垂釣、生態觀光等於一體的農業休閒中心，也是恩施農家樂水平較高的重點企業的代表。

民欣生態農莊地處土家之地，民族特色十分濃郁。這裡的土豆叫作「洋芋」，當地人將洋芋刮皮洗淨，放在鍋裡煮一煮，不等全熟便將其撈出，立即放在鍋裡炕，再放進菜油或漆油，反覆將表皮炕得焦黃，最後

放入鹽、蒜泥、辣椒麵、芝麻，使其表面金黃誘人，這就是當地最有名的「炕洋芋」。在山莊，只要走進廚房，都能看見燻製講究的土家臘肉懸掛在房梁上，肥瘦分明、色澤光鮮的五花肉昭示著盛世的喜悅，滿屋的香味撩動著人們的味蕾。此刻，堂屋中間小方桌上耳鍋裡的臘蹄子在乳白色的湯裡撲騰撲騰地舞動著，紅的肉、黃的皮、白的蒜，還有曬乾了的洋芋，色香味俱全。

利川是全省有名的民宿之鄉，民欣農莊則是民宿體驗旅遊的先行者。鬱江河水蜿蜒流過，能夠讓遊客回歸和融入大自然，在鬱江河畔感受山清水秀，鳥語花香。遊人可在此登山健體、散步聊天、賞林觀草，還可以坐船游鬱江，觀奇山異石，體驗河畔垂釣等。置身於「走馬轉角樓、欄杆亭台、吊腳戲台、四合天井」式的土家木樓建築，著實讓人印象深刻。亭中下棋、台中觀景、閣中品茶、樓中就餐、田間農事體驗也別有

民欣生態農莊

一番情趣。

農莊是一個集科研、種植、養殖、旅遊、休閒為一體的綠色生態基地，擁有特色餐廳二十餘間，一千多平方米的大型停車場，設置有果樹、花卉觀光區、農產品採摘園，還相繼開發出了一系列特色項目，如農家地炕、土家刨湯、休閒垂釣、果蔬採摘、農業體驗、民俗節慶表演、篝火晚會、溫泉泡澡等，這些本地特色的餐飲、休閒、娛樂文化得到了遊客的讚賞和好評。

襄城區桃花嶺生態園

桃花嶺生態園位於襄陽市襄城區西南九公里，美麗的姚庵村環抱其間，緊挨黃家灣。

桃花嶺在原來襄陽通往巴蜀的茶馬古道上，明清時期，山上建有驛站和廟宇。那時，每年農曆的三月三，到桃花嶺山上燒香朝拜的人絡繹不絕，祈求五風十雨，五穀豐登，家庭和睦，身體安康。如今，桃花嶺兩邊的山坡上清幽自然，「樹草青青，蝶舞蜂飛，萬枝丹彩，獨占秀色」。

桃花嶺生態園

山中雲霧瀰漫，宛如人間仙境。依山而建的桃花嶺生態園修建起了餐廳，開闢了臘梅園、葡萄長廊、家禽散養場等。貴賓樓、亭軒、廊軒等風格獨到新穎，仿古而不俗。在桃花山上打出的深井水，清澈甘冽，用來泡茶頗有風味。品茗茶，賞百花，食鮮果，笑看山高風雲淡，此中的愜意，必將讓久居鋼鐵森林中的城市遊客樂在其中，感嘆「桃花山上好風光，偷得浮生半日閒」。

桃花嶺生態園占地三百畝，擁有餐桌三十張，可以接納二百人的住宿，還有一個大型停車場和一個二百人的會議室。從二〇一二年的荒山禿嶺起步，經過辛勤的耕耘，這裡已經碩果纍纍。生態園不僅養有家禽，種有蔬菜，還興建了四個魚塘。生態園的農家菜綠色無污染，可供遊客們採摘或烹飪。在桃花嶺生態園，可以品嚐地道的襄陽菜：一辣二麻三鮮的牛肉麵、色似乳汁味微酸甜的襄陽黃酒是早點小吃的標配；深褐色的孔明菜味鮮可口、質地嫩脆；宜城盤鱔香氣撲鼻，盛盤食之令人欲罷不能；還有三鑲盤、夾沙肉、襄陽纏蹄等，更是讓人饞涎欲滴。在這裡，文化旅遊業和現代農業正在進行深度融合，已經形成了春賞花、夏摘果、秋賞菊、冬吃火鍋的特色鄉村游格局，未來桃花嶺生態園必會成為襄陽民間民俗生態消費第一園。

每至蜜桃成熟之時，夜眠桃花嶺，松濤陣陣，果香撲鼻，輕鬆愜意而神思寧靜，真是鄉村田園旅遊的不二之選。

第四節・最美田園風光

　　千百年來，歲月靜謐，風光怡人，變化的是周圍的環境和人的心境，不變的是質樸的鄉情和回歸田園的希冀。放眼望去，滿滿的詩情畫意，風輕雲淡，秋高氣爽。閉眼傾聽，那秋蟲唧唧，蟋蟀長鳴，似乎在奏響秋天最美麗的歌。待那晚霞初上，進而繁星滿天，那月兒時而如彎鉤，時而如玉盤，月光伴隨著氤氤氳氳的霧氣瀰漫開來，化為一杯甘甜的美酒，醉了光陰，甜了心房。很慶幸，我們還能在此處找到交橫的阡陌；很慶幸，我們還能盡情地享受這難得的清閒。

蘄春縣霧雲山梯田

　　黃岡市蘄春縣檀林鎮高山梯田，因其絢爛多彩，近幾年在鄉村旅遊市場上聲名鵲起。這些梯田以面積廣闊、景色壯美著稱，主要分布在蘄春北部高山區的山區坡地，海拔多為六百米以上。其中面積最大的要數霧雲山梯田，總面積大約為一一〇畝。又分為三一〇塊小田，這些梯田所處位置的海拔高低不一，最高處與最低處落差達一二〇米。從空中俯瞰這大片廣闊的梯田，只覺得無比壯美，也只有雲陽梯田能與之媲美。最美的是灌了水後的梯田，猶如一大塊不小心打碎了的鏡子一樣，散落在美麗的原野之上。在陽光的照耀下，這些梯田泛著粼粼的波光，隨著天空的變化呈現出不同的美妙色彩。朝霞的絢爛，藍天的淨澈，白雲的柔軟，晚霞的嫵媚，你都可以在這塊梯田裡尋見，再配上梯田渾然天成精妙絕倫的線條，簡直就是一幅鬼斧神工的藝術作品。

待到金秋，清早起來迎著太陽的光輝信步在北山小道上，你會經過一片翠綠的竹林，那蒼翠欲滴的竹竿上纏繞著紫瑩瑩的牽牛花，含苞欲放的蓓蕾上附著幾粒晶瑩剔透的露珠，乍一看，還以為是閃閃發光的珍珠呢！來到西山向下瞭望，整個梯田盡收眼底。這是一個呈「C」字形的山坳，梯田倚著山的南、西、北三面依次鋪陳開來，井然有序。東面是個大出口，一條羊腸小道從這個豁口向山裡面伸展開來，紫氣東來，怕是這山坳裡的靈秀之氣都是這路帶來的呢！一陣風吹來，成熟的稻子泛著金色的波浪翻滾著，沸騰著，如同海浪一樣，此起彼伏。遠遠望去，還以為是一片金色的海洋呢！從山的東南望向西，再望向北，一道道金色

夢幻霧雲山｜占彥生攝

的弧線盡收眼底，深深淺淺，若隱若現，彷彿是黃河裡一支奔騰的流水，跌跌撞撞地進入了山的懷抱，慌亂中找不到出口，橫衝直撞，又不知怎的突然安靜下來，形成了一個色彩斑斕的巨大漩渦，令人歎為觀止。

恍惚間，天色大亮。東方泛起的魚肚白早已消失殆盡，取而代之的則是澄澈透明的天空，一抹朝霞不知何時爬上了天際，通紅著臉，彷彿害羞似的。厚厚的雲層被紅彤彤的朝霞鑲上了金邊，慢慢地變淡，走遠。天空又彷彿變成了一塊雜色的幕布，將這蒼茫大地籠罩進去。梯田也慢慢地顯露出它本來的顏色，早稻像大塊金子散落在地上，晚稻慢騰騰地在抽穗，如同碧綠的翡翠，黃綠相雜，如同一幅濃墨重彩的油畫。不知何時，天上的雲霞已經散開，金色的陽光驀地投向這片美麗的稻田，帶著一層水霧的稻子泛著閃閃爍爍的金光，使人如置身於仙境一般。

松滋縣卸甲坪鄉曲尺河

卸甲坪土家族鄉坐落於松滋市西南邊陲，地處五陵山東麓，襟湘帶澧，是「兩省四縣市（澧縣、石門、松滋、五峰）」的結合部位，海拔最高八一五米。卸甲坪土家族鄉素以地形奇特著稱，這裡不僅有重巒疊嶂的崇山峻嶺，也有美麗富饒的沖積平原；既有潺潺流水從千岩萬壑中泛出，也有蜿蜒梯田鑲嵌在山間盆地之上。這裡風景宜人，氣候溫和，是荊州市少有的「小氣候」地帶。一座座村莊沿著溈河坐落，遠遠望去，如一條銀帶兩旁鑲嵌的珍珠一樣。

曲尺河作為這裡的一個土家特色村寨，在保留古樸的農家村寨風味的同時，也呈現出一派新時期新農村建設的景象。在曲尺河村的北部，有

一道峽谷隱隱約約浮現在人們眼前，這就是曲尺峽。曲尺峽是由紗帽尖電站庫區與兩邊山體型成的峽谷，峽谷兩側地勢險峻，植被蔥鬱，峽中景色宜人，風景如畫，清脆的鳥鳴聲不絕於耳，令人心曠神怡。峽谷的全長將近八千米，既可選擇乘船順流而下去感受「舟行碧波上，人在畫中游」的意境；也可信步行走在林蔭小道上，聽黃鸝與你絮語，聞山鶯為你唱歌。峽谷的深處有一處名為「母珠漂」的美景，人入其中猶入仙境，更是有別樣的心曠神怡之感。

卸甲坪田園風光

出了曲尺峽，豁然一片開闊，特別是每年春燕北歸油菜花開的時候，整個曲尺峽便成為精妙絕倫的畫。四周是高山，綠意盈盈，青山的輪廓線在湛藍的天空中格外沉著與穩重，明媚的陽光灑在群山之上，神聖而純潔。四周群山環抱著中間的小盆地，盆地極平，從山塢中淙淙地跳出來一條小溪，像一個不甘被束縛在家、偷偷外出遊玩的小姑娘，她活潑可愛，散發著青春的氣息。小溪清澈見底，水光潾潾，碎銀躍躍，東一跑，西一跳，在平地中間扭成一個「S」形，於是，整個山間便盈滿了歡快的笑聲。最神奇的一幕驀然映入眼簾，盆地底部居然構成一個心形，小溪成為一隻彎曲的弓箭，整個畫面就是丘比特之箭在廣袤大地上的神奇寫意，不得不感嘆浪漫的情愫被賦予在這靈山秀水，神秀造化成就了這一方絕妙土地。再放眼四眺，金黃的油菜花點綴其中，一塊塊的黃金地毯鋪就完畢，青青的麥苗吸納日月精華，茁壯向上，土家特色建築遍布小溪兩岸，飛簷翹壁，青磚黛瓦，炊煙裊裊，如詩如畫。

恩施市楓香坡

楓香坡定是一個詩情畫意的地方，別的不說，單看這地名，也是極美的。

楓香坡位於恩施市芭蕉鄉境內，離恩施城區有十多公里。自恩施南門出發，一路上穿過幾個村落，在感受當地的風土人情的同時，慢慢地會感覺自己已被青山綠水所包圍。穿過一個隧道，就到了美麗的楓香坡。這裡是新農村建設的重點示範點，以旅遊產業為依託，打出美食的招牌，號稱「吃在楓香坡」。這裡的建築古樸而有韻味，一磚一瓦，一屋一舍，都流露出濃濃的侗族風味。

進入楓香坡，你可以看到美食一條街，這裡的飯店大多是侗式風格的，外牆為木板鑲嵌，屋頂是青瓦做成，頗有些古色古香的味道。這裡的美食起名也很有意思，從「一鳴驚人」「二泉映魚」「三羊開泰」到「十全十美」……顧名思義共有十家美食店，每家一個特色：「一鳴驚人」以土雞為特色，「二泉映魚」以魚為特色，「三羊開泰」以羊為特色，很有創意。

景點內的道路雖不寬敞，但是卻別具一格，好似木板鋪就，古老質

楓香坡侗鄉採茶

樓。欄杆上鐫刻著侗族的文化知識，讓遊客們在縱情山水的同時增長了見識。道路的兩旁種滿了綠樹和翠竹，朝氣蓬勃，蒼翠欲滴。空氣中散發著綠色的清香，讓人忍不住多吸幾口。穿過一片樹林，就進入了一片村莊。村前有一道長亭，用竹竿撐著，亭子上面覆有青瓦，亭子下有幾隻石凳。亭子前方是一口池塘，清波蕩漾，群鴨戲水，別有一番風趣。稻田裡還有一架水車，旁邊有溪流。水車靜靜地矗立在溪邊，沉默不語，歲月的滄桑感與遊人爭相在此拍照留念的熱烈格格不入。不遠處還可以看到一個侗族的標誌性建築——鼓樓，它用木瓦砌成，高有九層。與之同為侗族標誌性建築物的還有風雨橋。

舉目遠眺，四周群山鬱鬱蔥蔥，微微細雨中更是雲霧縹緲，層層蒼翠透過雲霧顯露出來，更覺無比純淨。山間松柏青翠，杉竹挺拔，偶爾有幾隻小鳥點綴枝頭，青白二色相映成趣，更是為群山平添了些嬌俏。一條彎彎曲曲的台階順山勢盤延而上，時而平坦，時而陡峭。於丹來楓香坡後也不由感慨，「這裡真是神仙般的日子」。

英山縣西河十八灣

在綿延起伏的大別山腹地，有一條風光旖旎、景色迷人的旅遊公路，它就是英山縣西河十八灣。它北至大別山主峰，南達英山縣城，綿延近百餘裡。它貫通沿線各景區，將山、水、人、物串在一起，彷彿一條綴滿珍珠的絲帶飄揚在大別山地區，吸引著無數遊客來到這裡感受大自然的魅力，又使無數人深深折服在這美妙的自然景色裡。

金秋時節，從英山縣城出發，進入「西河十八灣」門坊牌樓，沿著旅

遊公路向大別山主峰前行，風光頓時美妙起來。陽光懶懶地照在車上，風吹的兩旁白楊樹嘩嘩作響，遠方的鄉村房舍白牆綠瓦，恰到好處地掩映在原野之中。行走在公路上，空氣裡滿是秋天爽朗的味道，農地裡的田埂上開著的不知名的野花蕩漾著人們的心靈，一切都是那麼的美好。路旁有一條小河，波光粼粼，河岸上茂密的藤蔓綠蘿努力綻放著生命，躺在沙地上的牛慢吞吞地站起來，對著人們「哞」的一聲，算是和秋天打了個招呼。在這散發著自然氣息的美妙畫廊中，徒步行走是最美妙的事情，聽聽鳥的啼鳴，聞聞花的清香，伸出指尖去撫摸大地，與山林對話，和清風絮語，正如東波先生所言「耳得之而為聲，目遇之而成色，取之無禁，用之不竭，是造物者之無盡藏也」。

「西河十八灣」並不是一個噱頭，而是有著實打實的十八灣的美景。從頭道灣的茶葉之鄉烏雲山村，到麗景生態園，再到孔家坊鄉，灣灣有自己的風景，灣灣有自己的故事。最後一道灣是張咀水庫，站在水庫壩邊，舉目望去，只見天上白雲層層疊疊，變化多端，蒼翠的青山籠罩著裊裊的霧氣，山腳下、半山腰的青磚綠瓦也被籠罩在這霧氣裡，猶如仙境一般，讓人不禁想起了王維的詩句「隨意春芳歇，王孫自可留」。

西河十八灣地處大別山中，這裡還有一種形式別緻的餐飲方式——吊鍋。人們把燒熟的各種肉類加上墊鍋菜，將軍菜、野山筍、珍珠菜等倒入鍋內，在一旁配上橡豆腐、紅豆腐等。大家圍坐在火塘周圍，一手拿碗，一手拿筷子和酒杯，那滋味別提有多爽了。深秋露重，明月當空，星光燦爛，野味山珍，倒一杯大別山的小吊酒，品一品那醇厚中帶著的香甜，入口綿滑，如似神仙，讓你不由得對白天聽到的「老米酒，菀子火，除了神仙就是我」的唱腔，多了一層更深的理解。

美麗西河十八灣｜程抱中攝

大悟縣四菇紅葉林

　　烏桕樹是大悟縣的縣樹。大悟簡直就是烏桕樹的天堂，據不完全統計，大悟縣有一點二億株烏桕樹。為什麼大悟縣的烏桕樹有如此之多呢？除了這裡的氣候適宜它們生長之外，烏桕樹的繁衍能力強也是一大原因。烏桕樹是屬於「飛籽成林」的自然生長樹種，山間、地頭、池塘邊、小路旁，到處都可以是烏桕樹「快樂的家園」。磅礡的生命力使它們生生不息，也使它們成為大悟縣最美的一道風景線！

　　一年四季，烏桕樹井然有序地進行著生命的歷程，春吐青芽，夏綻繁花，秋結籽實，如此交替，周而復始。烏桕渾身都是寶，夏天漫山遍野的烏桕花被蜜蜂釀成甘甜純正的蜂蜜，營養豐富；烏桕籽富含皮油和梓

油，不僅可以生產製作出洗滌、製漆產品，又可以開發生物柴油；梓油殼是人們用來取暖、做飯的薪材；梓油餅則是農作物的有機肥料；而到深秋季節，烏桕則以生命的顏色為人們貢獻視覺盛宴。

大悟紅葉以四菇鎮為最，每年秋天，四菇鎮的旅遊廊道上便滿目繽紛的色彩。紅葉以烏桕樹、楓樹、牛荊樹和紅檀樹為代表，白穗以成片的山蘆葦為代表，黃葉以銀杏樹、白檀樹和橡樹為代表。這些色彩會隨著嚴寒的推進而逐步加深。宋朝文人陸游曾寫詩讚美，「烏桕赤於楓，園林九月中」。在這片美麗的大別山山丘崗地上，一團團青中泛黃、黃中夾紅的烏桕樹葉好似一片燎原之火，從山腳蔓延到山腰，從平原延伸到山岡，中間夾雜著蒼翠的松柏，紅綠黃交相輝映，好似一幅濃墨重彩的山水畫。那深秋時節的烏桕樹葉最為迷人，有詩云「巾子峰頭烏桕樹，微

秋之圓舞曲｜陳澤民攝

霜未落已先紅」，映著深秋時節朝霞的光芒，舉目遠眺，只見那漫山遍野的烏桕樹葉隨風搖曳，婀娜多姿，葉片上泛著粼粼的波光，綻放出熠熠的紅暈，十分動人。枝頭還掛著珍珠似的烏桕籽，如繁星點綴在這五彩的天空中，光彩奪目，星光閃閃。烏桕葉如同一匹彩色的錦緞鋪在群山之上，彩色的波光映著頭頂的藍天，和這美麗的景色融為一體，頗為和諧。

站在山頂俯瞰這片土地，群山環抱著綠水，鮮紅的烏桕葉中雜陳著幾抹蒼翠的松柏，時而飛出幾隻不知名的小鳥，留下清脆的啼鳴。走進這片山林，遊人只會覺得心曠神怡，心靈被這純淨的山水所蕩滌，人和山水融為一體，置身於此，彷彿靈魂都得到了一次昇華。

廣水市桃源紅柿林

全國九大名關之一武勝關位於隨州廣水市，周圍崇山峻嶺，層岩疊嶂，地勢險要，古語有云「車不能方軌，馬不能並騎」，足見其險。關腳下有一村，名為「桃源村」，四面環山，地勢平曠，一條清澈的溪流貫穿其中，將這個美麗的村落一分為二。溯流而上，九個自然灣落如珠玉散落，依次排開，構成了田野上一條景色宜人的風景線。

在這些村落裡，你會看到一株株大樹華蓋如傘，高大挺拔，這些樹木大多為柿樹。桃源以柿樹著稱，據說共有兩萬多株柿樹，其中樹齡百年以上的有六百多棵。桃源的柿子以果大且形似磨盤而得名「磨盤柿」。桃源的空氣清新，溪水清澈見底，土壤肥沃，所產柿子皮薄色鮮，味道甜美，還具有潤肺化痰、清熱生津、健脾益胃等多種功效，遠近聞名。

深秋時節，柿子已經成熟，這時，村落裡的房前屋後，田野池塘，都

掛起了一個個俏皮的紅燈籠。秋風凜冽，卻吹不滅它們如火般的熱情，一個個柿子露出紅紅的笑臉，點綴在枝頭，滿樹的柿子壓彎了枝丫，晶瑩剔透。尤其是清晨，陽光照在光滑圓潤的柿子上閃閃發光，它們黃裡透紅，紅中泛亮，晦明變化，給予秋天更美妙的色彩。當你站在掛滿了纍纍碩果的柿子樹下，抬頭看那綠如翡翠、紅如寶石的柿子，感受果實的厚重與美麗，秋風拂過臉頰，你不由得會感謝大自然的恩賜。

秋色濃如酒，紅葉映碧流。放眼望，起伏不平的原野上是一片樹海，在藍天白雲、青山綠水的映襯下，別有情趣。漫步在無邊無際的田野上，石屋、石牆、石桌、石凳、石碾、石臼、石橋等構成一幅奇特而又美麗的石頭世界。這裡還有兩百多處保存完好的石屋房子，是當地村民

廣水桃源村

就地取材，用大大小小的山石疊砌而成，時間長的有二百多年，最近的也有五十多年，石屋線條流暢，造型典雅，門窗古色古香、精妙絕倫，煥發出古樸的魅力。

如此美景，自然會有大量遊客慕名而來，村民們自發形成的農家樂應運而生。遊雄關古寨，品孝子文化，觀萬株柿樹，賞百年石屋，吃鄉村土菜，住農家小院。這裡服務項目別具一格，遊客流連忘返，樂不思蜀。一位文化名人到桃源觀光後，即興賦詩讚歎：「一派風光不染塵，果甜猶寄百年情。賞秋客至驚呆眼，誰點桃源萬盞燈。」

竹山縣萬畝大草甸

二〇一五年九月的旅遊行業朋友圈被一則消息刷爆：湖北竟有個萬畝大草原，藏於深山，剛被發現！簡直太驚豔了！

愛聽民謠的人們，最愛的就是那一句「愛上一匹野馬，可我的家裡沒有草原」。在人們的記憶裡，「天蒼蒼，野茫茫，風吹草低見牛羊」這樣的景象常常出現在廣袤無垠的塞外草原，時至今日，人們萬萬沒有想到，湖北的這片土地竟然有一處萬畝高山草原。

這片被世人遺忘的人間仙境就隱藏在十堰市竹山竹溪交界處海拔二五〇〇餘米的山頂。據稱，這裡是迄今發現的湖北省最大的連片高山草甸。因人跡罕至，這裡很少被人知道。它隱藏在深山之中，甚至不少當地居民都畏懼於山高路險而不願前往，僅有少量的採藥老人領略過它的「廬山真面目」。由於山高林密，且無路可走，若想抵達山頂，必須由當地人劈山引路方可。登上山頂草原，放眼望去，一幅幅巨大的綠毯隨著

一個個起伏平緩的山丘向四周山峰間隙的天際延伸。相比於其他草原，這裡無邊無際的綠毯上還有各種迷人的野花爭奇鬥豔，草叢中時而驚起的山雞、野兔更是讓人回味無窮。

這裡的夜晚靜謐安詳，繁星點點，看不到一絲燈火，充滿著神祕氣息，簡直就是藏在山頂的人間仙境！除此之外，萬畝高山草甸四周的美景也是格外迷人。在草坪竹溪一側，山下就是十八里長峽。十八里長峽北起竹溪縣向壩鄉岔河，南至竹溪縣雙橋鄉吊樓子，面積四十六點八平方公里，海拔一千至二八〇〇米不等，全長十八里，並由此得名。長期以來，天然的十八里長峽宛如花季少女，藏於深閨而無人知曉，直到泉雙公路取道峽谷，她古老而神祕的美麗面紗才被慢慢揭開。

這裡到處是原始的森林、山巒和泉水，一切都是那樣的原汁原味，有

草甸孤樹｜方長攝

一種震撼心田的野性之美。身在草甸中，不由感慨「異鄉飛毯落九天」。這裡可以被稱為「湖北最後一塊未經開發的處女地」，到這裡最好的出行方式就是自駕遊。

曾都區洛陽銀杏谷

　　金秋十月，隨州曾都區洛陽鎮銀杏谷的一片金黃著實迷人。在千姿百態的銀杏樹下，山屏樹傘與農家小院相映成趣，炊煙裊裊、白雲朵朵、秋高氣爽、和諧寧靜的氣韻描繪著銀杏谷的樸實與偉岸。

洛陽古銀杏｜樊友剛攝

這裡的古銀杏樹絢爛多姿。它們有的蒼勁挺拔，偉岸高聳；有的盤根錯節，老態龍鍾；有的雷擊桿空，仍枝繁葉茂；有的婀娜多姿，美似盆景；有的形同巨傘，籠蔭半畝；有的母子合抱，似舐犢之情；有的連理成雙，宛如離別戀人；有的一樹多枝，猶如五代同堂……古樹的原始與自然，給遊客提供了大量想像的空間。站在銀杏樹下，你會看到漫天紛飛的銀杏葉，葉片鵝黃，像天空撒下的一片黃金雨。

以古銀杏群落為標誌的田園風光，訴說著中國傳統哲學關於人與自然和諧的文化理念。「出門無所見，滿目銀杏園，屈指難盡數，何止株萬千。」這首詩生動地表現出洛陽鎮全境銀杏群落的生動面貌。古銀杏群落是中國傳統天人合一的理念的生動體現。置身於銀杏樹下，我們彷彿可以看到心中美好的世界。陽光下的山脈、樹冠光彩湧動，訴說著天與人的共識、默契和力量。周圍的村落依照地理環境建造，溫暖、親和、舒適，是人們返璞歸真、親近自然的良好去處。

古銀杏群落掩映下的田園風光，再加上新四軍第五師九口堰紀念館、胡氏宗祠民俗博物館等眾多人文景觀，表現了人與自然的珠聯璧合。這裡還分布有周氏祠、胡氏祠等保存完好的古建築，是湖北民居的集中體現。胡家河一線河水環繞，與河邊古樹相映成趣，形成一幅清新脫俗的自然畫卷。這裡別具特色的銀杏風光帶，依託原真性的鄉土建築、鄉村景觀、鄉村生活場景，展示出獨特的田園鄉土韻味。

鍾祥市彭墩鄉村世界

彭墩鄉村世界位於鍾祥市西南部的低山丘陵，與荊門市區相接，距荊

門市區僅十五公里。其主要特色為「農村中的城市，城市中的農村，田園中的公園，公園中的田園」。湖中亭台樓閣，林中小橋流水，自然景觀別具特色，人文景觀精妙絕倫。

在彭墩，可以充分地感覺到現代農業文明的氣息，天人合一、崇法自然的理念展現無遺。彭墩擁有二千畝有機蔬菜基地，採用拱棚和冬暖式日光大棚等技術，將工業技術完整地應用於傳統農業種植中，現代感十足。裡面種植有時令蔬菜，也有反季節蔬菜，無論是哪個季節來到大棚前，都能看到碩果纍纍的豐收景象。大棚內設置有專門供遊客採摘的區域，人們可以自由地采瓜摘菜，體驗田園勞動的樂趣。一望無際的荷塘，是萬畝生態水蓮生產基地，荷塘裡荷花、蓮子、藕帶、鱔魚、泥鰍、鯽魚、甲魚等套種套養，鯽魚籽是鱔魚、泥鰍的飼料，鱔魚、泥

鍾祥彭墩村｜陳鋒攝

鰍、甲魚可以鬆土，其糞便又是水蓮的肥料，資源得到最大限度的循環利用，時刻昭示著這裡的環保先進理念。荷塘裡的花每年六至九月花開五度，繁盛時節正是「接天蓮葉無窮碧，映日荷花別樣紅」。夢江南生態餐廳最具水鄉特色，可同時容納八百人就餐。餐廳天然環境十分優越，背靠天然森林，右有通往東西南北的水泥大道，門前水上走廊曲折有度，在水中亭台樓閣間自由伸展，水下多種觀賞魚在水生花卉中歡快游弋。

彭墩最震撼人心的就是現代化的農村建築，經過「遷村騰地」工程，農民實現了住房集中化、小區化、庭院化的目標。城市管網自來水全部進村入戶，太陽能熱水器實現全覆蓋，沼氣供應充足無污染，有線電視、寬帶網一個不少，每戶還建有適合農村生活特點的附屬屋，可以用作存放雜貨的倉庫，住宅四周有精心養護的各類花草植物，一派生機勃勃的氣象。

夷陵區分鄉鎮田陌風光群

從宜昌市夷陵城區出發，沿宜保路，即可到達南垭孫家壋、插旗小沖等油菜花田。這裡有南岔灣農家石屋、南垭花田農居和插旗幸福村落。這條田陌風光群融匯青山、秀水、梯田、古村、石屋等多樣化景觀符號，油菜花田的農村氣息與美麗鄉村相得益彰，讓人流連忘返。順著油菜花田的鄉間小道，蜂蝶隨行，花舞人間，讓人在返璞歸真之餘，體味自然的原始與純真。

順著香景源溯溪而上，可盪舟於峽谷，親水嬉戲；或漫步於向日葵

園，抒金色暢想曲；在河邊露營扎帳，野炊燒烤，看繁星滿天，逍遙浪漫；在別具特色的農家院中，可以品嚐原汁原味的鄉土菜，讓人回味無窮。漫步在河流兩岸，美麗的稻海映入眼簾，山坡上愜意吃草的牛羊同升起裊裊炊煙的田間小屋一道，共同構成一幅恬靜平和的田園景象。呼吸著原始純淨的新鮮空氣，心中更是一份寧靜與自然，不覺讓人樂在其中、流連忘返。

金釘子是各地質歷史時期年代地層單位劃分和對比的唯一全球標準。大中壩村王家灣金釘子距今約四點五六億年，規定了奧陶系赫南特階的精確定義，是長江三峽地質公園重要的地質遺跡之一。目前全球共有六

夷陵區分鄉鎮田陌風光

十六枚「金釘子」，它是湖北第一枚「金釘子」，也是中國僅有的七枚「金釘子」之一。人們在金釘子處可以盡情地沉思，感觸地球的脈動與宇宙的深邃。

　　分鄉鎮中西部的南岔灣石屋群重現了歷史悠久的石製建築文化，石屋牆壁全用大小不一的長石堆砌而成，木梁上蓋著瓦片，房屋裡面用水泥石灰等材質抹平粉白。石屋冬暖夏涼，有著極強的隔音效果，是我國祖先高超建築技術的典型代表。低矮的石頭房坐落在美麗的青山綠水之間，顯得格外寧靜而祥和。在這片土地上，人們吃苦耐勞，辛勤勞作，徜徉在這片土地，彷彿置身於世外桃源。順著潺潺的小河漫步，河水彷彿流出一股莫名的鄉愁；和著寧靜的夜晚緩慢前行，點燃的火苗裡似能看見古村的青蔥歲月。

櫻花中的村莊

櫻花如海，人如潮，似乎從來就是城市風景。這應該與櫻花的形態氣質有關，櫻花花形普通，朵不大，顏色也不豔麗，很普通，卻透出嬌貴、妖冶、浪漫、淒美之氣質和韻致，很有一種低調奢華的味道，這自然就成了有點時間，有點空閒，有點感性乖張、有點多愁善感、有點奢望浪漫的城裡人的鍾愛。在武漢，人們耳熟能詳的賞櫻處就有武大的櫻花大道、東湖櫻花園等。

想不到鄉村人會愛上櫻花，櫻花會綻放在鄖陽的山溝裡！

溝原來喚作鷹窩溝，櫻花改變了它，現在叫櫻桃溝了。到那兒時，正雪後初晴，暮色四合。沿著南溝向下走，可見櫻花如雲，掩映著農家小院，暮色中，風格各異的農家小樓似仙山瓊閣。

櫻桃溝一山二溝，櫻樹都在農家小院、房前屋後，田埂路邊，從北溝到南溝，一上一下，約五六公里，要好好看看少說也要兩三個小時，我們只好第二天再來。

陽光會意，我們到達村委會旁邊的停車坪時，太陽已照亮了山坡，櫻花皎潔，亮如銀箔，賞櫻客已紛至沓來，去了櫻桃林中，櫻桃樹下。

也許是因為櫻桃溝的櫻樹多長在農家院裡、田間路邊的緣故，也許是因為這裡別有風情的農家小院，一進入北溝，我便立刻有一種與在城裡看櫻花截然不同的感覺。我覺得比在城裡看櫻花親切，甚至有一種恍如隔世之感。

農家小園裡，房前屋後，有一園竹，一棵樹，幾株花，小院就變得特別有生氣，鄉村便特別像鄉村，農家特別像農家，這應該是鄉村古老的傳統。

可現在，這種有竹有花有樹的小院越來越少了。樓房沿公路而建，都變成了「火柴盒」。我們世世代代生活的村莊變得沒有了村莊的模樣。

因此，有這種「文明基因」的我們一進入這裡，記憶和感覺便立刻被喚醒了。似乎她就是我夢中的，是與我的前生今生有著某種因果連繫的所在，而不是我觀賞的、長在遠處的一片風景，她原本就長在我的身體中，綻放在我的生命裡。

路是水泥路，路邊櫻樹密匝，花枝交錯，暗香襲人。一農家用四個小簸籮做成的店招吸引著我們，主人坐在櫻花樹下喝茶，我們便走了過去。

主人姓劉，院裡栽著三棵櫻桃，樹身直徑一尺多，花繁枝茂，旁邊還有一棵枇杷。老劉見我們進院，忙從屋裡端出木椅，放在櫻桃樹下，又是遞煙又是泡茶。我問老劉家的櫻桃樹是什麼時候栽的，他說十幾年了。為什麼栽櫻桃樹？櫻桃花好看，櫻桃能賣錢，還好養，不要施肥，打藥，不像別的果樹。

說實話，我沒有想到老劉會說種櫻桃樹是為了看。中國農民，歷朝歷代，有哪些時候會想到「好看」呢？他們想得最多的是讓別人好看，讓好看變成錢，變成對付拮据時日的柴米油鹽。因此，老劉說好看

時，我腦海裡轟隆轟隆奔馳著歷史的列車，感覺深山中的櫻桃溝村已前行了多遠。我還想起了白居易那著名的詩句：「小園新種紅櫻樹，閒繞花枝便當游。」想原來文人的雅興也可以是一個山村農民的生活。

我知道老劉說的好看也包括了給別人看，可我依然感覺這是蛹蝶之變。

他還說，他家有二十幾棵櫻桃樹，去年櫻桃賣了兩千多塊錢，不敵他的草莓，草莓一分地可以賺到兩千塊。他今年種了一畝多。我問，這麼多草莓不愁銷嗎？老劉說不用，櫻桃溝現在遊客多了，果子供不應求，外村人都把櫻桃和草莓等拖到櫻桃溝來賣呢。老劉的話裡滿是自豪。

毗鄰而居的一個農戶也姓劉，房子比這個老劉家的高大、氣派，還修了古色古香的門樓，櫻桃樹也大，枝條都高及屋頂了。櫻桃樹下，有七八上十人圍桌而坐，不知道是要打麻將還是要幹什麼，也不知道他們是主人家親戚還是賞櫻客，嘰嘰喳喳，其樂融融；廂房是平頂，花影中有美少女憑欄遠眺，也不知道是遊客還是劉家閨女。

從老劉家的石階上往下走，便是公路。這才看見兩個老劉家的房子都在建在一道高高的石磅之上。我們腳下的路也是石階，上面有鑿鑽的痕跡。當地的候先生告訴我們：把村莊建得像村莊，是當地政府提出了口號，因此，一些小路儘可能保持原貌。而且現在北溝這邊幾組很多農戶正在搞房屋改造工程，把洋房

子改成土房子。

　　我明白村上為什麼有那麼多小青瓦、泥巴牆，有翹角飛簷的「老屋」了。

　　這樣的小院令我們感興趣。如「50院」「70」院等，院子保持著原來的式樣和風格，簡單拙樸，可往往走進去，便別有洞天。小院裡有櫻桃樹，有黃酒作坊，有鞦韆架等，給人一種夢裡老家的感覺。

　　河谷底還有一處小院走得更遠。全是泥巴築就的院牆，四四方方，院牆修有門樓，茅草蓋頂。我恍然進入了大漠荒煙裡的客棧，心上頓時湧起一種策馬林泉的快意人生之感。

　　我們從河谷底上行去南溝時，遊人更多了。公路上，車如龍，人如潮。

　　要走出南溝時，碰上了區裡分管農業的區長，區長說，現在人不算多，櫻桃成熟的時候人最多，去年櫻桃成熟的季節，這裡的農戶一天賣了七萬元的櫻桃。

　　我不知道大山深處有這麼美麗的村莊。在許多人感嘆鄉村文明遠去的時候，鄖陽出現這麼一個村莊，我覺得這是奇蹟。

　　我突然想起昨晚在「70院」喝的櫻桃酒，是主人家自己釀的，有一種很特別的香氣。我們問主人為什麼櫻桃酒這麼香，主人說，櫻桃花開時櫻桃酒就格外香。

　　我感到櫻桃溝人內心的風景也很美。

原載《湖北日報》2015 年 3 月 6 日

櫻花中的村莊

歡樂天地

03章

橫貫楚地之長江，年年江花似火；縱覽鄂境之崇山，座座雄奇偉岸。在楚水荊山的浸潤滋養下，湖北形成了特色鮮明而濃郁的浪漫主義情調，種下了歡樂愉悅的種子。近年來，湖北省堅持頂層設計、高點謀劃，推動旅遊與科技、文化、體育融合發展，「歡樂愉悅的種子」陸續生根發芽、開花結果，為美麗湖北注入了時尚歡樂的特質。這裡有創造「歡樂與幻想」的世界一流主題公園，有融合「文化與科技」的旅遊演藝，有彰顯「人民的節日，歡樂的海洋」主旨的旅遊節慶，有讓人「一路尖叫一路歡笑」的歡快漂流，有感受「冰火兩重天」極樂的浪漫溫泉，有體驗「速度與激情」的美妙滑雪……在湖北，無處不在的是五彩繽紛的歡樂色彩，驚險刺激的動感樂章，詩情畫意般的浪漫風情。

第一節 · 主題公園

　　旅遊主題公園是在特定的主題下，以市場創新為導向，以現代科技和文化為表現手段，能夠滿足遊客多元娛樂休閒需求的現代人工景區。湖北省旅遊主題公園從無到有，從小到大，從亦步亦趨到引領時尚，在短短的十多年得到了快速的發展，湧現出華僑城「歡樂谷」、海昌「極地海洋公園」等一批世界一流、國內頂級的主題公園，填補了湖北大型綜合性主題公園的空白，極大增強了靈秀湖北的品牌吸引力。

武漢華僑城主題公園

　　武漢華僑城主題公園是國家 4A 級旅遊景區，位於東湖國家生態旅遊風景區北岸，占地約三一六七畝，由生態社區和文化旅遊兩大板塊組成。項目秉承「生態優先，環保先行」的規劃原則，以「生態、文化、歡樂」為目標，引入現代服務業集聚型開發與運營模式，集合文化公園、都市娛樂、主題酒店、人文藝術、生態居住等多種功能，以「四大公園，四大文化中心，兩個主題酒店，一個國際文化灣區」的產品形態，打造了創新型的生態文化旅遊示範區和多元化現代服務業聚集區。其中，四大公園包括歡樂谷、瑪雅海灘水公園、歡樂童年兒童公園、生態藝術公園。

歡樂谷——繁華都市開心地

　　歡樂谷作為中國主題公園著名品牌，創立於一九九八年，以「打造世界一流的連鎖文化公園」為願景，旨在為不同的城市帶來同樣的歡樂。

「時尚、動感、激情」的武漢歡樂谷，於二〇一二年四月二十九日開園迎賓，占地約三十五萬平方米，是華僑城集團全新打造的複合型、生態型、創新型大型主題公園。

　　武漢歡樂谷承襲華僑城的創想文化內核，以全球頂尖的高科技遊樂設備、精彩紛呈的文化演藝精品、優美生動的自然生態景觀、深具人文魅力的主題娛樂體驗，向現代都市人提供愉悅身心的多元化休閒方式和都市娛樂產品，成為華中城市旅遊新名片。武漢歡樂谷由歡樂海洋、夢想大道、卡通工廠、歡樂時光、極速世界、漁光島、羽落天堂、颱風灣、歡樂江城九大主題區域組成，園區設置了一百多項娛樂體驗項目，其中包括三十多項遊樂設備、四十多處生態人文景觀、十多台文化演藝精品

武漢歡樂谷

和二十多項主題娛樂遊戲。

夢幻體驗，極致歡樂。在武漢歡樂谷，亞洲首座雙龍木質過山車、全球至高的觀光塔、七二〇度圓環過山車、中國最高最快的彈射過山車、雙塔太空梭、超級大擺錘、4D 動感影院等豐富的遊樂項目提供夢幻般的娛樂體驗。魔術表演、雜耍、歡樂大巡遊、極限運動及創意街舞表演，以及充滿武漢本土特色的大型特效實景劇，精彩紛呈、妙趣橫生。此外，新春歡樂節、國際時尚文化節、歡樂谷狂歡節、國際魔術節、萬聖歡樂節、流行音樂節六大主題節慶活動，給遊客帶來無窮無盡的歡樂體驗。

荊楚風韻，故土情懷。武漢歡樂谷將歡樂構築在荊楚豐厚的生態資源和文化底蘊之上。依託東湖，完整保留水杉林濕地，充分體現東湖的自然和諧稟賦。凸顯武漢特色的歡樂江城主題區，以水寨集市和江城水岸共同展現人文武漢，與武漢氣質一脈相承。針對武漢的氣候特點，武漢歡樂谷開發了二點二萬平方米的室內家庭娛樂中心。在炎炎夏日，低碳環保的霧森系統將植物涵養、景觀與降溫功效三者合一，讓遊客在歡樂中體味涼爽與愜意。

愛心交流，感動浪漫。與家人在遊園中分享溫馨；與朋友在娛樂中體會親密；與愛人在美景中感受浪漫；與同事在放鬆中增進了解……武漢歡樂谷是遊人與親朋好友歡聚的勝地。走進卡通工廠體驗螞蟻王國的童真浪漫，領略極速世界各種賽車的動感激情，將歡樂時光的經典娛樂器械玩個痛快，在颶風灣進行清涼的水上特色體驗，暢享羽落天堂的和諧生態，登頂漁光島摩天塔俯瞰東湖美景……在尋找歡樂的過程中，也傳

遞著感動和浪漫，創造著健康和睦的人際關係。

瑪雅海灘水公園——國內水上娛樂的巔峰之作

　　瑪雅海灘水公園是一座以古代瑪雅文明為文化底色，以現代水上遊樂體驗為主題的大型水公園。園區包括瑪雅神廟造型的主題餐廳、俯瞰東湖的瑪雅高塔、趣味神祕的圖騰柱等三十多處人文景觀，力圖以濃郁的瑪雅文化，呈現異域風情。十五大水上遊樂設備全方位釋放水上娛樂魅力，包括全球雙造浪海灘之王——瑪雅海灘、跌落式速降迴環滑道——大迴環、深海漩渦體驗項目——巨獸碗、全球最大的魔幻互動水寨——瑪雅水寨、世界水上競速之王——大章魚賽道等，十六萬平方米的夢幻

瑪雅水寨

水世界，成就國內水上娛樂巔峰之作。暑期，瑪雅海灘水公園又化身瑪雅狂歡節主會場，每天舉辦水上音樂派對，夜夜上演盛大的水上狂歡晚會，成為遊客盛夏戲水狂歡、避暑消暑、休閒娛樂的夢幻樂園。

歡樂童年兒童公園——中國中部首個集成式全天候兒童公園

歡樂童年兒童公園以兒童娛樂體驗為設計理念，通過歡樂谷卡通主題形象，創新寓教於樂的體驗模式，為提供兒童全球一流的創意娛樂感受，建構起以兒童和家庭為目標的歡樂七彩樂園。

兒童公園中的主體建築和最大亮點是麥魯小城。武漢麥魯小城作為華僑城集團旗下的新型兒童職業體驗樂園，占地約七千平方米，擁有近五十個職業場館，小朋友可體驗近七十種職業。在這裡，小朋友有自己的護照和「銀行卡」，可以扮演醫生、警察、消防員、飛行員、蛋糕師等角色，還可以通過工作賺取「麥元」，把勞動所得存入「銀行」或在樂園項目中消費，享受豐碩的勞動果實，體驗成長的無限樂趣！

生態藝術公園——自然與人文的詩意藏館

武漢華僑城生態藝術公園坐落於東湖北岸一百至一五〇米沿湖退讓帶，整體面積十六萬平方米，是一座向公眾免費開放的生態藝術殿堂。生態藝術公園以生態為底，打造集成化、規模化的生態保護體系：十三萬平方米濕地公園富含負氧離子，為遊客帶來自由暢快的呼吸；一公里銀杏大道金色醉人，與東湖碧波相依；十公頃原生水杉林排成湖岸的琴絃，撥動自然的清新野趣。在尊重和保護原有植被的基礎上，通過園林雕琢，為遊客呈現花田、丘陵、草地、濕地等不同的景觀空間，營造視

武漢市華僑城生態藝術公園

線序列的豐富變化；濕地湖中培育的荷花、睡蓮、菖蒲、水蔥、蘆竹、水生美人蕉，沿湖種植的杜鵑、連翹、雲南黃馨、南天竹、紅葉石楠及蘆葦等植物訴說著自然的繽紛及四季不同的風貌。

　　在生態涵養與保護的前提下，人文藝術內涵成為生態藝術公園的點睛之筆。《大吸管》《坐看風景》《等待》等十件從「築夢時間——東湖2013全國青年雕塑邀請賽」中脫穎而出的雕塑作品，散落在綠意盎然的草坪中，與大美東湖靜默對語。由慢跑道、自行車道、親水步道組合構成慢性運動空間，為遊客提供豐富的濱湖體驗。坐落其間的生態展示中心、當代藝術中心和生態運動中心，以開放式的理念，建設人與自然、人與藝術、人與人有機融合、互惠共生的複合系統。

武漢海昌極地海洋公園

武漢海昌極地海洋公園是國家 4A 級旅遊景區，位於東西湖區金銀潭大道九十六號，宏圖路三環線盤龍城出口處，是海昌集團繼大連老虎灘極地館、青島極地館、天津極地海洋世界、成都極地海洋世界之後，投資建設的第五座涵蓋極地與海洋概念的大型主題公園。它的建成為武漢增添了一個新的旅遊業態。

武漢海昌極地海洋公園是目前國內唯一的多層多館組合式室內極地海洋主題公園。場館的外形猶如一隻巨大的白鯨，躍入江城武漢，填補了

武漢海昌極地世界動物表演

武漢乃至華中地區大型主題公園的空白。通過極地與海洋珍稀動物和魚類（帝企鵝、北極熊、偽虎鯨、白鯨、海象、海豚等）的展示、表演與互動，為武漢及華中地區人民開啟了一扇了解極地和海洋文化的窗戶，打開了一道體驗南北極和海洋風貌、感受極地海洋文化夢幻之旅的大門。極地動物展示區上下兩層為通透式設計，遊客可以從上下兩個視角觀賞動物的生活狀態。企鵝、北極熊、北極狼、白鯨、海象等來自遙遠南北極的大腕明星歡聚一堂，特別是「北極之王」北極熊、「南極精靈」帝企鵝，位於地球兩極的動物代表在這裡牽手，充滿了童話的奇趣。海洋劇場作為整個極地海洋世界建築最壯觀的地方，可容納三六〇〇多人同時觀看表演。這裡的海豚不僅會算算術，更有能表演高空雜技「海豚飛人」。白鯨公主與王子浪漫的愛情故事每天都在這裡上演。歡樂秀場以「傳遞歡樂、播種夢想」為宗旨，這裡有大腕級的海洋動物明星們組成的菁英隊，為遊客表演海獅投籃、海獅自由泳、海象仰臥起坐等幽默滑稽的節目，讓遊客笑聲不斷。

武漢園博園

　　武漢園博園是第十屆中國國際園林博覽會的主會場，總面積二一三點七七萬平方米，投資四十億元，位於漢口張公堤城市森林公園區域西段。它北臨金山大道，東接金南一路，西臨古田二路和古田四路，距漢口火車站僅三公里，離天河機場約二十公里，其主場地為江漢區及礄口區長豐地塊和東西湖區金口垃圾填埋場。武漢園博園建築設計採用「4+2」方案，即由四大主體建築和東西部兩大服務區組成。主體建築包括國際園林藝術中心、長江文明館、飛翔的花園、創意生活館，分別展示經典園林藝術、長江流域文明成就、武漢三鎮特色園林藝術及大武漢現代城

園博園一景（民國照相館供圖）

市文化等；東部服務區重現清末民初漢口城的特色建築藝術；西部服務區以湖北民居為建築特色，並延伸至張公堤城市公園。二○一六年五月二十八日園博會結束後，武漢園博園作為城市公園永久保留，主體建築變身城市婚禮中心、室內主題樂園、五星級酒店、園林會所等，繼續發揮功用。

　　——七個展園「全家福」

　　國際園展園區：英國園、法國園、肯尼亞園、巴西園、瑞典園、荷蘭園、德國園、韓國園、新西蘭園、日本園。

　　大師園展園區：詹姆斯・科納園、傑奎琳・奧斯蒂園、亨利・巴瓦園、王受之園。

西部展園區：成都園、九江園、貴陽園、哈爾濱園、太原園、郴州園、石家莊園、長春園、濟南園、天津園、重慶園、瀋陽園、麗江園、上海園、深圳園、廣州園、惠州園、泉州園、海口園。

東部展園區：聊城園、昆明園、鄭州園、合肥園、杭州園、長沙園、南昌園、廈門園、寧波園、北京園、青島園、福州園、三亞園、南京園、南寧園、鎮江園、靖江園。

西北部展園區：唐山園、瀘州園、西安園、常德園、西寧園、呼和浩特園、銀川園、南通園、烏魯木齊園、蘭州園、遵義園、大同園、岳陽園、壽光園、自貢園、連雲港園、滁州園、晉中園、台州園、山南園、大連園、宜春園、綿陽園、珠海園、東營園、中山園、佛山園。

湖北園：楚風漢韻園。

湖北市州園展區：宜昌園、襄陽園、荊門園、荊州園、黃岡園、孝感園、黃石園、十堰園、咸寧園、鄂州園、隨州園、恩施園、天門園、仙桃園、潛江園、神農架園。

港澳台展園區：香港園、澳門園、台灣園。

眾樂展園區：生日花園、五感花園、蔬果花園、妙想花園、兒童花園、家庭花園。

主題園展園區：玫瑰園、重生園、台地園、橘頌園。

創意園展園區：生命之台、水的頌歌、沉澱園、再生園、掌園兒、鄉園、地平線／水平線、半園、生園。

企業園展園區。

童趣園。

兩大展館：長江文明館和園林藝術館

　　長江文明館位於園博園的核心位置，定位為整個園區的「文化高地」，是集中收藏、展示、研究長江自然生態和人類文明的公益文化事業機構。館舍面積三點一萬平方米，其中展覽面積一點二八萬平方米，填補了我國博物館行業沒有集中展示大河流域文明和武漢市沒有自然博物館的空白。長江文明館展覽以講好長江自然生態的故事和講好長江歷史文明的故事為主線，緊緊圍繞生態長江、文化長江、經濟長江，利用序廳、自然廳、人文廳、體驗廳和臨展廳五大展出平台，集中展示反映長江自然生態、人類文明的珍稀動植物標本與珍貴文物一七〇〇多件，其中不乏憨態可掬的國寶大熊貓、瀕臨滅絕的中華鱘、反映巴蜀文化的三

長江文明館（民國照相館供圖）

星堆戴金面罩青銅人頭像和玉璧、玉璋；反映荊楚文化的盤龍城大玉戈和曾國第一劍、華夏第一馬；反映吳越文化的河姆渡干欄式建築與良渚玉琮等標本與文物精品。精美的文物展品、新穎的展陳形式、人性化的服務設施，為人們認識長江、熱愛長江架起了一座橋梁。

園林藝術館位於園區北入口西側，主要功能為國際園林藝術展示，包括室內展館及室外實景展區。室內布展主要包括世界園林發展史及展望、創建國家園林城市展覽、園林生活超市等。其建築設計理念是「旅程」——將進入建築的旅程與新城市功能相結合，使這段旅程變得有生氣。

隨州西遊記公園

隨州西遊記公園是國家 4A 級旅遊景區，位於隨州市隨縣洪山鎮溫泉村，占地三六〇〇畝。公園以中國四大名著之一的《西遊記》故事情節、場景、人物原型為背景，結合自身的地理環境，打造出具有西域風情的神祕國度旅遊景區。西遊記公園遊玩項目大致可分三類：一是觀光類，包括火焰山石林、錢幣園、西域風情街、奇石園、佛光塔、西遊記博物館、張體學博物館、火山爆發實景、玫瑰花海、植物園；二是體驗類，包括女兒國溫泉、紅孩兒遊樂園、女王高爾夫，賽馬場、滑索、滑槽、軍事拓展園、划船、果園採摘；三是表演類，包括 4D 皮影秀、花車巡遊、女王登基、女王招親、溫泉 T 台秀、5D 影院、西遊之夜等。遊客參與互動，一步跨進西遊神話世界，在虛幻的世界任意扮演妖魔鬼怪或菩薩神仙，去瘋狂遊戲，找回童真，盡情地享受歡樂。

全球超大 4D 巨幕皮影秀《大鬧天宮》把傳統皮影與創新螢光皮影加高科技的 4D 動漫巨片融為一體，將齊天大聖與十萬天兵天將對陣的場面夢幻般地展現在我們眼前，全球首創傳統文化藝術與高科技的高度融合，是西遊記公園的巔峰之作和視覺盛宴，可以說沒看過皮影秀《大鬧天宮》，就等於沒有到過西遊記公園。

全國首創西遊記錢幣園展示《西遊記》中人、神、魔三界錢莊票號和三界的貨幣流通，並展示了西域一三八個國家的錢莊錢幣計六百多種，是一個集思想性、藝術性、歷史性和娛樂性為一體的主題園區。

鬼斧神工的火焰山石林是經過十七億年的地殼運動，由海床提升擠壓聚合，在風蝕雨浸之下自然而成的奇景。火焰山中那些歷經光陰磨礪的石頭，彷彿石猴孫悟空一般充滿了靈氣。巨型奇石上更有古樸而蒼勁有

西遊記公園的表演

力的摩崖石刻，上面鑴刻著經典名言，用以警醒、開導世人。遊走其中，享受數億年的地質風情，驚嘆大自然的鬼斧神工！

全國西遊主題第一街——西域風情街的整體建築風格定格於古印度後笈多王朝時期的戒日王朝。它是西遊神話世界著力打造的 3D 科技數碼仿真互動的遊樂體驗式項目，集怪異街、九九八十一關、西遊闖關、八戒鬧街、藏經閣、問答台、錢莊、孫猴巡街、趣味遊戲機、招親台為一體，重現西遊奇幻世界，帶給大家無窮歡樂！

西遊記公園成功引進充滿異域風情的百國藝術團，來自「玄奘取經之路」上的民族特色表演給觀眾呈現異域風情，帶來歡樂互動。演員穿上色彩豔麗的民族服飾，舞蹈傳遞著濃郁的西域風情。

英山童玩谷生態園

英山童玩谷生態園位於鄂皖交界的湖北省英山縣楊柳灣鎮（武英高速楊柳出口 100 米），距武漢一個半小時車程，距皖江城市帶中心城市合肥兩個半小時。童玩谷生態園是鄂東南地區頗具規模的特色農業親子主題生態園，占地面積近四百畝，由童玩谷生態園、田園風尚生態酒店和鄂皖旅遊集散中心組成，可同時接待遊客一萬人。園內有過山車、卡丁車、空中滑索、海盜船、青蛙跳、碰碰車等五十個遊樂項目，有花海欣賞、果蔬採摘、採茶製茶等十多個農業體驗項目，也有活字印刷、陶藝製作、面人製作等多個文化體驗項目，還有水上拓展穿越、陸上穿越、超級攀爬網等多個戶外拓展項目。這裡是一座親子樂園，是一座激情遊樂園，是一座熱帶風情植物園，更是一座生態美食園。

英山童玩谷

第二節 · 演藝節目

旅遊演藝在豐富景區及旅遊地的文化內涵、提升旅遊地形象、以及促進地方經濟發展上有顯著作用。近幾年，湖北省從旅遊者視角出發，大力推動旅遊與文化的融合發展，以地域文化和民俗民風為核心，以現代科技為支撐，將觀賞與體驗相結合，打造出世界頂級的《漢秀》，以及具有湖北地域文化資源和旅遊景觀特色的《新龍船調》《神農架梆鼓敲起來》等多部精品旅遊演藝節目，讓文化為旅遊注入了生動的元素，旅遊為文化插上了騰飛翅膀，實現了演藝與旅遊、文化與經濟的完美融合。

漢秀

「秀」從英文「Show」音譯而來，指現場演出，是二十一世紀初繼音樂劇之後，由美國最先興起的一種新型綜合舞台表演形式。「秀」往往將多種表演形式有機結合，通過精緻的舞台服飾、化妝造型等戲劇化設計，呈現出令人歎為觀止的舞台表演。

「漢秀」取漢族、楚漢、武漢文化精粹之意，於二〇一四年十二月二十日首演，填補了國內世界級舞台秀的空白，成為武漢的城市時尚地標。漢秀劇場由英國著名舞台美術和建築設計大師馬克・菲舍爾設計，造型取自中國傳統的紅燈籠，節目由比利時世界舞台藝術大師弗蘭克・德貢執導，整個演出時長一百分鐘，以中西合璧的方式，立足中國文化，藉助全球流行的秀文化為演出形式，對娛樂文化做了最新的演繹。

「漢秀」總體體現四大特色，即建築特色、表演特色、體驗特色和科

技特色。建築方面，「紅燈籠」劇場是中國傳統文化元素、歐美頂級表演藝術、以及巔峰舞台科技的完美融合。不僅外觀精美、造型獨特、底蘊深厚，而且是為「漢秀」演出量身定製。在節目表演上，「漢秀」採用世界級創意團隊和演員陣容，其中各種挑戰人類極限的表演更是讓人瞠目結舌。觀眾觀看表演，這一秒你還在觀眾席，下一秒你可能就到了舞台中央。

漢秀的舞台由十六個自動升降台組成，擁有二千座可移動座席，震撼呈現二七〇度觀演體驗。表演內容創意地將音樂、舞蹈、雜技、高空跳水、特技動作等十餘類藝術表演形式完美糅合，匯聚九十五名中外頂尖藝術家，輔以相當於四個奧運標準泳池的一二〇〇平方米的表演水池，二二五平方米可飛行、分合 LED 巨幕，高度超越奧運會兩倍的二十七點

漢秀表演

五米高台跳水、精彩絕倫的聲光電特效，將震撼人心的前沿技術與挑戰體能的極限表演完美結合，將您帶入一場體驗極致的藝術之旅。弗蘭克・德貢先生說：「放眼世界的駐場秀，我真想不出能與『漢秀』相媲美的項目，這是我在藝術創作生涯中，最大、最驕傲、最能打動自己的傑作。」

夷水麗川

《夷水麗川》是一台反映土家族悠久歷史文化和濃郁民俗風情的大型原生態情景歌舞劇，是湖北第一台大型實景劇。該劇以利川燦爛的歷史文化和秀麗的自然風光為創作源泉，輔以全國最大的原生態洞穴劇場——利川騰龍洞劇場，通過「焚香祭祖」「白虎雄風」「巴裔風情」「龍船水韻」「鼓鳴舍巴」五大篇章，涵蓋歷史典故、民間傳說、民俗風情、人文景觀，藝術地再現了巴人祖先廩君帶領土家族先民在西遷過程中與大自然搏鬥的艱辛歷程和勇往直前的奮鬥精神，以及土家族濃郁古樸的風土人情。整台劇目集藝術性、民族性、地方性、觀賞性於一體，是不可多得的藝術與民俗文化相結合的精品，主要有三個方面的特點：

唯一性。《夷水麗川》別出心裁地將演出場地選擇在景區一個天然穹隆型溶洞大廳內。近二千個觀眾席位，如梯田層層而上，整個溶洞壁就是一個巨型投影幕，舞台依託溶洞穹隆大廳邊緣，配置土家吊腳樓建築及洋溢土家文化氣息的生產生活用具，呈現出一種自然、古樸、原始、生態的環境氛圍。喀斯特溶洞配合時尚、現代的燈飾系統，給人一種神祕與神奇的環境氛圍體驗。

民族性。利川是民間藝術的海洋，《夷水麗川》深度挖掘並傳承了當

騰龍洞夷水麗川（恩施州旅遊委提供）

地民族文化，節目中的燈歌、肉連響、織錦、擺手舞、哭嫁、八寶銅鈴舞都是國家級非物質文化遺產。《夷水麗川》集恩施州文化資源之大成，融民族文化遺產元素、音樂舞蹈、燈光、自然溶洞為一體。不僅保持了民族文化的原真性，還為民族文化元素轉化為喜聞樂見的旅遊產品找到了一種「天人合一」的新的形式。

創新性。《夷水麗川》劇本出爐前後歷經兩年的創作、數十次的修改，經演職人員近半年的艱苦排練，於二〇〇五年九月正式對外公演，得到社會和專家的一致好評。為了與時俱進，劇組不斷創新，對該節目的舞台、燈光、服飾，尤其是節目內容進行了四次改版升級，使得這幕

別開生面、貫通古今的大型原生態情景歌舞劇常演常新。

新龍船調

　　《龍船調》原是湖北省西南部的恩施群眾逢年過節劃採蓮船時常唱的一首民歌，二十世紀八〇年代被聯合國教科文組織評選為世界二十五首優秀民歌之一。中國最大峽谷山水實景劇《龍船調》自同名民歌改編而來，以恩施地區土司時代的一對土家少男少女掙脫封建束縛，追求自由忠貞愛情的故事為藍本，汲取恩施地區極具特色的土家民族音樂元素和表現形式，融入土家文化，結合恩施大峽谷景點特色，輔以現代高科技舞台特效技術，給觀眾帶來視覺奇幻絢麗、情節生動感人、歌舞精彩紛

《新龍船調》實景演出

呈的藝術盛宴。

《新龍船調》由湖北省鄂西生態文化旅遊圈投資有限公司與北京山水盛典文化產業有限公司共同打造，二〇一四年七月十二日在恩施大峽谷首演。創作團隊秉承「此山、此水、此人」的理念，以十餘座山峰為天然的背景，復原了恩施地區清末民初的土司樓、牌坊和吊腳樓群，不露痕跡地將恩施這片土地上祖祖輩輩勞作生息的歷史記憶還原於恩施大峽谷的山水之中，為觀眾呈現原汁原味恩施少數民族歷史風情畫卷。全劇分為咒怨、選瓜、罵神、融冰四場，演出時間長達一個多小時。整場演出將多媒體、機械升降等高科技手段結合，呈現風雨、雷電、飛雪、山崩等自然現象。值得一提的是，全劇高潮部分，舞台將會瞬間變幻出長達一一〇米的「地裂」奇景，現場觀眾不知不覺便走進《新龍船調》所營造的「山水情畫」之中。演出的最後，舞台上數百名演員齊聲向觀眾席發出歌曲《新龍船調》中那耳熟能詳的呼喚：「妹娃要過河，是哪個來推我嘛？」被舞台氣氛所感染的觀眾們紛紛大聲回應：「我來推你嘛！」一呼一應將整場演出推向高潮。

《新龍船調》實景劇的劇場建於恩施大峽谷大河碥上，有全世界跨度最大的開河系統——河道全長一二〇多米，河道裂開後寬度達近十米，河道深度達到十多米，開裂後，可形成巨大的流水瀑布。劇場用地二四〇畝，總建築面積四點九萬平方米，演職人員達五百人，擁有可容納二四〇〇多名觀眾同時觀看的觀眾席，是世界上最大的峽谷實景劇場。舞台引進了美國高清投影技術、德國 MA 燈光控台、日本羅蘭 M-480 數字調音台等現代高科技的舞台特效技術，舞檯燈多達一千多盞。絢爛的燈光、雄渾的音樂、優美的絕壁風光與精美的舞美製作交相輝映，為觀眾

演繹了一段經典的天地戀歌、峽谷絕唱。

草廬・諸葛亮

　　《草廬・諸葛亮》是我國第一台實景演出的影像話劇，由湖北省鄂西生態文化旅遊圈投資有限公司和湖北襄陽隆中文化園投資有限公司傾力打造，二〇一四年八月九日盛裝首演。全劇時長一百分鐘，共分「隆中對」「醜妻吟」「赤壁賦」三幕，通過現代多媒體影像技術和先鋒話劇交叉融合的展現形式，重現了劉備「三顧茅廬」踏雪尋才、黃月英入嫁、赤壁火燒連營等多段三國歷史，再現「智聖」諸葛亮傳奇的一生。場景美輪美奐，讓觀眾如痴如醉，如入實境。

　　第一幕「隆中對」：四個草廬小仙手執長桿，將四隻燈籠高掛於二層茅廬簷下，一燈一字──「一顧茅廬」。隨後，三層茅廬緩緩放下白色布簾，投影漸漸顯現白雪覆蓋的枯樹與山林，雪花飛舞。諸葛亮放下竹簡，撥響琴絃。琴聲中，水池裡出現一條蜿蜒小路。「漢左將軍宜城亭侯領豫州牧皇叔劉備，特來拜見先生……」家喻戶曉的三顧茅廬故事在風雪之中上演。群雄逐鹿的東漢末年，心懷天下的劉備，為天下蒼生動容而泣，感動了隱居於草廬之中的諸葛孔明。

　　第二幕「醜妻吟」：曙光照在金色的草廬之上。在木牛、木馬的陪伴下，擇夫而嫁的黃月英款款而來……這是為諸葛亮愛妻黃月英獨闢的一幕，將諸葛亮和黃月英從相親、結婚到相伴走完一生浪漫而忠貞的愛情故事，進行了動人的演繹。

　　第三幕「赤壁賦」：江面上一葉扁舟徐徐而行，諸葛亮和他的書僮洞

明那幾句正話反說的玩笑，拉開了舌戰群儒的序曲。諸葛亮巧用《銅雀台賦》，以奪妻之恨點燃了赤壁大戰的漫天大火……

三幕環環相扣，山水實景和話劇交叉展現，利用機械升降平台還原諸葛亮在隆中躬耕生活、舌戰群儒、赤壁之戰以及與蘇東坡時空對話等宏大場景，極具穿越感。

《草廬・諸葛亮》的演出場地草廬劇場位於隆中景區茂密的山林谷地，北面青山為屏，西南兩面毗鄰大小兩座湖泊，並引水環繞劇場。劇場地上四層，地下一層，總建築面積一點一八萬平方米，可容納觀眾一五〇〇多人，是目前國內首創、亞洲最大的草廬形態劇場。劇場在設計

影像話劇《草廬・諸葛亮》

理念上獨樹一幟，充分吸收三國智慧文化和草廬建築的概念，以諸葛亮智聖形象為核心，運用玄學、風水學等元素，演繹出諸葛亮「臥隆中、謀天下」的精髓。中央舞台直徑八十米，中間設「陰陽魚」分割，呈太極圖造型，暗合中國古代「天人合一」和「圓滿」的哲學思想。而每一組草廬建築都能隨著圓弧移動，並能組成一幅一八〇度的巨大環幕。中央舞台亦能升降，形成流水環繞、舟行其間的動感畫面。

夢幻武當

大型太極功夫秀《夢幻武當》以挖掘武當特色為基礎，以文化為魂，以圓夢為根，藉助藝術的手法和科技的手段，以追夢人尋夢太極的心路歷程為主線，講述了一個痴情追夢人，為了追尋心中至高無上的道，跋山涉水，歷經艱險，飽受滄桑，一路尋道、問道、悟道，終成大道的故事。該劇於二〇一三年十月一日首演，由十六位世界武術冠軍和國家級太極拳法代表性傳人領銜，三百多名演職人員擔綱演出。全劇分六個篇章：從序幕《尋夢太極》開始，隨後是《夢幻玉虛》《雲外紫霄》《山水逍遙》《悟道南岩》《天下太和》，時長七十分鐘。武術、藝術，雜技、絕技，無極、太極，神奇、神祕……透過太極思想的形象傳遞，呈現出剛柔相濟的生命態勢與動靜相生的人生態度。

第一章《夢幻玉虛》夢幻神奇。當追夢人叩開武當古老的山門時，舞台呈現齣電影《阿凡達》般的聖境，雲霧繚繞，神鳥、仙鶴翩然飛過空中，梅花鹿、獼猴靈動嬉戲於林間。觀眾彷彿穿越至遠古時代，跟隨追夢人一道去探尋武當的奧秘。

第二章《雲外紫霄》莊嚴神聖。恢宏的古建築氣勢磅礴，舞台豁然開朗，八卦掌、太極推手、拂塵、太極劍等武當武術紛紛登場，展示了高空吊環、高台傾斜等特技。當《笑傲江湖》熟悉的旋律響起，頓時喚醒了無數觀眾的武俠情懷。

第三章《山水逍遙》唯美空靈。噴泉、水簾、水霧打造了一個夢幻的水屏幕，水霧碧波、細雨紛飛中，紅傘飄過。追夢人和山水精靈情意綿綿，空中網吊舞蹈唯美浪漫，觀眾陶醉其中，思緒隨舞者的裙裾飛揚。

第四章《悟道南岩》驚險壯觀。風雨交加、電閃雷鳴中，怪石嶙峋，太極鑽圈、螢光棍舞、簫扇對練、九節鞭舞等快速律動，男子對手頂在高空冰凌石上驚險展示。伴隨著緊張激烈的音樂，觀眾呼吸備感急促，

《夢幻武當》（武當山特區旅遊局供圖）

同時也深刻感受到追夢人問道之旅的艱辛，太極大道仍高高在上，眾生仰望。

第五章《天下太和》大氣和諧。莊嚴的聖歌中，武當金殿金碧輝煌，舞台瞬間變成了偌大的道場。氣勢磅礡的集體太極拳，寬袍大袖隨風舞，在《天下太極出武當》高亢的歌聲中，觀眾終於明了「有容乃大無慾則剛」的真諦，和追夢人一起登頂得道。

太極劇場位於武當山太極湖新區，是專門為該劇量身打造的具有豐富民族文化的一座標誌性建築。劇場以「太極陰陽」為設計理念，總用地面積七萬平方米，共九六六個座位，依山傍水，建築與環境完美融合，設施設備國際一流。舞美設計別出心裁，巧妙通過春夏秋冬的四季變化，重現了武當恢宏建築、秀麗山水，高空與地面、時間與空間、天上與人間，每個篇章都風格迥異，帶給觀眾不同的視覺震撼。「二十四澗水常流」「五里一庵十里宮，丹牆翠瓦望玲瓏。樓台隱映金銀氣，林岫迴環畫鏡中」等武當勝景都在此得到了詮釋和體現。

神農架梆鼓敲起來

梆鼓，曾是神農架先民用來驅趕野獸、保護莊稼的一種響器。後來，梆鼓成了當地男女傳遞情愛、傾訴心聲的信物。再後來，梆鼓又成他們在喜慶的日子裡，用以擂動情緒、鼓噪氣氛的一種樂器。以梆鼓為主線，神農架著力打造了反映神農架林區歷史文化、民風民俗的大型原生態風情歌舞詩《神農架梆鼓敲起來》，二〇〇六年七月在神農架首演。

《神農架梆鼓敲起來》以神農架原生態文化為基調，以聲聲梆鼓為主旋律，充分發掘利用神農架民風民俗資源，舞美源於神農架迷人的自然景觀，音樂源於神農架原始民間歌謠，道具源於山民的生活和勞作。該劇不同於其他演藝節目之處在於，它既在神農架旅遊區定期演出，又不侷限於固定的劇場，可以根據需要在多種場合演出。全劇分為《神農》《野山》《天人》三個篇章，十二組歌舞，每一組歌舞的場景都是神農架自然風光和人文歷史擷萃，飽含著神農架兒女濃烈的生活氣息，閃爍著原生態文化的光輝。《插秧》的忙碌、《春祭》的神聖與神農氏契合緊密，盡顯歷史內涵；《鹽道》的繁忙、《驛站》的休閒彷彿絲綢之路，盡顯山裡人的豪爽；《水》的清涼、《竹》的幽深則通過流動的瀑布展現出一個

神農架梆鼓（神農架旅遊委供圖）

綠色的家園。就連傳說中的野人，也寫意地表現了出來，充分體現了神農架原生態文化的特點。從混沌初開到炎帝神農氏搭架採藥、教民稼穡，讓觀眾感受神農架由蠻荒走向文明的跨越；從梆鼓驅趕野獸、傳遞愛情、慶賀豐收的熱烈場面，讓觀眾體味神農架人勤勞勇敢、熱情淳樸；從明麗的燈光、悠揚的歌聲中，讓觀眾領略神農架的自然清新、惠風和暢。

嫦娥

自古以來，對月亮的仰望已經化為中華民族的傳統曆法——太陰曆（也稱農曆、陰曆），化為祭拜月亮的傳統節日——中秋，化為全球華人家喻戶曉的神話傳說「嫦娥奔月」，化為文人騷客的詩詞歌賦，這些都是整個中華民族的集體記憶。中國第三代山水實景劇開山之作、大型實景神話音樂劇《嫦娥》選取咸寧本土桂月文化，以華夏文明經典神話「嫦娥奔月、后羿射日和吳剛伐樹」為創作元素，依託清麗實景山水，將音樂、舞蹈、歌曲、魔術和雜技等多種藝術元素融為一體，分四幕完整講述了一個情滿人間、天地大愛、萬古流傳的英雄神話故事。該劇由湖北香泉映月生態旅遊發展有限公司投資，中國山水實景演出創始人梅帥元擔任總製作人、藝術總監，於二〇一五年九月二十八日在「中華嫦娥文化之鄉」咸寧市拉開公演序幕，給人們帶來耳目一新的中秋體驗。

《嫦娥》的演出場地月球劇場，主體建築為一〇八米寬、三十六米高的月球造型，融入了崖壁、青銅圖騰、古桂等元素的實景，並與一二〇〇平米高清 LED 屏幕交錯，現場二五〇〇名觀眾可在此感受古老傳說的現代演繹。劇場的外觀是一個由兩塊四分之一球面拼成的半球面，在劇場外圍水系倒映下，會拼成一個「月亮」，演出時與天上月、水中月形

嫦娥飛天

成「三月交輝」的景象。主舞台環周設置十多根三十多米高的石柱群，
透出古樸的氣息；舞台正面設置全球最高的四十米山形真彩 LED 屏，用
以呈現多媒體奇幻效果。整個舞台設計獨具匠心，為《嫦娥》的精緻劇
情提供不同角度和氛圍的支撐。

第三節 · 歡樂盛會

> 旅遊節會，作為一種旅遊創意，一種大規模、集體式旅遊營銷，一種生活方式，逐漸改變和融入了我們的生活。湖北因其豐富的自然資源、多彩的人文歷史、開放的發展理念，孕育和催生了一大批旅遊節慶活動。

長江旅遊博覽會（華中旅遊博覽會）

長江旅遊博覽會是國家旅遊局、湖北省人民政府為貫徹長江經濟帶國家戰略，推動長江經濟帶旅遊業發展，打造中國旅遊金腰帶而聯合打造的旅遊會展品牌。該博覽會的前身是華中旅遊博覽會，初辦於二千年，

第二屆長江旅遊博覽會開幕式現場

自二〇〇四年開始形成了連續性的辦會機制，原則上每兩年舉辦一次。經國家旅遊局、湖北省人民政府批准，二〇一五年五月十八日至二十日，首屆長江旅遊博覽會暨第八屆華中旅遊博覽會伴隨著第九屆中博會隆重舉行，標誌著華中旅遊博覽會正式升級為長江旅遊博覽會。

長江旅遊博覽會（華中旅遊博覽會）致力於發揮湖北通江達海的交通優勢，以推動長江經濟帶旅遊合作為主線，向海內外業界整體展示推介長江旅遊精品，為參展商和旅行商搭建交流溝通平台。通過多年的市場培育，展會內容日趨豐富，旅遊產品推介會、旅遊投資項目洽談簽約會、旅遊產品特賣會、旅遊商品超市、旅遊發展論壇等系列活動次第舉辦，已逐步成為湖北旅遊發展思路創新的「發源地」、走向國際的「橋頭堡」、區域合作的「立交橋」、招商引資的「吸鐵石」、產品推介的「大秀場」、惠民利民的「大舞台」，正在成為在全國具有重要影響力、湖北省最重要的旅遊會展品牌。

世界華人炎帝故里尋根節

華夏悠悠文明史，烈山腳下是源頭。炎帝神農氏是我國上古時代傑出的部落首領，農耕文化的創始人。數千年來，他與黃帝軒轅氏一道被奉為中華民族的始祖，受到普天下炎黃子孫的世代尊崇。農曆四月二十六日為炎帝神農氏生辰紀念日，湖北隨州厲山（又稱「烈山」）是炎帝神農的誕生地。民間祭祀炎帝神農的活動源遠流長，從春秋時期一直延續至今。為紀念炎帝神農氏，打造全球華人祭祖聖地，經黨中央、國務院批准，自二〇〇九年開始，湖北省政府聯合國務院台灣事務辦公室、國家旅遊局、中國文學藝術界聯合會、中華全國歸國華僑聯合會、中華炎黃

文化研究會等有關部門，於每年農曆四月廿六日在炎帝故里隨州市舉辦世界華人炎帝故里尋根節，助推世界華僑華人的尋根熱潮。

世界華人炎帝故里尋根節連年舉辦，在繼承中創新，在創新中發展，尋根節的主題逐步固化為「四海一家親，共圓中國夢」，主要內容包括開幕式暨拜祖大典、中國（隨州）經貿洽談會、炎帝神農文化廟會、旅遊推介踩線活動，每年還推出若干特色專項活動。尋根節期間，海內外萬名炎黃子孫聚首烈山，拜謁中華民族的人文始祖炎帝神農氏，緬懷聖祖功德，祈願國泰民安、人民幸福。歷屆尋根節開幕式暨拜祖大典均設有恭讀《頌炎帝文》儀程，《頌炎帝文》已成為世界華人炎帝故里尋根節的亮點和重要文獻資料。

世界華人炎帝故里尋根節的連續舉辦，加強了湖北省與海內外政治經濟文化交流，增強了炎黃子孫的向心力和凝聚力，推動了地方發展和知

尋根節

名度提升，強化了隨州作為我國炎帝祭祀中心、「炎帝神農故里」文化符號不可撼動的地位。

長江三峽國際旅遊節

長江三峽地跨湖北、重慶兩省市，既是世界上獨一無二的旅遊資源，也是我國旅遊業的閃亮名片，是中國國家旅遊形象的重要組成部分。中國長江三峽國際旅遊節是由國家旅遊局、國務院三峽辦、湖北省人民政府、重慶市人民政府共同打造的區域性旅遊節慶品牌，正在逐步成為區域旅遊合作的典範。

第八屆「中國長江三峽國際旅遊節」開幕式

從二千年開始，國家旅遊局和湖北省人民政府每年九月下旬在湖北宜昌舉辦中國宜昌三峽國際旅遊節，到二〇〇九年一共舉辦了十屆。活動推介了宜昌旅遊城市形象，促進了宜昌與世界旅遊的融合與交流，對打造鄂西生態文化旅遊圈核心城市和長江三峽國際旅遊目的地發揮了重要作用，被國際節慶協會評為中國最具發展潛力的十大節慶活動之一。

為整合三峽旅遊資源，優化長江三峽黃金旅遊線路，統一打造長江三峽旅遊品牌，在國家旅遊局、國務院三峽辦的指導和支持下，鄂渝兩省市從二〇一〇年起，正式建立了長江三峽區域旅遊合作輪值主席會議制度，將兩省市每年各自獨立舉辦的三峽國際旅遊節合併為中國長江三峽國際旅遊節，由國家旅遊局、國務院三峽辦、湖北省人民政府和重慶市人民政府共同主辦，在鄂渝兩地輪流舉辦，統一三峽節的名稱、屆次、主題、口號等，統一打造長江三峽國際旅遊品牌和無障礙旅遊區。

第一屆中國長江三峽國際旅遊節於二〇一〇年四月在重慶市涪陵區舉行，此後每年一次，圍繞「世界的長江，壯美的三峽」的主題，在鄂渝兩地輪流舉辦。每屆旅遊節持續的時間從三天到三個月不等，參與地區逐步從三峽水路一線拓展到三峽片區。旅遊節期間，沿線各地均推出豐富多彩的特色旅遊活動，遊客能夠享受較大的旅遊優惠。值得一提的是，每年旅遊節期間，國家部委領導、鄂渝兩省市長江沿線地方政府和相關部門的同志、海內外旅行商、旅遊供應商和投資商千餘人，都會圍繞共建長江三峽旅遊基礎設施、共拓長江三峽旅遊客源市場、共護長江三峽旅遊市場秩序、共塑長江三峽旅遊品牌形象、共促長江三峽旅遊蓬勃發展的主題，聚在一起，認真研討，實地踩線，熱情推介。經過多年的培育和成長，中國長江三峽國際旅遊節已經成為享譽海內外的旅遊節

慶活動，成為展示長江三峽獨特魅力的重要平台。

咸寧國際溫泉文化旅遊節

咸寧位於湖北省南部，境內溫泉資源豐富，歷史悠久，是著名的溫泉旅遊城市，被譽為「中國溫泉之鄉」。二〇〇九年以來，咸寧市圍繞「香城泉都」的城市品牌，堅持在每年夏秋季節舉辦國際溫泉文化旅遊節，以節慶促發展、創品牌，取得了巨大的經濟和社會效益。

咸寧國際溫泉文化旅遊節活動豐富多彩，節目精彩紛呈，開幕式隆重、熱烈、歡快，有時是專業明星助陣，有時是群眾性的舞台秀。專項活動充滿特色，世界旅遊小姐大賽全球總決賽、萬人同沐溫泉、溫泉文

咸寧國際溫泉文化旅遊節

化交流高峰論壇、長江講壇咸寧專場、咸寧市投資環境說明會暨項目簽約儀式、旅遊節系列宣傳營銷活動、重點項目竣工儀式、大型實景神話劇《嫦娥》演出，以及畫展、詩會、音樂會等系列文化、旅遊、經貿活動次第上演，推動旅遊節常辦常新、高潮迭起，讓更多遊客認識咸寧、選擇咸寧、愛上咸寧，較好實現了「以節造勢、以節聚客、以節促發展」的辦節宗旨和「國家水平、世界影響」的辦節目標。

咸寧國際溫泉文化旅遊節的舉辦，推動了咸寧溫泉旅遊新城開發，形成了「一城十二泉」的溫泉旅遊集群；推動咸寧溫泉文化走出了國門，走向了世界，正在成為「旅遊的盛會、人民的節日」；推動了咸寧城市品牌的形成，城市形象、知名度、美譽度大幅提升，旅遊對經濟社會發展的促進作用日益增強。「香城泉都」已成為靈秀湖北的亮麗名片。

武漢國際旅遊節

武漢國際旅遊節是為了展示武漢國際化大都市魅力、推動旅遊業發展，由武漢市人民政府主辦，武漢市旅遊局攜相關旅遊企業承辦的大型國際旅遊盛會，自二〇〇二年起，每年一屆。武漢國際旅遊節連年在金秋時節、國慶節前後舉行，經過十多年的培育，已成為廣大市民和海內外遊客關注的熱點，成為國內具有重要影響力的旅遊節慶活動。

武漢國際旅遊節是國際性的歡樂盛會，從首屆在漢口沿江大道舉行規模浩大的國際盛裝行進表演開始，到延續不斷的中外文藝團體聯袂演出，武漢通過國際旅遊節，造就了一個跨國界的舞台和友誼之橋，讓武漢向世界展示風采。武漢國際旅遊節是遊客和市民的節日，文藝晚會、

武漢國際旅遊節

焰火表演、星級美食展、旅遊長廊展、旅遊特色街區風情展等活動在旅遊節期間陸續上演，一些特色活動進景區、進社區、進村莊、進家庭，主城區與郊區聯動，廣場活動與企業讓利輝映，旅遊休閒與文體活動結合，廣大市民和遊客樂此不疲。這些活動點多、線長、面廣，內容豐富多彩，主題特色鮮明，盡顯大江大湖大武漢的絢麗風情，武漢國際旅遊節已經成為武漢的城市品牌。

武漢國際馬拉松賽

武漢國際馬拉松賽由中國田徑協會、湖北省體育局、武漢市人民政府主辦，武漢市體育局、武漢體育發展投資有限公司承辦，武漢漢馬體育

管理有限公司運營。自二〇一六年四月十日首屆武漢國際馬拉松賽成功舉辦以來，每年四月的第一或第二個週日舉行的「漢馬」，已經成為這座城市一年一度的固定賽事，並以其「細緻服務」「零差評」「最美賽道」等特色秀出了大武漢的最美形象。

武漢國際馬拉松賽設有馬拉松（42.195 公里）、半程馬拉松（21.0975 公里）、健康跑（約 13 公里）等項目，國內外跑友的參與程度、賽事影響力、組織和服務水平及人氣連年躍升，使得漢馬在第二季結束就從中國田協銅牌賽事直接「跳級」升格為金牌賽事，並成為中國馬拉松四個

武漢國際馬拉松賽（漢馬組委會供圖）

大滿貫賽事之一。二○一八年漢馬的報名人數（136311人）、參賽人數（24000人）及海外選手人數（711人）均創歷史新高，彰顯了漢馬與日俱增的影響力、吸引力和群眾性。

武漢國際馬拉松賽賽道設在城市核心區，穿越武漢「一城兩江三鎮」，串聯城市核心景觀，被譽為「最美賽道」。從漢口江灘集結起跑，奔過百年老街中山大道，踏上江漢橋越過漢江，穿過「高山流水遇知音」的漢陽古琴台，躍上巍峨雄壯的武漢長江大橋跨越長江，途經黃鶴樓，直抵辛亥革命博物館（健康跑終點），跑上沙湖大橋，到達湖北省圖書館（半馬終點），穿過時尚的楚河漢街，進入風景如畫的東湖風景區，奔跑在世界級綠道上，最後抵達全程馬拉松終點華僑城歡樂谷。對許多外地跑友來說，來武漢跑一趟馬拉松，也相當於享受了一次精彩紛呈的武漢一日遊。武漢馬拉松不但秀出了武漢的美景，還展示了武漢這座城市和武漢人的美好形象，相信通過持續舉辦，漢馬一定能成為湖北武漢一張嶄新、亮麗的名片。

武漢網球公開賽

武漢網球公開賽是繼北京中網、上海大師賽之後，國內級別最高的網球賽事，與多哈、羅馬、蒙特利爾、辛辛那提並肩成為 WTA 超五巡迴賽。比賽時間安排在每年九月，在廣網之後、中網之前的一週舉行，二○一四年九月首次在武漢舉辦。賽事運營主體為武漢體育發展投資有限公司。武漢網球公開賽主賽事為 WTA 超五巡迴賽，賽事獎金總額為二四○萬美元，冠軍積分為九百分。旗下有 ITF 國際女子網球巡迴賽·武漢站、武網城市俱樂部巡迴賽、中國沙灘網球公開賽、大學生網球巡迴賽

武漢網球公開賽

四大系列賽。

　　武漢網球公開賽的比賽場館設在武漢光谷國際網球中心，位於武漢東湖新技術開發區光谷二妃山，二〇一五年賽季正式投入使用，包含一座一五〇〇〇席的主場館、一座五千席的副館和六片室外標準硬質比賽場，同時還配有必要的輔助設施，總建築面積十點三四萬平方米。在設計上，網球中心主場館形似飛速旋轉的網球，「旋風球場」也因此而得名。光谷國際網球中心的主場館規模與澳網中心球場相當，完全能滿足WTA 超五巡迴賽的需求。頂級配置的國際化賽場、專業細緻的賽事服務、強大的球員陣容和融合武漢絕美景色和民俗特色的球員活動，讓網球和武網正成為武漢的一張國際名片。

武漢國際渡江節（武漢國際橫渡長江活動暨搶渡長江挑戰賽）

渡江節是武漢的傳統節日。一九五六年，毛澤東主席在武漢首次公開暢遊長江，此後傳奇般地在武漢四十二次暢遊長江，並留下了「萬里長江橫渡，極目楚天舒」「不管風吹浪打，勝似閒庭信步」的不朽詩章。一九六六年七月十六日，毛澤東主席以七十三歲的高齡最後一次在武漢暢遊長江，從此武漢人民將七月十六日確定為橫渡長江紀念日，並一直延續至今。

從一九五六年起，武漢市人民政府、國家體育總局游泳運動管理中心、中國游泳協會每年聯合舉行一次橫渡長江競賽活動，時間一般安排在七月十六日。武漢渡江節分為個人搶渡賽和群眾方隊橫渡，活動水域

披波斬浪 長江橫渡｜李葳攝

在武漢長江大橋和二橋之間。其中，個人搶渡賽從武昌漢陽門下水，至漢陽南岸嘴起水，游程約為一八○○米。群眾橫渡方隊從武昌漢陽門下水，至漢口江灘起水，游程約為五千米。個人搶渡賽結束後舉行群眾橫渡暢遊活動，參與渡江活動的運動員和群眾規模逐年擴大，已近三六○○人，其群眾性日益凸顯。

武漢國際賽馬節

　　武漢國際賽馬節是武漢市人民政府聯合中國馬術協會主辦的大型城市節慶活動。賽馬節以打造武漢市城市名片為宗旨，以速度賽馬和馬術比賽為先導，以「馬」為主題，民族文化和馬文化相得益彰，體育、旅遊、文化融為一體，高水平體育賽事與民族藝術集於一身，對推廣速度賽馬

群馬爭鋒

運動、傳播馬文化、振興中國馬產業產生了深遠的影響。

二〇〇三年，位於武漢東西湖區金銀湖畔的東方馬城國際賽馬場建成，成為中部地區首個國際標準賽馬場，也是中國馬術協會唯一馬術與速度賽馬訓練基地。當年，舉辦了首屆賽馬節，此後每年金秋如期舉辦。賽馬節期間，同期舉辦全國速度賽馬錦標賽、中國金牌騎師賽、國際騎師邀請賽、武漢賽馬俱樂部邀請賽系列賽事及花式馬車巡遊、馬術劇、馬術表演、有獎競猜等表演、娛樂活動。武漢成功搭建以馬主為參賽主體的常態化純血馬賽事平台，國內首創彙集國內外頂尖賽事要素的常態化賽事與定期的賽馬節特別賽事相結合的武漢速度賽馬賽事模式，逐步奠定了武漢「中國現代賽馬之都」的地位。

東湖國際名校賽艇挑戰賽

國際名校賽艇挑戰賽是世界高校間重要的體育文化交流活動。武漢國際名校賽艇挑戰賽由國家體育總局水上運動管理中心、湖北省體育局、武漢市人民政府共同主辦，二〇一三年首次走進湖北，落戶武漢東湖，每年暑期舉辦一次。

國際名校賽艇挑戰賽落戶武漢東湖，得益於東湖豐富的水資源和優良的環境條件。國際名校賽艇賽在中國每年舉辦兩站，而此前多在人工開鑿的河道或水庫中舉行。即使是牛津、劍橋兩所大學在泰晤士河上划槳競渡，也不曾感受過如此開闊恢宏的氣勢。同時，武漢高校數量排名全國第三，其中相當一部分環東湖而建。自然湖水，楚韻景觀，高校林立……在時光長河裡划過百年的名校賽艇，落子東湖水到渠成。

賽艇英姿

　　武漢國際名校賽艇挑戰賽吸引了來自英國劍橋大學、倫敦大學，美國哈佛大學、耶魯大學和武漢大學、華中科技大學在內的十多支國際國內名校賽艇隊參加。同期舉行武漢大學、華中科技大學「同城雙星」龍舟友誼賽。比賽之餘，國際名校賽艇隊隊員將參加中外青年對話交流等多項互動交流活動，走進武漢社區、家庭，參觀武漢最具特色的人文自然景觀，體驗武漢的國際範。武漢國際名校賽艇挑戰賽正培育成為東湖、武漢的傳統賽事，對提升東湖以及武漢城市影響力，向世界介紹武漢、讓世界記住武漢具有積極影響。

屈原故里端午文化節

　　端午節又稱端陽節、龍舟節，是為紀念屈原而設立的節日。湖北省秭歸縣是愛國詩人屈原故里，端午習俗歷史悠久、內涵豐富、特色鮮明，

是我國端午節慶活動流傳的典型地區。二〇〇九年端午節入選人類非物質文化遺產名錄後，文化部決定與湖北省政府在宜昌聯合舉辦「屈原故里端午文化節」，並將其作為國家保留的

端午文化節

重要文化活動、唯一的全國性端午節文化節慶活動，在宜昌市長期舉辦。文化節每兩年舉辦一次。

每年的屈原故里端午文化節都將舉行開幕式暨紀念晚會、中國龍舟公開賽（宜昌站）、端午詩會、屈原故里特色旅遊產品展銷會、「我到屈鄉過端午」旅遊促銷、端午愛國歌曲大家唱、屈原精神論壇等主題活動，同時舉行端午習俗展覽、端午民俗展演、屈原祠屈氏後裔祭祀、群眾文藝活動表演、「我在屈鄉過端午」等群眾性文化活動及經貿洽談活動，多以秭歸「三個端午」為節點安排布局，五月初五頭端午以開幕式、祭祀活動、民俗活動為主，五月十五大端午以龍舟競賽和水上活動為主，五月二十五末端午以詩會活動為主，整個活動持續一個多月。屈原故里端午文化節正在成為具有屈鄉特色、全國典範、世界影響的文化品牌，成為弘揚優秀傳統文化的盛會、增進民族認同的紐帶、加強海內外交流的平台。

鄂州梁子湖捕魚節

梁子湖碧波萬頃，浩淼無際，面積達四十二萬畝，是全國十大著名淡

水湖之一，也是湖北省水面面積第二、水體總量第一的淡水湖。

捕魚節是梁子湖沿湖人民傳統節日。每年的四月二十五日至九月二十四日是梁子湖的禁漁休湖期，九月二十五日便成為漁民揚帆撒網、開湖捕魚的喜慶日子。每年開湖前夕，沿湖漁民都要舉行隆重的祭湖儀式，祈求一年的豐收安泰。自二○○○年開始，鄂州市人民政府聯合省旅遊委，在每年九月舉辦梁子湖捕魚旅遊節，以期挖掘梁子湖傳統漁島文化、秀美湖島風光、濃郁水鄉風情和深厚人文底蘊，推動旅遊業發展。

梁子湖「蟹香魚肥」吸引了不少遊客前往，一年一度的開湖節格外熱鬧。主要開展「開湖祭湖」儀式、大型露天文藝晚會、梁子湖螃蟹美食文化周、梁子湖民俗文化旅遊博覽會、生態旅遊產品推介會、梁子湖招

梁子湖開湖｜王性放攝

商項目推介會、鄂州特色旅遊系列活動，集文化、旅遊、經濟為一體，充分展現梁子島古老傳統的民俗文化、濃郁的漁島風情和現代漁民的精神風貌，已成為全國一百個有特色的專項旅遊節慶活動之一。

荊門油菜花旅遊節

世界油菜看中國，中國油菜看湖北，湖北油菜看荊門。為做足油菜產業文章，打造一條從油菜花觀賞、油菜籽加工、油菜產業研發到油菜文化博覽的全產業鏈，從二〇〇八年開始，荊門市人民政府聯合省農業廳、省旅遊委、省糧食局，在每年三月共同舉辦油菜花旅遊節，推動荊門成為踏青賞春的極佳目的地。

三月荊楚美如畫，最是荊門油菜花。一年一度的油菜花旅遊節，在荊門沙洋縣主會場及各縣市區同步舉行。旅遊節圍繞「油菜花」進行精心

荊門油菜花旅遊節

設計，包括油菜花帳篷音樂節、荊門民俗文化競演、攝影大賽、書畫創作邀請賽、歡樂農耕文化稻草人藝術展、沙洋美食廟會暨荊門旅遊商品展銷會、園藝展覽會、千人公路騎行賽、萬人彩色健步行、全國垂釣邀請賽等系列精彩紛呈的節會活動。年均吸納遊客近百萬人次，創旅遊綜合收入過十億元，較好地實現了「農旅融合」，成為「群眾的節日、經濟的盛會」。

潛江龍蝦節

潛江地處江漢平原腹地，地表組成物質以近代河流沖積物和湖泊淤積物為主，域內江河溝渠縱橫交錯，池塘湖泊星羅棋布，擁有水域面積四十萬畝，宜漁低湖田三十餘萬畝。獨特的土壤和氣候條件造就了潛江龍蝦尾肥體壯、爪粗殼薄、色澤明亮、肉質鮮美、餘味悠長的特點。經過十餘年的發展，小龍蝦成為潛江市名副其實賺錢的寶貝，蹦跳出「小龍蝦、大產業」的神話。

潛江龍蝦節開幕式

為做大做強「潛江龍蝦」品牌，推動潛江水產業持續健康發展，自二〇〇九年五月舉辦首屆龍蝦節以來，潛江市秉承「政府主導、市場運作；文化經貿同搭台、文化經貿共唱戲」的原則，每年聯合省農業廳、省商務廳、省旅遊委共同舉辦龍蝦節。龍蝦節期間，舉辦開幕式暨專場文藝晚會、大型焰火晚會、小龍蝦產業發展論壇、優質農產品展示、經貿合作項目簽約、旅遊產品推介與踩線、龍蝦美食特色街活動、地方文藝展演、鄉村旅遊活動等。通過連續幾年的培育，潛江龍蝦節逐漸成為特色鮮明、內涵豐富、集聚效應明顯、人氣指數十足的龍蝦文化經貿旅遊盛會。

神農架國際生態文化旅遊節

　　神農架是中國唯一以「林區」命名的行政區，在生物多樣性、地帶性

首屆麻城杜鵑文化旅遊節（央視歡樂中國行・魅力麻城）

植被類型、垂直自然帶譜、生態和生物過程等方面在全球具有獨特性。為積極踐行綠色發展理念，強化自然資源的保護工作，不斷彰顯生態保護的價值，大力建設世界著名生態旅遊目的地，神農架林區於一九九二年開始啟動生態旅遊，一九九七年首次舉辦國際生態文化旅遊節，至二〇一六年已經舉辦了八屆。

神農架國際生態文化旅遊節以生態旅遊為主線，基本活動包括開幕式、炎帝神農氏公祭儀式、旅遊經貿洽談會、神農架生態旅遊產品考察推介聯誼會等。歷屆旅遊節還根據當年旅遊主題特色及林區經濟社會發展工作重點，創新性舉辦大型文藝晚會、旅遊商品展銷會、杜鵑花節、山歌大賽、攀岩邀請賽、探險挑戰對抗賽、高山滑翔賽、自行車環湖賽、微電影大賽、重大項目落成儀式及各類群眾性活動，體現了時代特

點、地方特色和季節特徵。每屆旅遊節都會吸引萬餘海內外遊客來到神農架，體驗獨特美景、美食和文化，達到了將神農架及神農架旅遊全面推向海內外的目的。

麻城杜鵑文化旅遊節

湖北麻城是中國映山紅第一城，境內有古杜鵑（映山紅）原生態群落一百多萬畝。其中龜峰山集中連片的古杜鵑群落面積達十萬多畝，大部分樹齡在三百年以上，其面積之大、年代之久、密度之高、品種之純、花色之美、極為罕見。

麻城市以杜鵑花為吸引物，以旅遊節為催化劑、引爆點和加速器，從二〇〇八年起，每兩年舉辦一次杜鵑文化旅遊節，叫響了「人間四月天，麻城看杜鵑」旅遊品牌，促進了麻城旅遊後發快進，樹立了麻城城市新形象，帶動產生了巨大的經濟和社會效益。

每兩年一次的麻城杜鵑文化旅遊節從首屆開始就按照市場化的方式運作，突出文化推介、旅遊推介、招商推介，主要包括旅遊節開幕式、地方文藝演出和展示、杜鵑花國際學術研討會、杜鵑花海觀賞會、全國攝影大展頒獎暨采風活動、招商推介會、大京九經濟協作帶聯席會、旅遊營銷等系列活動，內容豐富，亮點紛呈。特別是首屆杜鵑文化旅遊節，當地與中央電視台聯合舉辦了盛大的開幕和「歡樂中國行・魅力麻城」大型演唱會，將麻城及麻城杜鵑推向全國，將「人間四月天，麻城看杜鵑」的口號一夜叫響，引爆了麻城旅遊。在近幾年的持續舉辦中，麻城市通過杜鵑花旅遊節較好地實現了以節揚名、以節交友、以節厚文、以

節鼓勁、以節活市的目標，一朵花火了一座城。

十堰武當國際旅遊節

武當國際旅遊節是我省舉辦較早的大型節慶活動之一，一九九八年首次在十堰武當山舉行，到二〇一二年已經舉辦了十屆。從辦節初期的政府主導到成熟的市場化運作，從獨立辦節到旅遊與武術、體育、經貿等活動聯合辦節，辦節模式在創新中成熟，活動內容在發展中豐富，節會效應在融合中放大。主要活動內容有：十堰旅遊產品推介、十堰旅遊資源產品大型風光圖片展、十堰旅遊商品大賽及展銷、重點項目投資合作簽約、地方特色民俗民歌演出等。十屆的堅持與努力，十多年的持續影響，武當國際旅遊節已經成為湖北重要的旅遊節慶品牌，成為展示十堰旖旎的山水風光、深厚的文化底蘊、多彩的民俗風情的重要窗口，成為推動十堰擴大開放、走向世界的重要平台。

襄陽諸葛亮文化旅遊節

襄陽是具有二八〇〇多年建城史的中國歷史文化名城，是三國故事的源頭和三國文化的發祥地，聞名天下的《隆中對》在這裡成就了諸葛亮智慧之神的形象。襄陽諸葛亮文化旅遊節是經省政府批准，由襄陽市委、市政府舉辦的，旨在弘揚三國文化、紀念一代名臣諸葛亮的大型文化活動。從一九九三年開始，至二〇一七年已經舉辦了八屆，逐步成長為一項有著重要品牌影響力的活動。

多年來，襄陽諸葛亮文化旅遊節除了開閉幕式、旅遊資源與產品推

介、攝影展、書畫展、群眾性文化表演、投資環境說明會、經貿文化交流等常規活動外，堅持突出「尊賢重才」的諸葛亮文化，始終結合時代主題，緊扣社會熱點，創新節會內容和舉辦方式，在二〇一二至二〇一三年著重策劃並實施鼓勵大學生就業、鼓勵院士專家創新創業的系列活動，努力把諸葛亮文化旅遊節的系列活動辦成尊賢重才的務實之舉，辦成建設國家創新型城市和創業型城市的創新之策。創業、創新、智慧、人才正成為襄陽諸葛亮文化旅遊節的核心元素和突出亮點，彰顯了「智慧之城」的城市品牌。

恩施生態文化旅遊節暨土家女兒會

恩施生態文化旅遊節是由恩施州人民政府和湖北省旅遊委主辦的大型旅遊節慶活動，旨在集中、廣泛、全面地展示恩施文化，推介恩施資源。自二〇〇九年八月首次舉辦，恩施生態文化旅遊節的知名度和影響力在全省、全國不斷提升，推動著恩施旅遊不斷邁向新階段。

恩施生態文化旅遊節相繼開展百名企業家、百名旅行商、百名記者走進恩施、體驗恩施、推介恩施、投資恩施活動，舉行中國光彩事業走進恩施州、恩施州旅遊產品推介會、央視《歡樂中國行・魅力恩施》專場晚會，相繼舉辦了「重慶旅遊向東」、恩施風光風情攝影展、「神話恩施」大型旅遊直通車等活動，在社會上引起了強烈反響。特別是歷屆旅遊節都與恩施獨具地方傳統特色的土家女兒會相結合，體現了恩施民族文化與旅遊的高度融合，使節日更加具有群眾性和生命力，有效推動了文化與旅遊綜合發展。

載歌載舞的恩施土家女兒會

黃岡東坡文化節

蘇軾（1037-1101），字子瞻，號東坡居士，四川眉山人，北宋文學家，在詩、詞、散文、書、畫等方面取得了很高的成就。蘇東坡曾任黃州團練副使，晚年被貶惠州、儋州。在黃州工作生活的四年又四個月裡，蘇東坡作詩詞賦文書信等共計七四六篇，黃州由此進入了一個新的美學等級，蘇軾本人也在此進入了一個新的人生階段。

因為蘇東坡，湖北黃岡、廣東惠州、海南儋州和四川眉山四個城市緊密連繫在一起。二〇一〇年十一月十八日，儋州市、惠州市和黃岡市在北京人民大會堂召開首屆東坡文化節新聞發布會，簽署《黃岡惠州儋州友好合作框架協議》，約定每年依次輪流舉辦東坡文化節，當年十二月十八日，首屆（儋州）東坡文化節在儋州市隆重舉行。二〇一二年九月二

十三日，在黃岡舉辦第三屆東坡文化節之際，眉山市加入《友好合作框架協議》，以「3+1」模式結盟輪辦東坡文化節，共享東坡文化盛宴，共論文化產業發展，共同打造東坡文化品牌。

歷屆東坡文化節既是東坡文化的傳承與發掘，也是經貿交流的盛會，更是城市文化品牌的打造，四個城市都十分重視。除開幕式文藝匯演、文化惠民劇目展演外，旅遊精品線路推介暨文化旅遊產業招商、東坡禪學研討會、東坡墨韻書法攝影展、東坡文化講座、「東坡美食匯」展示等活動精彩呈現，東坡文化節正在成為共享「東坡」牌，豐富城市文化內涵，提升城市知名度和美譽度，促進城市間全方位交流合作，打造區域間合作交流平台的模式和範例。

鄖西七夕文化旅遊節

七夕在中國，天河在鄖西。農曆七月初七為中華民族傳統七夕節，十堰市鄖西縣是七夕文化的重要發源地和傳承地。二〇一〇年以來，鄖西縣委、縣政府在全省率先提出「旅遊立縣」戰略和打造「七夕文化」品牌，堅持在每年農曆七夕舉辦一屆七夕文化旅遊節，對傳承民族文化、打造節會品牌、展示鄖西形象、推動鄖西發展發揮了重要作用，在全省縣域旅遊節慶中占有重要地位。

每年一屆的七夕旅遊節，以「七夕、愛情」為主題主線，遵循市場化的運作原則，積極將節會推向市場，促進節會與經濟社會發展相結合，實現以會養會。比較有影響、有特色的活動包括「天河之愛」大型情歌晚會、婚禮大典、旅遊推介及產品優惠季、世界華語愛情詩歌大賽、七

夕繡娘大賽、七夕歌曲廣場舞大賽、七夕民俗展、七夕「淘寶大集市」、
《相思鳥》郵票首發暨「情書」大賽、七夕「美食節」、產業招商與簽
約、重大項目奠基等，同時，「穿針乞巧」「喜蛛應巧」「投針驗巧」「拜
織女」「拜魁星」等形式的民間節慶活動也自發開展。通過連年舉辦七夕
旅遊節，初步樹立了天河七夕文化品牌，推動了鄖西旅遊業跨越發展，
帶動了鄖西經濟社會的全面發展，昔日偏遠山區縣的知名度、美譽度和
影響力日益提升。

三國赤壁文化旅遊節

　　三國赤壁文化旅遊節是湖北省縣市區舉辦的最早的旅遊節之一，首屆
舉辦於一九九七年五月。三國赤壁文化旅遊節除了開辦時間較早外，其

三國赤壁文化旅遊節演出

文化底蘊、持續時間、知名度和影響力均在全省同類旅遊節會中名列前茅，有效促進了旅遊與文化的結合，促進了城市功能的完善，旅遊業已逐漸成為赤壁市新型的支柱產業。

三國赤壁文化旅遊節在多年的實踐中，儘管主辦單位、主辦時間、活動主題、活動內容不盡相同，但始終能夠契合時代特點、契合赤壁實際、契合三國文化，結合旅遊營銷推介活動、經貿招商洽談會及重大項目奠基、城市三國文化挖掘、城市功能的完善等工作，達到了「以節促變、以節促建」的目標。可以說，每一屆三國赤壁文化旅遊節，都推動了幹部群眾風貌的大轉變，城市基礎設施的大拉動，城市整體面貌的大改觀，全域旅遊的大發展，經濟社會的大跨越，推動了赤壁軟實力和硬實力的大提升。

長江三峽（巴東）縴夫文化旅遊節

「世界縴夫在哪裡，三峽巴東神農溪。」素有「山川險勝甲荊南」之稱的巴東是古巴人故里，是巴文化、楚文化的交會地，是縴夫文化的發源地，也是三峽縴夫的起源地，古老的縴夫文化更是巴東旅遊的一張名片。在一九九七年首次舉辦旅遊節的基礎上，為進一步弘揚縴夫文化、塑造旅遊品牌、推介魅力巴東、促進經濟發展，巴東縣人民政府自二〇〇九年以來開始舉辦長江三峽（巴東）縴夫文化旅遊節。旅遊節是巴東縣五十萬人民的盛大節日。巴山鼓舞拉開歌舞歡慶的序幕，原始古樸的土家歌舞、滄桑的縴夫號子充滿陽剛之氣，就像刻寫在江濤之中的雄渾詩篇，波瀾壯闊，蕩氣迴腸。祭旗獵獵，高香裊裊，三牲俎奠和縴夫祭拜儀式帶人們穿越歷史的時空隧道。三峽縴夫節也是世界人民的節

巴東縴夫文化旅遊節

日，這一天，四海賓朋關注，共同感受三峽縴夫文化恣情張揚的無邊豪
邁。獨有的水上交通工具——豌豆角舟行溪中，千帆競發，逆江而上，
處處散發出神農縴夫文化的獨特韻味。

沔陽三蒸文化節

　　沔陽三蒸相傳由元末農民起義軍首領陳友諒的妻子張鳳道首創。清朝
乾隆皇帝遊江南，吃了沔陽三蒸後嘖嘖稱讚。東北軍少帥張學良曾到北
京跑虎坊的湖北蒸菜館品嚐沔陽三蒸，題聯「一嘗有味三拍手，十里聞
香九回頭」。少帥的一句題詞，更讓沔陽三蒸名聲大噪，成為全國各地食
客在餐桌上追捧的珍品。沔陽三蒸呈現的不僅僅是仙桃（舊稱沔陽）餐
飲的悠久歷史、精湛技藝和獨特創造力，更體現了一種包容而熱情的城

市精神。

　　從六百餘年時光中走來的沔陽三蒸於二〇一五年四月迎來了自己最盛大的節日——首屆沔陽三蒸文化節。節日當天，仙桃元泰未來城新世界美食文化步行街搖身一變成為「美食小吃一條街」，民間美食、土特產等各種門類應有盡有。此外，在沔街工美樓還舉辦了雕花剪紙、麥稈畫、貝雕、楚簡、微縮農具、免燒陶瓷等民間工藝作品展，邀請大師現場製作展示，讓遊客盡享手工藝術的魅力。在陳友諒紀念館門前廣場，舉辦了仙桃歷史文化圖片回顧展，以圖片承載歷史，反映仙桃歷史文化變遷。

　　如今，沔陽三蒸不僅在仙桃人的日常生活中得到傳承與創新，更是在全省、全國逐步打響了知名度，蒸出了精彩。二〇一〇年，「沔陽三蒸及其蒸菜技藝」被列為省級非物質文化遺產；二〇一五年，仙桃沔陽三蒸協會正式成立；「沔陽三蒸」已經被國家工商總局商標局認可為「國家地理標誌證明商標」。

天門蒸菜美食文化節

　　天門有四六〇〇年源遠流長的蒸菜歷史，天門蒸菜以其獨特的烹飪技藝、風味特色和豐富的人文內涵享譽海內外。天門蒸菜別具一格的蒸技構建了天門獨特的美食文化，天門蒸菜已由幾個零星品種發展成一個種類眾多、技法完整的菜品體系，一種具有濃郁地方特色的美食文化，「天門三蒸」發展成可「九珍羅列、水陸雜陳、葷素咸宜、技術融和、交互輝映、互相滲透」的「天門九蒸」，含粉蒸、清蒸、炮蒸、扣蒸、包蒸、釀蒸、花樣造型蒸、封蒸、乾蒸。「蒸菜紛呈，根在天門」是對天門獨特

美食文化的客觀評價，天門也成為名實相符的中國蒸菜之鄉。

二〇一〇年四月，天門市舉辦了首屆中國（天門）蒸菜美食文化節，文化節活動包括各類蒸菜器具和天門蒸菜精品展示、「品蒸菜、喝啤酒」比賽、天門地方特色小吃和全國各地知名傳統風味小吃展銷、蒸菜美食文化高峰論壇、巧媳婦蒸菜比賽、青年廚師技藝比武等。二〇一一年、二〇一二年、二〇一七年又成功舉辦了三屆蒸菜美食節，搭建了以節會友、文化搭台、經濟唱戲的平台，對挖掘傳統蒸菜、開創蒸菜新品、大力弘揚蒸菜美食文化起到了積極的推動作用。

第四節·歡快漂流

駕著無動力的小舟，利用船槳掌握好方向，在時而湍急時而平緩的水流中順流而下，在與大自然抗爭中演繹精彩的瞬間，這就是漂流。漂流是一項勇敢者的運動。一條蜿蜒的河流在峽谷腹地中延伸，遊客乘著橡皮艇順流而下，天高水長，陽光普照，四面青山環繞，漂流其間，何等驚險刺激！那飛舟浪尖的跌宕，那橫衝直撞的碰擊，那左躲右避的搖擺，那浪花飛濺的撲蓋，那刺激歡樂的尖叫，令人感受刺激、感受驚險、感受與自然的搏鬥、感受「有驚無險」後的輕鬆。

湖北靈山秀水，漂流資源豐富，全省已建成四十多條高品質漂流河道，是中部地區知名的漂流大省。

巴東神農溪木船漂流

神農溪是國家 5A 級旅遊景區，位於長江西陵峽與巫峽接合處巴東縣城北岸，發源於神農架南坡，是一條常流性溪流。從神農溪景區入口西壤口逆流而上，主流上依次有龍昌峽、鸚鵡峽、神農峽、支流綿竹峽四個峽段，漂流峽段主要在上游的神農峽和支流綿竹峽。神農溪漂流所乘的船，形如半個剖開的豆莢，當地人稱之為「豌豆角」。「豌豆角」小巧輕便，浮力大而吃水深，可在水不及膝的淺灘處行駛。踏上這種古樸的小船，在碧水清波上悠然漂流，會使你感到一種原始的野趣。「豌豆角」全憑人工操縱，每條船需六名船工。拉縴裝備非常專業，縴繩用竹子編成，要經過藥水泡、水煮等工序才能使用，搭肩是由上好的白布製作而成，船隻則是用椿木、黃梨木等硬木製成的。三峽蓄水以前，神農溪是

神農溪激情漂流│鄭定榮攝

真正的小溪，水位最高的地方才一兩米，多數只有一尺左右，亂石淺灘之上，行船主要靠拉縴，很難划槳。隨著三峽蓄水，神農溪水位上升至平均二十米左右，原先那種裸體拉縴的日子漸漸遠去。如今，在神農溪景區，每條可承載十七人的豌豆角小木船主要靠五名縴夫划槳前行，只有在水位低的地方，船頭的兩個縴夫才會走到溪旁的山上拉一小段。神農溪漂流因其開發最早、獨具特色、文化深厚、知名度高，深受國內外遊客喜愛。

興山朝天吼漂流

朝天吼漂流位於中國古代四大美女之一王昭君的故鄉宜昌興山縣，地處湖北省「一江兩山」和「鄂西生態文化旅遊圈」節點位置，滬蓉高速

朝天吼漂流

高嵐出口直達景區，距昭君旅遊碼頭僅二十三公里，是宜昌通往神農架、武當山和重慶方向的必經之地。朝天吼漂流是國家 4A 級旅遊景區，漂流河道全長六點五公里，落差高達一四八米，以驚險刺激著稱，途經臥佛山、八緞錦、將軍柱、朝天吼等景觀，先後榮獲「中國自然水域漂流示範基地」「中國自然水域漂流之都」「湖北省最受歡迎漂流景區」「湖北省最佳漂流景區」等榮譽稱號。

秭歸九畹溪漂流

九畹溪漂流位於三峽大壩長江南岸二十公里、秭歸新縣城向西五十公里處的九畹溪鎮，整個漂流水域為十三點二公里，漂流時間在二點五至三個小時。九畹溪漂流景區以激情、運動、健康為主題，這裡山峻水

激情探險九畹溪｜傅群攝

清，民風淳樸，集探險、休閒、觀光為一體，以奇山、秀水、絕壁、怪石、名花而聞名，「男人一路歡笑，女人一路尖叫」是遊客最切身的快樂體驗，被中外遊客譽為「中華第一漂」。全長十三點二公里的漂流河道分上下兩段，上段六點四公里的漂流驚險刺激，相對落差一百餘米，急灘上飛舟，激情四射，碧水迂迴，兩岸絕壁林立，人在水中漂，還可忙裡偷閒觀賞岩棺群。下段六點八公里為靜水裡的休閒漂流，水深七十至八十米，碧波悠悠，兩岸絕壁聳立，四十八座山峰姿態各異，植被達一百多種。沐浴著清新自然的山風，可沿途觀賞奇世美景，如在仙境；可領略原始森林古樹、香草、長藤、奇獸的神韻；可體味九畹溪電站、九畹溪大橋等現代宏偉的氣勢；可探索幽靜驚險的八百米青鐘地縫，壁立的問天簡、滄桑的巨魚坊、神祕的古懸棺，盡顯巴楚文化的神韻。

隨州西遊記漂流

西遊記漂流位於鄂豫兩省交界處桐柏山下的龍潭河，漂流的起點在隨縣淮河鎮的玉皇頂，海拔八九八米，是桐柏山東段的最高峰。漂流河段全長九公里，落差一一八米，最大處落差七米，漂流時長為二點五個小時。桐柏山是盤古文化和「大禹治水」「禹王鎖蛟」及太陽神等神話傳說集中的地方。明嘉靖年間，吳承恩曾在桐柏鄰縣新野做過縣令，其間多次到桐柏山遊覽，根據「禹王鎖蛟」的故事，並結合此地的水簾洞、通天河、放馬場、太白頂、玉皇頂、龍潭河、花果山、老君堂等地名，完成了傳世名著《西遊記》。魯迅先生在其《中國小說史略》中亦明確指證，「禹王鎖蛟」中的巫支祁就是孫悟空的原型。所以說，桐柏山乃是《西遊記》故事原型地。基於這一歷史文化淵源，西遊記漂流景區注入了不少《西遊記》元素，隨處可見《西遊記》裡的景緻、人物和故事。遊人可置身其中，裝扮成唐僧師徒中的任一角色，經歷人妖、人猴、人水三大戰役，在漂流中嘗試一次神仙之旅。

紅安對天河漂流

對天河漂流位於大別山南麓，紅安天台山國家森林公園內。在對天河的上游，因其兩河相對而流，匯合一起，且落差較大，有「對河之水天上來」之意

紅安對天河漂流

境，此河便被稱之為「對天河」。對天河水曾孕育了多位將軍，也是當年紅四方面軍、紅二十五軍、紅二十八軍的生存之水。對天河漂流河道全長五點八公里，上下游落差一四三米，單點最大落差十二米，途經三十六道灣，五十餘個灘，漂流時間為二點五個小時。對天河漂流以其充足而安全的水源保障、茂密的原始叢林風光、罕見的青石板漂流河床，彰顯出與眾不同的特點。景區內峽幽谷深，灘多浪急，古木參天，怪石林立，峭岩飛瀑，風光迷人。登上橡皮艇，奔流而下，一路搏急浪、闖險灘、滑奇石，既有乘過山車的動感刺激，又有乘滑翔機的暢快淋漓；同時還可欣賞藤蔓錯雜、奇石飛瀑、山花爛漫的叢林風光，盡情體驗「艇在叢林漂，人在畫中游」之趣。

畢昇大峽谷漂流

這裡因地處活字印刷術發明家畢昇的故里而得名。景區距武英高速公路楊柳出口三十五公里，交通便利，區位優越，上接紅二十五軍北上長征出發地「紅軍湖」，下抵畢昇誕生地「紅花咀」，全長七點五公里，全程落差二八八米，三米高落差四十八處，十米高落差十一

英山畢昇漂流

處，最高的三十米落差一處。這裡水質清澈，峽谷幽長，從起漂點泛舟直下，可途經神龜戲水、魚躍龍門、觀音指路、仙人擺渡等鬼斧神工的景觀，穿越林蔭蔽日的「叢林漂」，飛躍一瀉千里的「勇士漂」，陶醉九曲十八彎的「逍遙漂」，挑戰極限，相擁自然，盡領刺激、驚險、逍遙、愉悅的享受。峽谷兩岸，巉岩疊嶂，怪石嶙峋，峭壁生煙，雲蒸霞蔚，蒼松翠竹，林木蔥蘢，鳥語聲聲，蘭香陣陣。

英山桃花沖大峽谷漂流

　　桃花沖大峽谷漂流位於桃花衝風景區，風景優美，氣候宜人，素有「荊楚漂流新秀，畫卷中的漂流」之稱。漂流全長五點八公里，全程落差

桃花沖漂流

一三八米，落差分布合理，既有衝浪闖灘的刺激，又避免了大幅墜落的危險。特別值得一提的是，桃花沖大峽谷漂流的水是乾淨的山泉水，無污染，可直接飲用。完整的花崗岩河道，省內罕見，漂流過程中絕無淤泥雜草干擾。河道蜿蜒曲折，河床跌宕起伏，整個漂流過程有驚無險，安全而又刺激，讓您真切感受到漂流的樂趣。漂流途中，峽谷、奇石、竹林、山巒等原生態景觀依次展現，美不勝收！漂流的起漂點、終漂點的服務設施齊全，讓遊客在體驗驚險、刺激的漂流後能得到安全、衛生、舒適的後續服務。

英山龍潭峽漂流

龍潭峽漂流位於原草原木原生態，野滋野味野風情的大別山主峰——天堂寨東南面。全長二點五公里，行程二小時，海拔落差一〇三米，沿途松柏掩映，怪石嶙峋，藤纏樹繞，千姿百態。這裡潭瀑相連，飛流擊石，如睹蛟龍戲水，如聞雷聲轟鳴，撼心動魄；似見珠落玉盤，似聽琴聲叮咚，陶性怡情。天然的河道上，十多處落差如一條條飄舞的彩練。烏龍潭、白龍潭張揚激情，黑龍潭、青龍潭極盡端莊。沿途漂下，溪水潺潺，魚石可數，跌宕起伏，驚奇刺激。尤其讓人津津樂道的是「三級跳」，攝人心魄，給人一種升天入地的奇妙感覺。

羅田進士河漂流

進士河漂流位於羅田縣大河岸鎮，距武英高速大別山出口僅十五公里，距大別山主峰天堂寨風景區四十八公里，距薄刀鋒風景區五十二公里。漂流河道全長六公里，落差一八七米，其中最大落差十七米，最長

滑道近百米，全程大小落差四十二處，險灘三十五處，整條河道掩映在森林之中。河道上游是容量為一一〇萬立方米的東安河水庫，為漂流提供了充足的水源。進士河漂流以其原始幽深的森林風光，驚險緊張與輕鬆盪舟交替的漂程體驗，沿岸人體、繪畫等眾多藝術種類展現而彰顯出與眾不同的特色。它集漂流體驗、森林穿越、藝術欣賞、趣味逗樂、聆聽音樂等於一體，與大別山紅色旅遊區天堂寨、薄刀峰互為補充，一動一靜，一張一弛，形成動靜旅遊活動的絕妙搭配。漂流河谷之中，可時而在蜿蜒曲折的叢林峽谷間穿梭；時而在光滑的石板上飛奔；時而與浪共舞，搏激流，闖險灘；時而在幽幽碧潭中泛舟蕩槳，徜徉徘徊；時而隨波逐流，觀賞河道沿岸的人體、繪畫等藝術作品展示。

羅田進士河漂流

黃梅玫瑰谷漂流

　　玫瑰谷漂流位於黃梅縣柳林鄉，地處黃梅縣北部，大別山南麓，鄂皖兩省交界處，東鄰安徽省宿松縣柳坪鄉、二郎鎮，北連蘄春縣向橋鄉，西接本縣五祖鎮，南傍古角水庫與本縣停前相通，交通便捷，距離縣城約三十五分鐘車程。玫瑰谷漂流區擁有世界最長滑道一九〇四點七米，世界最大垂直落差二一五米。全長六點一公里的漂流河道，上游承雨面積達四十平方公里，擁有二個水庫，容量達六十萬立方米，漂流起點至

終點總落差達二一五米，河道兩側山高林密，鳥語花香，其中一個單體最高落差一三〇餘米，堪稱「天下第一漂」。整個漂流河道分三段：第一段「勇士漂」，全長一點六公里，河道相對落差五十五米，起伏跌宕，置身其中，您會體驗到與大自然搏擊的驚險刺激；第二段「雲海漂」，全長二點二公里漂流滑道相對落差近一三〇米，有驚無險，穿林撥霧，讓您真正體會激情奔放、雲海漂流的愜意；第三段「逍遙花海漂」，全長二點三公里，河道相對落差三十米，水流平緩，悠閒自在，隨著清澈明亮的河水順流而下，兩岸百萬棵各種珍稀玫瑰芬芳撲鼻，此時此景，讓您不由陶醉在花香浪漫和大自然的溫馨情趣中。此外，玫瑰谷漂流觀光生態園還有伊甸園玫瑰生態觀光谷、龍池河大峽谷遊樂區及玫瑰谷綜合服務區三個功能區。

麻城天景山漂流

天景山漂流位於被譽為「巍巍天景山，人過要脫帽，馬過要下鞍」的麻城市東部山區木子店鎮天井山至楊眉河地帶。河道全長五點八公里，水面落差達二六〇米。自上而下途經三峽、六瀑、九潭、十八灣，是一個典型的峽谷飛瀑景區。其中，河道上段長三公里，為浪漫激情漂流河道；中段長一公里，為逍遙體驗漂流河道；下段長一點八公里，為飛瀑滑翔漂流河道。天景山漂流是全國首創的峽谷飛瀑，以險趣著稱，採用目前國內最為先進的雙向 S 和漏水滑道，被譽為「華中落差第一漂」。

長陽丹水漂流

丹水漂流位於宜昌市長陽縣高家堰鎮太史橋，屬高家堰丹水風景區景

點之一，與三峽旅遊區為鄰。丹水漂流始於一九九五年，是中國第一家利用自然河道進行漂流的項目，漂流全程五公里。丹水漂流景區因絕壁峽谷、碧水茂林、根藝盆景而美豔四方；因土家歌舞、民間故事、家庭旅館而一路激情。有詩人這樣形容丹水漂流景區：「漂亮的河，古老的溪；峽谷的樣板，製氧的天地；奇峰絕壁連天接，野花奇樹遍地綠；土家風情滿眼景，激情漂流歌一曲。」遊人可乘坐一艘橡皮小舟，手握一塊一米長的木槳，自己划槳，自由放漂，過激流，經險灘，迴旋於巨石之間，跌宕於碧潭之中，在左躲右閃、驚濤險浪之中領略與大自然搏鬥的快感。

宜昌青龍峽漂流

青龍峽原生態漂流風景區位於宜昌城市後花園——點軍區境內，風景

青龍峽漂流｜洪霞霏攝

區空氣新鮮，水質清冽，景色秀美，氣候宜人。峽谷兩岸奇峰異洞、峭岩飛瀑、青山疊翠，原汁原味；觀景游道沿溪延伸，路橋相連，九橋九龍，活靈活現；小橋流水，竹海桃園，步移景異，別有洞天；漂流河道峽中穿梭，高低起伏，急緩相間，蜿蜒如龍，九曲迴腸。遊人可依次體驗「翻江倒海」「騰雲駕霧」「勇跳龍門」「龍行天下」。漂流全程一二〇分鐘，兩級水庫可確保全天候漂流，可開展「晴漂」「雨漂」「日漂」「夜漂」。水岸互動性強，可進行水上漂流、岸邊嬉戲、漂行互動，野趣橫生。在這裡，遊人可真正體驗「近在身邊青龍峽，激情歡樂任你漂」，幡然領悟「紅塵之中出淨土，返璞歸真品人身」。

通山太陽溪漂流

太陽溪漂流位於通山縣海拔一三八〇米的太陽山山麓廈鋪鎮青山村。漂流河段發源於幕阜山脈太陽山，水流湍急，清澈見底，有「華中小灘江」之美譽。漂流河道長約五公里，落差一百餘米，單點最大落差五米，漂完全程約需二小時，屬於大落差、強刺激的雙人自助漂流。漂流河道兩岸懸崖峭壁，怪石嶙峋，灘多水急，跌宕起伏；河道落差大、落差陡，共有數十個二至五

太陽溪漂流｜雪雁鳴攝

米高的大落差，很多落差接近於垂直，享受極限的刺激快感又有驚無險是太陽溪漂流的最大特色。漂流河道兩邊是高高的青山和茂密的叢林，有的地方兩岸樹木枝椏交織在一起，貌似搭起了涼棚，河道掩映其中，漂流的人群在斑駁的光影中穿過，在綠色通道前行，隨波浪起伏不停，刺激而浪漫。

通山九宮山銀河谷漂流

銀河谷漂流位於國家重點風景名勝區九宮山東麓，全長九公里，面積二十平方公里，是一處以楠竹景觀為主體、以竹文化為核心的主題生態景區。銀河谷峽谷兩岸生長著茂密茁壯的楠竹，達萬畝之多，山風吹拂，竹濤陣陣，谷中山泉，淙淙有聲，給人們一種寧靜、蒼翠、幽深的靜態美。但景區盡頭的銀河大瀑布群，卻給寧靜的景區帶來一種動態美。銀河大瀑布群由五級疊瀑組成，最後一疊最為壯觀，它寬二十米，落差一五〇米，向下跌落的水聲，發出巨大的轟鳴，場面極為壯觀。銀河谷漂流是湖北省唯一以竹林為全景的漂流河道，漂流河段長五公里，落差一三八米，有六十八級跌水，時而驚險刺激，時而平緩悠閒，既充滿動感與挑戰，又有充足的安全保障。

通山騰龍溪漂流

騰龍溪漂流位於通山縣城東北核電路邊的大畈鎮下楊村，全程三點五公里，整體落差一一四米。河道前半段是充滿激情的勇士之漂，最大垂直落差達十三米的滑道讓您體驗過山車般的驚險刺激；河道後半段是充滿浪漫的休閒之漂，讓您在激情之餘悠然泛舟，暢享靜謐的田園風光。

炎炎夏日，驅車來此，於密林之下瀑布飛舟，於峽谷之中穿石繞壁，於田園之間凌波逐浪，在有驚無險的刺激中盡享大自然的狂野和魅力，感受縱情山水、放飛心靈的輕鬆和愜意。騰龍溪漂流景區緊鄰國家地質公園隱水洞、國家濕地公園富水湖水上樂園，與內陸第一核電站──大畈核電觀景台相距僅八公里，與樂家新村土樓相距四公里，多個景點沿核電公路一脈相承，可組合成多種不同的休閒度假線路，是遊客休閒觀光的首選。

通山大幕山盤龍溪漂流

　　盤龍溪漂流位於通山縣黃沙鋪鎮大幕山森林公園腳下，全程三公里，落差一八六米，有四十八級跌水，連續跌水達一三八米，全程需二小時左右。盤龍溪兩岸懸崖壁立，水流湍急，連續一三八米跌水，讓人頓生征服自然、挑戰極限、超越自我的雄心壯志！兩岸流泉飛瀑為您歌唱，竹影婆娑為您伴舞，讓您驚嘆大自然的博大精深，充分體現人類征服自然、駕馭自然的智慧和毅力。盤龍溪源頭峰嶺疊翠，蜿蜒起伏，秀竹連綿，鬱鬱蔥蔥。這裡是竹的世界，竹的海洋，來到這裡，頓覺神清氣爽，俗慮全消，讓你深深體會「家中雖有八珍嘗，哪及山家竹筍香」的意境。盤龍溪源頭水流平緩，溪水清澈見底，甘甜清爽。兩岸綠竹護堤，古木參天，枝頸相牽，織成天然的綠色隧道。

通城雲溪峽谷漂流

　　雲溪峽谷漂流位於通城縣關刀鎮上堡村夜合橋至道上村的峽谷河段，長度約六點二公里，梯級總落差一七六米，漂流歷時約三小時。其風景

資源主要包括碧龍潭瀑布及其上下游的峽谷景觀。峽谷地勢險要，潔白的岩石連綿不絕，形成數千米的白石灘，溪水長流不斷，跌水成瀑，積水成潭，溪面寬窄隨峽谷地形變化，構成「瀑潭連綴，奇山怪石」的優美峽谷景觀。雲溪漂流河道自上而下，五十三米左右落差一處，這就是碧龍潭瀑布。景區利用該處的獨特地形和無與倫比的氣勢，打造全國獨一無二的「瀑布滑道漂流」，五米左右落差八處，三米左右落差九處，根據河床地勢而設。中途設置三個水戰區，便於漂流的人們打水仗。全程驚險刺激，其樂無窮，形成「人在景中漂，景美人歡笑」的獨有特色。

襄陽龍王峽漂流

龍王峽漂流位於漳河大峽谷。峽谷形成於七千萬年前，雄、奇、險、峻，千峰對峙。峭壁和峰頂上，集中了古廟、古寨、古營盤、古戰場、古驛道等人文景觀和瀑布、溶洞、火山口等自然奇觀。龍王峽漂流驚險刺激，在八公里的河道中，激流險灘和平整如鏡湖的湖面交錯布置。峽谷幽深奇峻，蜿蜒曲折；兩岸懸崖峭壁，古樹參天。乘著小皮艇一路下來，時而是深潭迭起，時而是峰迴路轉。峽谷裡的河水晶瑩剔透，清涼異常，波光鱗鱗，青山、藍天、白雲倒映其中，隨波蕩漾，美不勝收。由七百多股清泉彙集而成的清澈激流，使龍王峽漂流得天獨厚，八公里的漂流河段中，落差達到六十多米，有急流險灘十多處。在龍王峽漂流不僅可以感受在波浪間翻滾的激越豪情，還可一睹各種魚類遊玩嬉戲，領略如黛的山色，攀登古棧道。峽谷兩岸林海茫茫，奇峰怪石相映成趣，舟在高山峽谷中穿行，人在激流迭宕中衝浪，與青山、碧樹、青灘、綠葦、小渚相互映照，構成一個有聲有色的多維藝術世界。水溶化一河絲竹，舟流動兩岸詩畫，讓人賞心悅目。

南漳魚泉河漂流

　　魚泉河漂流位於湖北省南漳縣李廟鎮，是以漂流為主、集多種娛樂為一體的旅遊景區。景區面積十平方公里，青山高聳，綠樹蔽日，因一峭壁上有一泉眼，每到春夏之交雷鳴電閃之時，有數不清的魚兒隨泉水噴湧而出而得名。景區主要項目有漂流、飛降、滑草、彩彈搏擊。魚泉河漂流全長五點八公里，有險灘七處，激流三處，深潭二處，驚險刺激；沿途風景秀麗，景色迷人，可遊覽古佛洞、挽魚溝、鐵索吊橋等景點。飛降全長一九七米，垂直高差四十三米，從山頭通過鋼索滑下去只需三十多秒，具有高度緊張、高度刺激、高度驚險的特點，可充分享受突破自我、挑戰極限的快感。歡樂谷滑草場，將綠色生態旅遊、休閒旅遊、極限運動完美結合在一起，遊客可腳穿滑草鞋，手持滑草杖，風馳電掣於鬱鬱蔥蔥的綠茵瀑布上，找尋那衝刺的快感，另有草上飛、高山滑草、滑草車、悠波球等遊樂項目。彩彈搏擊總戰場面積達五十餘畝，遊人可著迷彩，戴鋼盔，舉鋼槍，置身於槍林彈雨之中，體驗戰爭的硝煙，其樂無窮。

谷城神農峽漂流

　　神農峽漂流位於襄陽谷城薤山腳下，這裡四季氣候溫和，水量豐沛。漂流全長七公里，平均漂流時間二點五小時，上下游落差一八八米。神農峽河水蜿蜒，奇峰異石，鳥鳴谷幽，兩岸地勢陡峭，是一個典型的大峽谷，既有激流險灘，又有平湖淨水，是理想的漂流河段。特別是在漂流河道的中部，有一段長約一公里的連續險灘區，幾十個大小落差接二連三地展現在遊客面前，考驗著遊客的心理承受極限，其驚險性和趣味性首屈一指。

京山鴛鴦溪漂流

　　京山鴛鴦溪地處大洪山風景名勝區，因其走勢俯瞰如鴛鴦而得名，它發源於大洪山南麓的白龍池，素有「九曲鴛鴦溪、十里水畫廊」之美譽。景區內峽險谷幽，水碧林翠，鳥語花香，溪水在九曲峽谷中蜿蜒，兩岸高山峻谷奇異俊美，懸巖怪石玲瓏，溢彩滴綠的天然樹林、古香古色的亭台樓閣、遒勁有力的摩崖石刻令人流連忘返。鴛鴦溪漂流河段全長六點八公里，總落差三十七米，最大處落差一點八米，剛柔並濟，疾緩相間，遊人既能與激流相搏，也能在碧水盪舟，品味山水閒情的浪漫情調。這裡首開特色夜漂項目，在月色星光下漂流，兩岸燈光亮如白晝，浪漫安全，適合各年齡層的遊客。漂流河道與周邊山峰相對高差在五百米左右，森林覆蓋率達百分之九十五以上，是負氧離子高密度區域，對人體健康十分有益。

武當山峽谷漂流

　　武當山峽谷漂流位於丹江口市黃龍山景區，漂流河道西起黃龍村大坪，東至黃龍村村部，距武當山景區大門二十公里。位於消河的漂流河道全程七點八公里，落差一八八米。這裡峽谷蜿蜒狹長，九曲十八彎，河道時寬時窄，水流時緩時急，兩岸重巒疊嶂，峭壁聳立，怪石嶙峋，林木蔽日。景區集「雄、險、秀、奇、幽」於一身，山水相映，環境怡人。遊客既可感受水上休閒運動的驚險刺激，又可領略武當山區的旖旎風光。景區內人文自然景有清末莊園、老楊屋、桂花場、八丈崖洞、碧玉潭、清涼谷、半月潭、珍珠瀑布、隔水飛巖、百步梯、棋盤山觀日出、阿里山文化風情園、化眉谷野戰營地等，是鄂西北地區規模最大、自然河道最長、配套設施最完善、生態環境最完整的自然峽谷漂流。

咸豐黃金洞漂流

　　黃金洞漂流位於咸豐唐崖河景區，是中國地心第一漂，也是世界上最大的地心大峽谷漂流。黃金洞被譽為世界上最大的地下峽谷、最大的地下鈣化池、最大的地下觀光索橋。唐崖河素有「倒流三千八百里」之說，它與烏江匯合後，在涪陵流入長江，極其獨特。黃金洞唐崖河漂流全長六公里，其中洞內漂流長度二公里。黃金洞漂流特別之處在於，一般的漂流都在地面上陽光下，而黃金洞漂流全程會經歷明、暗、明的變化，是世界上最大的地心漂流。遊客可在四公里的地上漂流中激流闖灘，感受浪遏飛舟；在二公里的地下漂流中感受驚濤拍岸、浪花飛濺。眼前時而是美妙絕倫的溶洞景觀，時而是忽明忽暗的陌生景象，驚險刺激。

唐崖河地心漂流

神農架潮水河漂流

　　潮水河漂流位於神農架林區木魚國際旅遊度假區內三堆河村，緊靠209國道，與三峽庫區移民新縣興山近在咫尺，距神農架香溪旅遊碼頭、宜巴高速出口僅三十公里。景區是第四紀冰川遺址峽谷勝景，總面積達五十平方公里，溝壑縱橫，亂石穿空，翹岩飛瀑，雲蒸霞蔚。潮水河漂流以大水量、大風景、大格局為鮮明特點，以提供「舒緩有致的完美漂流體驗」為方向，六公里峽谷內有一五三米垂直落差，五立方米／秒磅礴水量，耗時二小時。在這裡漂流不僅令人耳目一新，還能讓您一路歡笑，一路尖叫，享受清涼，被廣大旅遊愛好者稱讚為「鄂西峽谷第一漂」。漂流水源為天下第十四泉——香溪泉，夏季水溫20℃以上，是天然優質礦泉水，水質清澈，能直接飲用。

第五節 · 浪漫溫泉

湖北是我國溫泉資源比較豐富的省分之一，堪稱「溫泉大省」。全省地熱資源主要集中分布在咸寧、黃岡、十堰、襄陽、荊門、孝感、隨州、恩施、宜昌等地三十三個縣（市）。伴隨著旅遊業的快速發展，全省已經開發可接待遊客的溫泉五十多處，其中集休閒度假、保健遊樂、商務會議等為一體的大型溫泉旅遊度假區三十多處，特別是在咸寧、黃岡等地形成了一批頗具競爭力、影響力的溫泉旅遊集群。這些溫泉品類繁多，風格不一；既有山野田園風情，也具現代風格；既有江南水鄉情調，也有日式泉韻；既有宮廷式的服務，也有當代時興的自助服務；既有小橋流水鄉村情調，也有昔日皇家尊貴奢華，不時還有充滿異域風情的歌舞表演、魔術雜技等，讓人感受美麗湖北的百般風情。

咸寧碧桂園鳳凰溫泉

咸寧碧桂園鳳凰溫泉地處原生態溫泉腹地，緊鄰咸寧綠肺潛山國家森林公園，交通便捷，風光旖旎，山水兼得。碧桂園溫泉是具東南亞風格的室內外溫泉，格調新穎，恬靜幽雅，六十多種溫泉泡湯池依據地勢高低起伏而設，在自然山脊中錯落分布。各溫泉池與山脊共同構築成遠近高低各不相同的景觀，精巧別緻，氣象萬千，渾然天成。溫泉區裡不僅有各種功效的加料溫泉，還有適合小孩的動感歡樂天地溫泉、玫瑰飄香的花草溫泉、特殊療效的天然石板溫泉熱炕、美容功效的鹽霧浴及死海礦物泥浴和風情各異的室內溫泉吊腳樓。鳳凰溫泉酒店擁有先進完善的設施，集客房、溫泉、高爾夫、餐飲、會務、娛樂、休閒等項目於一

鳳凰溫泉

體，除溫泉泡池外，十八洞七十二桿標準高爾夫球場可以讓人尊享揮杆生活，是會議、休閒、旅遊的理想之選。

咸寧三江森林溫泉

咸寧三江森林溫泉是第五代溫泉前沿產品，融合了森林、溫泉、桂花、楠竹等原生態資源，融匯了新健康生態養生理念，更結合山地梯田地形，打造露天泡浴與密林修竹水乳交融、溫泉養生與森林休閒緊密結合的「氧吧＋溫泉」雙料養生產品。景區注重對人身心靈的重塑與提升，追求人與自然生態的完美結合。景區由若干主題區間組成。在「月亮灣」，可以躺著泡溫泉；在「中央溫泉區」，可以邊泡溫泉邊享美食邊觀節目；在「多功能親子戲水區」，全家可以享受一起嬉戲玩耍的天倫之樂；在「沙浴區」，遊人可以利用溫泉水的熱氣，利用沙的溫熱和按摩作用來強身健體、防病治病，「石板浴」對腰部的病症也有很好的療效；「密林溫泉」作為鑲嵌在樹林竹林裡的溫泉，讓人體會不一樣的意境和良好的私密性；「洞窟休息區」則讓人體會在山洞裡面泡溫泉的別樣感受，享

三江森林溫泉泡池

受最原始的最自然的天然水，來一次最貼近心靈的安靜之旅。

嘉魚山湖溫泉

　　嘉魚山湖溫泉地處嘉魚縣的三湖連江、牛頭山風景區內，離縣城約二公里路程。景區北離武漢中心城區八十公里，南臨三國古赤壁景區二十五公里，東距中山艦愛國主義教育示範基地二十八公里，西與洪湖生態園區隔江相望。山湖溫泉水日產量達三千噸，水溫為 50℃至69℃，富含三十多種有益人體健康的礦物質和微量元素，具有很高的醫療價值，其中，氟、鍶、偏硅酸分別達到醫療用礦泉水命名濃度，偏硼酸接近或超過醫療價值濃度，而硫酸根與鈣離子的含量也達到命名硫酸鈣泉的要求；

嘉魚山湖溫泉

在同類溫泉中，其藥用價值全國少見，所以又稱「藥泉」。豐富的礦物質
含量、溫和的水質和充沛的儲量，使這裡成為國內罕見的保健型溫泉。
景區占地面積為二四〇〇畝，主要建設有溫泉度假村、溫泉中心酒店、
別墅區、露天溫泉池和健身及水上遊樂等設施。同時，整合山、林、
水、石等天然生態資源，修繕古建築文物，使之成為一個集溫泉沐浴、
休閒保健、水上樂園、度假觀光、科考探險於一體，具備完善的住、
遊、餐、娛、購配套設施的綜合類風景區。

崇陽浪口溫泉

　　崇陽浪口溫泉度假區位於崇陽縣城北五公里，距京珠高速赤壁段二十公里，是崇陽縣打造的第一個國家 4A 級旅遊景區，包括洪下十里畫廊、濕地公園、浪口溫泉小鎮。度假區依山傍水，雋水河貫穿整個景區，加上充足的富含礦物質的天然溫泉水，使這裡成為一個交通便利而又遠離都市喧囂的世外桃源。一期項目田野牧歌‧浪口溫泉會背靠連綿的青山，面朝蜿蜒的雋水河。走進會所，撲面而來的是充滿復古氣息的黃牆黛瓦、深深庭院，翠竹掩映之中，再現明清達官商賈私家大宅之風骨。會所被群山環繞，水含青山，猶如世外桃源。田野、回歸、復古、奢華等元素在這裡被發揮得淋漓盡致。會所內建有十九棟溫泉別墅和六十九間四季養生房、生態水景房、竹林禪意房等風格各異的客房，每棟別墅均帶有私屬庭院及溫泉泡池，足不出戶可與親人朋友享受湯泉之樂。所有客房均配備了舒適的地暖、恆溫中央空調、全套名貴實木家具及網絡

浪口溫泉度假區

設施，設置有私人會客廳、超大臥室、豪華衛生間、棋牌室等，豪華的硬件設施彰顯著貴而不凡的設計理念。每棟別墅都配有專屬服務人員，二十四小時提供五星級管家服務。在享用美味佳餚的同時，你可以憑窗眺望稻浪起伏、白鷺起舞的田園風光，茶餘飯後，可坐上烏篷船，在水鄉畫廊中悠然泛舟。

太乙國際溫泉度假村

　　咸寧太乙國際溫泉度假區位於國家 4A 級旅遊景點太乙洞旁。整個項目依山傍水，楠竹及桂花樹等植被茂盛，二百餘畝天然湖面置於園區之內。項目總占地面積八百餘畝，分為六個功能區：道教旅遊區、養生溫泉區、五星級度假酒店區、水上遊樂區、農業生態園、科普教育園。太乙溫泉充滿濃郁的東南亞異國風情，環境清新，格調優雅，設有七十二個露天溫泉泡池、數十種特色溫泉，日接待三千餘人。在這裡，泡湯已

太乙溫泉

化身為提升心靈的養生藝術：加味泉讓您享受埃及豔后也垂涎的牛奶泡浴；花瓣泉任您聞盡百花之香，醺然入浴；本草泉則以流傳五千年的藥浴為您養生；石板溫泉更讓您享受溫熱雲石的舒體之效。

萬豪・咸寧溫泉谷

　　萬豪・咸寧溫泉谷度假區位於湖北咸寧溫泉潛山國家級森林公園正門，距離武漢市區一小時、長沙市區二點五小時車程，京廣鐵路、京珠高速、武廣專線經過，武漢至咸寧城際鐵路僅二十八分鐘。度假區一期占地四百畝，總建築面積二十萬平方米，是集 SPA（水療）、觀光、會議、娛樂、休閒、度假於一體的大型綜合性度假村。擁有八十多個特色溫泉池，可同時供五千人休閒理療。溫泉出水溫度達 53℃以上，富含硫

咸寧溫泉谷（咸寧市旅遊委供圖）

酸鹽、碳酸鹽、氡、鈣、鎂、鉀、鈉等數十種有益礦物質。溫泉谷內月桂泉、竹香泉等鄂南文化區，有南洋風情溫泉及東洋秘境，遊人不用遠道去日本，便可感受日本溫泉的精緻與禪意。泉區的最深處為動感的棕櫚水城，有浮浴池組、觀濤池、搏浪池、馬爾代夫、巨蟒滑道、童樂園，是歡樂刺激的天地，讓溫泉動起來。

五龍山春泉莊溫泉

春泉莊溫泉度假區位於赤壁市茶庵嶺鎮五龍山路（溫泉大道）一號，在五龍山青山竹海中，赤壁三國文化、田園文化、湯茶文化同五龍山自然生態資源、文化精品酒店在這裡相遇，是一個以回歸田園為精髓的現

春泉莊溫泉

代休閒社區，一個以三國文化為主旋律的高端旅遊休閒度假地。春泉莊溫泉水是極為稀少珍貴的醫療礦泉，故被稱為「溫泉中的貴族」。酒店擁有度假客房八十一間，度假別墅五棟以及中餐 VIP 包房、日式料理餐廳、自助餐廳，滿足賓客多元需求，還設有會議室、商務中心、健身室、影視廳、多功能廳等配套設施。在設計中，保留了自然環境的原始生態風貌，四十三個泡池依地形錯落有致，隱臥在原生樹木和山石的懷抱之中，四周田野風光盡收眼底。戶外設有單車環道、婚慶廣場、籃球場和網球場。「春泉莊」溫泉是古與今、東與西、低調與奢華的完美融合，給人以獨樹一幟的非凡文化度假體驗。

赤壁龍佑溫泉

　　赤壁龍佑溫泉坐落在赤壁市風景秀麗的五洪山麓，地處南北交通要衝，距市中心五公里，由此北上武漢一一〇公里，南下岳陽七十公里，進抵長沙二一〇公里，西區赤壁古戰場四十公里，東與著名風景區陸水湖毗鄰。景區控制占地面積六七〇〇餘畝，溫泉水源來自五洪山下的五口自流井，每日流量達五千多噸，出口水溫 62℃。受地層深處的高溫高壓及稀有金屬的礦化作用，所含礦物質均呈離子和氣體狀態，水質明亮清澈，無菌、無毒、無沉澱物，浴感極好。景區內風光綺麗，萬木蔥蘢、茂林修竹、金桂婆娑，八隴湖水瀲灩，五洪山靈秀挺拔，四十多處多功能各異、極具特色的溫泉池依山傍水散布在山間林下，一步一景，錯落有致，形態各異，迥然有序，整體設計保持天然風貌，溫泉從石洞中湧出，蜿蜒流淌在湖畔山間。置身於溫泉池中，氣泡汩汩從身下冒出，四周是青翠的綿延山巒，在瀑布濺起的霧氣和溫泉氤氳的水汽中，

享受瀑布、青山、藍天，便有了「人間天堂」的感覺。這裡可以讓人暫時忘卻紛紛塵世，在泡湯中享受風景，在自然中放鬆心情，感受「偷得浮生半日閒」的意境。

咸寧溫泉國際度假村

咸寧溫泉國際度假村坐落在風光秀美的淦河之畔，風光旖旎、氣候宜人，潛山國家森林公園、太乙洞、飛仙洞依次環繞。度假村酒店依託咸寧一四〇〇年歷史的原生態溫泉地熱水資源，自地下五百米採取富含鈣、鎂、鉀鈉、氫等十多種元素的溫泉地熱水資源，著力打造湖北首席溫泉度假養生勝地。度假村主體建築共八層，有各式房間一一七間，會議廳八間，大型西餐廳及風格各異的餐飲包房三十二間，可供五二六人同時入住，一千人同時就餐。設有桑拿按摩保健、乾濕蒸汽浴、SPA 水療按摩、中醫理療、中醫減肥、中老年健身、KTV 包房等各種服務娛樂設施。同時，為了突出溫泉特色，開設有水上娛樂中心，分別建有海浪池、洄流池、戲水池、水下健身區、兒童戲水樂園、石板浴、沙石浴、光波浴、桃花浴等大小浴池三十一個。

楚天瑤池溫泉

湖北咸寧自古就有「人間瑤池、萬國咸寧」的美稱。楚天瑤池溫泉坐落在風光秀美的咸寧溫泉淦河之畔，是號稱「華中第一泉」的沸潭的牌坊所在地，依潛山北坡自然地勢修建而成，依山傍水，景色秀麗怡人，徜徉其中，步移景換。總占地面積五十畝，每天可接待遊客六千人。瑤池溫泉是集天然度假溫泉、園林別墅、星級客房、特色餐飲、康樂休

楚天瑤池溫泉

閒、洗浴桑拿、理療養生、商務會議為一體的綜合性度假村，採用中西合璧的建築風格，設計新穎，氣勢恢宏，以原生態、園林式露天溫泉為最大特色，擁有十大類四十多個功能各異的特色溫泉池，遍布於半山園林中，楠竹、桂花環抱其間。這裡的溫泉具有美容理療、保健養身等多種功效，同時將博大精深的佛教文化和豐富的溫泉旅遊資源相結合，成為華中地區首創。景區內分布著保護完好的大片原始森林，來此沐浴溫泉，從澡身、爽神、探溫、沐場、試膚、養體到思靜、感恩，可充分體會中國獨有的溫泉沐浴文化的精髓，既能享受天然溫泉簇擁帶來的健康呵護，又能得山水之妙，靜心感悟人生之真諦，祈願平安吉祥如意，還能品味無與倫比的鄉土美食，盡情享受神仙般的自在和舒暢。

咸寧疊水灣溫泉

　　疊水灣溫泉度假區坐落於咸寧潛山國家森林公園腳下，年均氣溫16℃，冬無嚴寒，夏無酷暑，山清水秀，景色宜人，是集溫泉、度假別墅、星級酒店、生態餐飲、自然景觀於一體的美景度假區，也是華中地區最大的室內生態溫泉。在四千平方米的暖房中，遊客既可以一邊享受天然溫泉，又免除了秋冬時節的寒風凜冽。暖房內瀑布、花卉、綠植形成一道道的美景；各種飲料、養身湯、小吃、點心應有盡有。房內還有理療室，按摩名醫為您治療各種頸椎、腰椎疾病；暖房外還有情侶島室外泡池。躺在暖房中泡溫泉，白天能享受冬季陽光，晚上能享受柔和的月光和滿天的星星，恰如生活在幻境之中。度假區內金桂軒生態餐廳環境宜人，四季如春。餐廳將生態園林景觀與餐廳功能融為一體，讓您足不出戶就能感受到大自然的清新氣息，使您在鳥語花香、綠意盎然的環境中就餐。典雅的室內設計，小橋流水、綠植花草以及精心打造的每一道菜式，給您帶來綠色、生態、健康的就餐體驗。

羅田三里畈溫泉

　　羅田三里畈溫泉位於羅田三里畈鎮南部，沿巴河水域而建。這裡地熱資源得天獨厚，久負盛名。溫泉池區內有共有泉眼十二處，相距一點二千米，地熱井六口，日湧水量一點〇八萬噸，全部以高溫熱水為主，自湧水溫在 70℃至79℃，為湖北省溫泉的最高溫度。溫泉掩映在大別山腹地的茂密綠林中，充滿無限活力。溫泉池區共建有大小溫泉池八十八個，其中室內溫泉池六個，可以同時容納八千餘人。這裡有新奇的鐘乳石洞溫泉池，鐘乳石洞溫泉池之上還有泡池，居高臨下沐浴，還可俯瞰

羅田三里畈溫泉｜張澤鋒攝

園區美景。養生區獨樹一幟，專設「萬密齋養生池區」和「高光岩養生池區」，聘請著名中醫高光岩擔任養生顧問，溫泉池區內有七個具有特殊養生、健身、藥用功能的中藥溫泉池。高光岩不定期在溫泉池區內所設的「中醫養生堂」坐診，為注重養生、保健的遊客免費拿脈問診、奉獻良方。整個溫泉景區環境優美，綠樹紅花交相輝映；湯池廊亭、步道假山錯落有致；現代與古典、雅緻與奢華在這裡完美結合。徜徉其間，恍如墜入仙境。此外，溫泉度假村內的沙雕公園更是令人難忘。憨態可掬的哆啦 A 夢、美國隊長和他的小夥伴們、楚楚動人的美人魚、永遠的泰坦尼克，還有白雪公主和她的神祕城堡……27 座沙雕活靈活現。

英山洪廣畢昇溫泉

　　英山洪廣畢昇溫泉酒店坐落在美麗的畢昇故里——黃岡英山縣溫泉鎮。英山縣自古以來因其溫泉數量之多、分布之巧、水質之優而被譽為「溫泉之鄉」，有「不讓滇南第一湯」之稱。畢昇溫泉結合原地貌依山設

計建造，是集溫泉沐浴、休閒保健、生態旅遊於一體的國家 4A 級溫泉度假休閒酒店。酒店占地面積四點五萬平方米，房間總數三一八間（套），山頂小木屋十套，有不同功能的泡池八十二個，游泳池二個。整個酒店依山傍水，西北溫泉像兩條飄舞的綵帶與群山緊緊相連。泉水從山間泉眼湧出，宛如一幅山泉合一的世外桃源美景。酒店以自然生態園林與溫泉資源為主要設計理念，結合原地形地貌依山建造，造就了大都市旁的純天然氧吧。

洪湖悅兮半島溫泉

　　洪湖悅兮半島溫泉度假村坐落在美麗的「魚米之鄉」——洪湖市，它東望黃鶴樓，南眺岳陽樓，北靠荊州古城，南鄰一江之隔的三國赤壁古

洪湖悅兮半島｜張宇攝

戰場，距武漢中心城區八十五公里，距古城岳陽五十六公里。溫泉度假村占地近千畝，擁有水溫高達 72℃ 的氡溫泉和冷泉雙泉，四季百花盛開、流芳異彩的主題園林和集遊樂、觀賞、休閒 SPA 於一體的室內溫泉館——溫泉「水立方」，日接待量可達五千人。值得一提的是，度假村還建有悅兮海洋夢幻水上樂園，十幾個水上遊樂設備領冠全球，包括全球雙造浪灘之王——瘋狂海嘯、激情衝浪區，國內首屈一指的大型互動水寨——風情水寨、兒童親水樂園，驚心動魄的水上人體滑行項目——波利尼西亞競賽滑道組合、螺旋組合滑道，深海漩渦體驗項目——超級大喇叭、衝天迴旋，世界水上刺激之王——巨蟒滑道，最浪漫的靜態水上體驗——浪漫水晶浴、溫泉親親魚療等眾多國際領先、國內一流的水上娛樂設備，讓您盡情領略跌宕起伏的水上探險，給您帶來前所未有的超凡感官體驗。

應城湯池溫泉

　　湯池溫泉是國家 4A 級景區，占地五千畝，集溫泉沐浴、休閒保健、生態、紅色旅遊以及完善的住、餐、娛、購配套於一體。湯池溫泉儲量豐富，水溫高達 72℃ 至 79℃，日產量一點○四萬噸，屬國內已發現的產量最大的溫泉。溫泉中含有益人體的礦物質四十八種，平均每噸水礦物質含量達三十五千克之多，尤以對人體最有益的氡和氫含量最高，不僅對心血管和消化道疾病具有良好的輔助療效，而且還能鎮驚安神、清熱祛痰、祛翳明目、解毒生肌、通脈活血，是國內罕見的保健型溫泉。湯池溫泉在融合溫泉自然、閒適、動感、健康等特質的同時，著意突出溫泉產品的文化性和差異化，設置動感池區、兒童池區、養生池區、異國風情池區、生態池區及情侶池區等一二八種風格各異、大小不一的功能

湯池溫泉

溫泉池，還設有大型泊浪池、溫泉滑道、環狀漂流河、八色湯、玉女湯、沐芳園、日式溫泉湯屋、溫泉食坊、休息平台等。在泡浴的同時，遊客還可在休息廳、按摩中心接受專業的按摩、中醫理療及純正的南洋SPA。整個景區環境優美寧靜、空氣清新，二點七萬多棵名貴樹木鬱鬱蔥蔥，一千多株百年以上的古樹蒼翠挺拔。景區人文底蘊深厚，唐代大詩人李白遊歷江南時，曾隱居湯池，留下「神女歿幽境，湯池流大川」的詩篇佳句，「湯池」之名即來源於此。景區在陶鑄紀念館、陳景潤紀念館等基礎上建立了紅色教育基地和素質訓練基地，設有攀岩、蹦極、繩索天梯等項目。

隨州女兒國溫泉

隨州女兒國溫泉是隨州西遊記公園的重要組成部分，位於隨州市洪山

鎮溫泉村，占地三三〇〇畝，按照國家 4A 級景區標準精心打造。溫泉形成於九億年前的火山，水中富含氡、氟、鈣、鎂、硒等四十餘種有益身心健康的礦物質和微量元素，是聞名遐邇的火山溫泉和國內罕有的保健型溫泉。景區由溫泉養生園、水上娛樂園、動物表演園、軍事拓展園、農耕體驗園、賽馬場、高爾夫練球場、汽車越野賽場、滑雪滑草場九大主題公園組成，七十三個天然泡池星羅棋布，包括女兒國系列和西遊戲水系列，在女兒國溫泉體驗這兩大系列的泉池，一靜一動，一張一弛，可在水汽氤氳中感受大自然的水乳交融。

房縣天悅溫泉

　　房縣天悅溫泉位於房縣城東五公里處，依山傍水，林木蒼翠，環境優雅，景色秀麗，因唐中宗李顯流放房縣十四年間常於此沐浴，又得名「皇室泉」。天悅溫泉水來自世界著名的青峰大斷裂帶四千米以下的活動地層，常年水溫 37.8℃ 至45℃，日流量八六四〇噸，其溫泉水質晶瑩剔透，富含偏硅酸、氡、鍶等二十餘種有益人體健康的礦物質，對心血管病、肥胖症、皮膚病等多種疾病有輔助醫療的功效。遊客可任選熱身池、福池、祿池、壽池、日池、月池、御池、冰池、火池、黃酒池，進行水床按摩浴、漩渦浴、超音波按摩浴、肩頸按摩浴，或者選擇歡樂泡泡浴，相約一場夢幻 SPA 水療，在深層洗淨、驅寒祛濕的同時暢通血液、激活細胞、排毒養顏。天悅溫泉除「溫泉」的特色主題外，還集生態旅遊、四季度假、商務會議、運動休閒等多功能於一體，擁有設計新穎別緻的特色溫泉養生池、衝浪池、兒童水上娛樂中心、溫泉美容水療保健中心，另有功能齊全的會議廳、中西餐廳、棋牌室、十六個大小豪華包房及二百餘間觀景房。

房縣天悅溫泉

大冶雷山溫泉

　　大冶雷山溫泉度假村地處大冶市陳貴鎮國家 4A 級風景區——小雷山風景名勝區內。經過權威部門實地勘測，雷山溫泉地熱井所在地為一區域性大斷裂。獨特的地質結構，經過千百年來的地質變化和醞釀，形成了優質的溫泉水質和豐富的儲水量；雷山氡礦溫泉湧自地下一二〇〇米，泉水日夜噴薄而出，四時不竭，日開採量可達二千立方米，水溫常年高達 56℃以上，含鈣、鋅、硒、鈉、鎂、碘、氡、氫等五十多種對人體健康有益的微量元素，可促進新陳代謝、治療關節炎、改善睡眠；能起到舒筋活絡、強身健體、潤膚養顏、抗衰老等保健作用。度假村營業面積達五萬平方米，可同時容納二千人沐浴，日最高接待量可達五千

人。園林式的自然布局中，小徑通幽，果樹婆娑，亭台水榭，五十多個大小不一、功能各異的溫泉泡池宛若翡翠，星星點點，閃爍其間。東方園林藝術與全新養生溫泉文化渾然天成，細微處盡顯大師匠心靈感，古樸與浪漫宛若與生俱來……度假村以亞熱帶風格為主線，匠心獨運，卓爾不群。它以倡導新奇、刺激、有趣、浪漫的世界流行水上時尚運動為主題，讓您在運動中感受理療，在激情中享受快感，在休閒中感悟人生。

京山緣匯溫泉度假村

　　京山緣匯溫泉度假村位於京山縣城附近，充分利用原有的溪流、窪地，構建水體景觀，藉助峽谷之間原有的梯田、山居、溪流等原生態自然元素，再通過別有洞天的原生態空間布局，將田園野趣與純正度假村有機結合，恍若世外桃源。中心溫泉區擁有八十多種大小、風格各異的室內外溫泉池，出水溫度高達 74℃，屬國內罕見的中高溫含氟硫酸鈣型弱放射性氡溫泉，享有「返老還童泉」之美譽。這裡有針對中老年人的藥浴、名木湯、五福泉等溫泉理療池；針對青年群體的 SPA 水療池、鴛鴦池、溫泉衝浪、按摩池等；針對兒童的安全、遊樂性強的兒童戲水池、滑道等；專為女性設計的香薰閣；同時設有老少皆宜的花架溫泉、深海岩漿泥、流泉閣、浴佛泉、天體浴等格調新穎、恬靜幽雅的溫泉泡池。在清新的大自然中沐浴，可卸下緊張與壓力，釋放身心。常以此保健溫泉水洗浴，對皮膚病、胃病、關節炎、精神衰弱等疾病有較好的緩解作用，還能延緩衰老、延年益壽。

第六節・激情滑雪

　　每到冬季，人們總是最嚮往看雪、玩雪、滑雪。想玩雪，其實不用千里迢迢往天寒地凍的北方趕，在湖北，就能感受雪上飛馳帶來的驚險、刺激與歡樂。

神農架國際滑雪場

　　神農架國際滑雪場建於二〇〇四年，位於海拔二千米的神農架酒壺坪，距木魚三十公里，是華中地區第一家，也是華中地區規模最大、功能最齊全的高山天然滑雪場，總占地一千餘畝，集戶外滑雪、觀光遊覽、休閒度假、戶外探險為一體。目前雪場內設有滑雪道八條（高、中、初三個級別），總長四千米。其中最富挑戰的高級滑雪道長九八〇米，垂

神農架國際滑雪場

直落差二八〇米，最大坡度三十度，平均坡度為十五度。適合初次體驗滑雪運動新手的初級道總長二百餘米，平均坡度六至八度。為滿足單板滑雪者的需要，雪場還增設了單板樂園，遊客可與世界同步享受單板滑雪的精彩體驗。

雪上項目豐富多彩，有滑雪、滑圈、雪地摩托車、羊拉爬犁、雪橇、雪地自行車等。景區設施比較齊全，有雪具房、咖啡屋、快餐廳、雪上用品店、醫療急救室和滑雪學校等，並為初學者聘請了國內知名的滑雪專業教練。雪場擁有大拖牽索道三條，普通拖牽索道三條，每小時輸送量達二千人次，雪上娛樂器材三千套。

神農架天燕滑雪場

天燕滑雪場位於神農架天燕景區內（紅坪鎮東溝方向），於二〇一二年年底建成運營，是神農架第二個大型滑雪場，也是華中地區規模較大、功能齊全、採用天然雪為主、人工雪為輔的高山滑雪場。天燕滑雪場總面積約一萬平方米，開闢有練習場一處、初級道一條、中級道二條，雪道總長八百多米，可同時容納一五〇〇人進行雪上活動。另有燕子埡至水溝的天燕越野滑雪道一條，總長六千米，是國內最長、安防設施最高、坡度落差最大的越野滑道。配套設施有美食餐廳、滑雪服務中心、超大型停車場。特色娛樂項目有單板、雙板、雪地摩托車、雪圈、雪橇等國內外高檔雪上娛樂器材。雪場採用最為先進的「魔毯」式電梯輸送遊客，擁有魔毯道三條，每小時輸送量達一二〇〇人次。

神農架中和國際滑雪場

中和國際滑雪場位於神農架酒壺坪遊客集散中心，距木魚鎮十三公里，交通十分便利，雪場雪質優良、景色優美、氣候溫和。滑雪場占地六萬平方米，擁有華中地區最長的滑雪道五條、兒童專用滑雪道一條、雪圈專用滑道二條、A 區—B 區連接雪道一條，園區雪道總長度三點九千米，可滿足各種滑雪愛好者進行滑雪運動。中和國際滑雪場是以自然降雪和人工降雪相結合打造的滑雪園區，引進了歐洲最先進的人工降雪系統和運輸系統，裝備了全球知名品牌的滑雪雙板和單板。雪場娛雪區配套有雪圈速滑、雪地摩托、雪上飛碟、雪地轉轉、雪地香蕉船、雪地坦克等娛樂項目，單日接待量五千人。雪場服務大廳二樓配套有餐廳、咖啡吧、茶吧、等候休息區，向遊客提供免費開水、免費上網、休息等候服務，滑雪場 A 區中央建有體力加油站，方便隨時補充體力。

龍降坪國際滑雪場

龍降坪國際滑雪場位於神農架龍降坪國際旅遊度假區內，距神農架旅遊集散地木魚鎮六公里。這裡平均海拔一七〇〇米，奇峰圍繞，森林蔥鬱繁茂，負氧離子含量極高。神農架冬季降雪量大，存雪時間長，平均氣溫-5℃，平均風速二級，雪質參數符合國際滑雪標準。整個滑雪度假小鎮遵循北歐風格設計，集戶外滑雪、觀光遊覽、休息度假、戶外探險為一體，可以滿足各類遊客玩雪、賞雪、戲雪、親雪等度假需求。滑雪場設有初、中級滑雪道三條，坡度八至十五度，另設有兒童戲雪區、休閒觀光區、教學練習區、雪上飛碟、雪場戲雪、萌寵樂園、夜場 party 等多元化娛樂項目，是神農架唯一開設夜間場的滑雪場。雪場配套齊全，有

滑雪俱樂部、滑雪會所、中西餐廳、咖啡屋、五星酒店、滑雪學校及專業滑雪教練，提供完善的旅遊服務保障。

英山大別山南武當滑雪場

大別山南武當滑雪場位於英山縣大別山南武當旅遊區，一期總面積達三萬平方米。滑雪場依照山勢自然分布，既有平坦地形，也有跌宕起伏的地勢，建造了滑雪初級道、學習道、中級道以及加拿大雪上飛雪圈道。滑雪場引進全套歐洲迪馬克造雪設備，利用雪花降落的原理形成的人工雪花更容易塑形，能夠顯著地提高遊客的滑雪體驗。配備專業滑雪雪具二五○○套、滑雪服八百套、滑雪圈五百個、滑草用具五百套，進口造雪機八台，專業壓雪車一輛，雪地電梯兩條，配置雪地碰碰車、雪地卡丁車、雪地摩托車、雪地主戰坦克、冰上自行車、雪地悠悠球等雪地遊樂項目。

九宮山滑雪場

九宮山滑雪場位於通山縣九宮山風景區海拔一五五九米的銅鼓包區域，面積六萬平方米，垂直落差三百米，採用人工造雪和天然雪相結合的方式。滑雪場建有初級、中級雪道各一條，練習道一條。擁有進口滑雪具有一千套，可容納三千人同時嬉戲遊玩、體驗冰雪魅力。冬季項目有滑雪、雪上飛碟、雪地摩托、室內射箭等；夏季項目有滑草、滑草船、悠波球、彈跳飛人、草地摩托、室外射箭等項目，是集冬季冰雪運動、夏季避暑度假為一體、四季皆宜的休閒度假勝地。

九宮山滑雪場

英山桃花沖滑雪世界

　　桃花沖滑雪世界位於英山縣桃花衝風景區，距武漢市區一九六公里，距武英高速楊柳出口四十公里，交通便捷。滑雪場海拔一二〇〇米，占地面積二六〇畝，建有滑雪練習道、初級道、中級道、雪圈道各一條，依照山勢自然分布，跌宕起伏，樂趣橫生。初級滑雪道坡度控制在十度以下，雪道開闊，速度較緩。中級滑雪道坡度十五度以下，速度較快，遊客能夠感受風馳電掣般滑行的快感。總之，不論你是從未碰過滑雪的

「小白」、剛剛起步的初學者，還是雪場馳騁的滑雪老手，都可以在這裡盡享滑雪的樂趣。

宜昌百里荒滑雪場

百里荒滑雪場位於宜昌市夷陵區百里荒高山草原旅遊區極頂，是宜昌市首個戶外高山滑雪場、冰雪運動區，總面積三萬平方米，集滑雪運動、滑雪教學、旅遊度假功能為一體。滑雪場建有初級滑道、中級滑道和冰雪運動區三個戶外運動區，配備有六台歐洲進口造雪機、三台國產造雪機、一台壓雪機、二條雪地魔毯，在綜合服務中心配備有八百套滑雪單雙板、雪杖、雪鞋，二百個滑雪圈，三百套滑雪服，一百頂頭盔，一百副滑雪鏡和二百雙手套，以及兩間滑雪設備超市，可同時容納一五○○至二千人滑雪、戲雪。

房縣武當國際滑雪場

房縣武當國際滑雪場位於房縣土城鎮柳樹埡花樓門村 209 國道旁，距十堰市區四十公里。滑雪場占地一○八畝，雪場面積三萬平方米，海拔高度一六二二米，是鄂西北地區規模大、海拔高、雪質優、交通便利的天然高山滑雪場。雪場設置了配套完善的練習區、初級道、中級道、娛雪區、休息區、停車場等，日最大接待量可達五千人次。

第七節・休閒高爾夫

高爾夫作為一項植根大自然又親近大自然的運動，兼具娛樂、競技、社交等多方面功能，且不受年齡、性別、身體素質、機體運動能力等條件的限制，得以風靡世界。同時，它以其獨有的文化表現形式，在推進經濟發展和城市建設、促進地方招商引資和對外開放、提升城市形象和品位方面發揮了積極的作用。近年來，依託特殊的山地、河流、峽谷地貌，以及快捷方便、四通八達的立體交通體系，湖北省高爾夫產業得以快速發展。湖北的高爾夫球場依託球場當地的山川地貌，拜名師大家所設計，與山水渾然一體，宛如天成。每個球場、每條球道都獨具韻味，充滿挑戰和刺激，盡顯高爾夫球運動的精髓與樂趣。

武漢金銀湖高爾夫球場

武漢金銀湖國際高爾夫球會位於武漢東西湖區金山大道金銀湖畔，是一個集會所、酒店、別墅群為一體的大型國際級高爾夫度假村，由世界頂級高爾夫球手、英國的尼克・法爾多先生設計，一九九四年開始建造，一九九六年正式營運。俱樂部總面積為二五○○畝，是武漢市第一個十八洞七十二桿標準的國際競賽型高爾夫球場，球道全長七一八○碼。球場設計將金銀湖的天然湖與人工湖的巧妙配合，球場內小丘蜿蜒起伏，樹木悉心栽種，沙池及人工湖的布局全依天然地勢分布。球會還擁有面積八千多平方米的鄉村俱樂部會所、兩個真草網球場、高爾夫學校、高爾夫用品專賣店等完善的配套設施；東西苑花園別墅、高爾夫城市花園更將高檔住宅引入球場，加上球場設計匠心獨運，無論是初學者還是高爾夫球好手，置身其中，均會感到樂趣無窮。

武漢東方高爾夫球場

　　武漢東方高爾夫球場位於武漢市漢陽區龍陽大道，與武漢經濟開發區隔湖相望，西鄰 318 國道，北接中環線，地處南太子湖畔，三面環水，交通便捷，區位優勢明顯。球場由美國專業設計師 T.K.PAN 設計，規劃總占地近一〇八三畝，球道總長七一〇八碼，是可承辦國際比賽的標準七十二桿十八洞錦標賽球場，二〇〇一年開門納客。球場本著「因地制宜」的原則，充分利用高低起伏、湖泊眾多的地勢，集湖泊、森林風貌為一體，極具挑戰性與趣味性。轄下設施包括練習場、高爾夫專賣店、餐廳、俱樂部會館等。

武漢天外天高爾夫球場

　　武漢天外天高爾夫球場位於武漢經濟技術開發區軍山街長山特一號，二〇〇七年建成。球場由台灣著名設計大師 PAUL YU 指導設計，占地一八〇〇畝，十八洞七十二桿，球道總長七五一八碼，在布局上忠實繼承了高爾夫大波浪、大起伏、大湖泊、沙坑密布的 Linkers 風格。球場設計極富挑戰性與刺激性，以水景為主，五十米高的天然坡度、六個水障礙以及變化多端的島型果嶺，是值得每一個高爾夫球愛好者體驗的場地。前九洞有「連環沙坑」，後九洞則布下「連環草坑」，借湖泊作為自然屏障來構築球道，以難度、力度與美感完美結合的思路來設計果嶺，讓擊球者充分領略高爾夫挑戰自我的真諦！風格各異的豪華包房，綠色觀景包房，典雅富麗的中、西餐廳，自助廳，咖啡廳，茶座，功能齊全的中、小型會議室，VIP 包房，桑拿足療中心等各種娛樂設施齊全。湯泉宮總建築面積三點二萬平方米，採用戶外加料溫泉，添加三十餘種微量元素，為來賓提供舒壓、瘦身、美容服務，內設沐足房、烤吧、視聽室、

美食廣場、冰池等各種休閒場所，使前來度假的人士身心舒展、自然，享受到一種純淨的美。

武漢長江國際高爾夫球場

武漢長江國際高爾夫球場位於中國「光谷」（東湖國家自主創新示範區）新政務中心區內，北靠馬驛山，南瞰科技新城，西鄰政務中心。驛山高爾夫將蘇格蘭聖安德魯斯老球場風情原貌移植過來——二三三〇餘畝半山坡地，國際錦標賽級高爾夫球場，七二六八碼原生景觀球道，七十二桿紳士風華，十八洞果嶺奢享。配套設施包括高爾夫會所、游泳館、網球場及羽毛球館，可滿足球場日常運營、舉辦賽事及政商接待等全方位的需求。精品酒店與高爾夫會所相鄰，設置了十九間體現高爾夫元素的精品客房，每間客房均可近距離欣賞球場景觀。酒店配備有五十米泳道室內恆溫泳池及健身房等設施，可為重要的政商接待及高爾夫愛好者提供周到的住宿服務。

武漢藏龍島高爾夫球場

武漢藏龍島高爾夫球場位於美麗的湯遜湖半島之上，武漢市江夏區藏龍島科技園湖東路八號，交通便利，擁有得天獨厚的自然景觀、完美融入的西班牙風格建築群、國際標準真草球場，可在大自然的唯美畫卷之中領略風格獨特的異域風情和精心雕琢的人文之美。藏龍島高爾夫球場由世界著名的建築、景觀設計權威機構進行概念設計，是一家集迷你九洞燈光球場、國際標準雙層練習場、商務會議、娛樂休閒、中式簡餐、高爾夫專賣店於一體的「一站式」俱樂部。球場三面環水，根據自然景觀和人文氣息因地制宜地設計每一條特色球道和每一個細節，豐富的水

系、起伏的場地、湯遜湖浩淼的背景無不體現大家手筆的氣勢磅礡，讓高爾夫球愛好者在緊張工作的間隙，也可暢快揮杆，愜意享受。燈光球場更能滿足您夜間所需，月下擊球，讓您體驗浪漫的高爾夫之旅。

鄂州紅蓮湖高爾夫球場

　　鄂州紅蓮湖高爾夫球場位於鄂州市紅蓮湖旅遊度假區，交通十分便利。球場建於二〇〇三年，占地一八〇〇畝，由美國著名設計師 Scott Miller 精心設計，按照國際競賽級十八洞七十二桿標準建造。球會臨湖而建，充分利用了紅蓮湖荷蓮飄香、湖岸曲折有致、湖汉半島隱約其中的特色，融自然靈秀與藝術浪漫於一體，於紅蓮湖球會揮杆逐洞，可看湖浪拍擊河灘，聽蛙鳥爭鳴迭起，聞紅蓮馥郁芬芳。揮杆間，挑戰與樂趣並重，不得不讚歎設計師因地制宜的靈動和大自然鬼斧神工的妙筆。球場配套建有度假酒店。此外，還可到湖上泛舟、採蓮，到情人島、生態園林遊覽；欣賞湖光山色、別墅樓宇、古皂莢樹的風采；亦可約上三五

紅蓮湖高爾夫揮竿｜楊占先攝

好友揮竿垂釣、上木機織布，體會漁翁、織女的情趣。

鄂州梁子湖高爾夫球場

鄂州梁子湖高爾夫球場位於鄂州梁子湖生態旅遊度假區內湖心半島。球場是國際知名的加拿大設計大師尼爾·哈沃斯的扛鼎之作。總占地面積一八〇〇畝，規劃為二十七洞（含 9 洞燈光球場），其中十八洞錦標賽級球場已正式投入運營。球場三面環湖，場內地勢起伏有致，植物豐茂，湖汊相連，每個球道既有特點，又自然、從容地鑲嵌其間。整個球場靜謐悠然，鳥語花香，渾然天成，有「海上蓬萊」之美譽。俱樂部建有五星級高爾夫會所、高尚別墅社區、私人遊艇碼頭、地下紅酒窖等奢享配套設施。

梁子湖高爾夫球場｜王性放攝

宜昌三峽天龍灣高爾夫球場

　　宜昌三峽天龍灣國際高爾夫俱樂部是集商務、休閒、健身、度假於一體的文化旅遊項目，二〇一二年五月一日正式運營，是適合各種球手的國際錦標賽級十八洞七十二桿球場。天龍灣高爾夫球場東起宜都市青林寺，西至清江與長陽，南與宋山自然風景區相互呼應，景觀資源優勢明顯，交通便利，距宜昌三峽機場僅三十公里。球場由美國設計師吉姆先生設計，充分利用原始地貌，巧奪天工，融自然神韻於一體，球道設計別出心裁，看似平易，卻暗藏玄機，極具挑戰性，置身於優美的場景中，令人心曠神怡。練習場設有二十六個打位，長度二五〇碼。景區與高爾夫配套的項目包括會所、飯店以及大劇院、魔幻城堡、太空梭、水上樂園等遊樂設施等。

宜都天龍灣高爾夫球場

宜昌三峽龍盤湖高爾夫球場

宜昌三峽龍盤湖國際高爾夫球場位於宜昌市伍家崗區龍盤湖生態旅遊度假區內，總占地二千餘畝，二〇一二年十月建成並試營業。球場由美國史密特‧科裡公司擔綱設計，十八洞球道總長七三〇〇碼，是華中地區挑戰性極高的山景球場。球場內球道依山傍水，充分利用大自然原始的地理結構，三分之一在山谷，三分之一在山頂，三分之一在湖邊。全場最具特色的十七號球洞浮動果嶺，是國內首創、世界第三個浮動果嶺，果嶺四周水域環繞，不僅風景優美，且對球手的精準度是個巨大的考驗，球手乘坐小船到達果嶺，別具一番風味。整個場地猶如珠鏈鑲嵌在山水之間，美不勝收，是高端人士絕佳的運動休閒中心。

仙桃排湖高爾夫球場

仙桃排湖高爾夫球場位於仙桃市五樂台度假區，東至省會武漢八十公里，西距古城荊州僅一百公里。度假區占地面積一點二萬餘畝，規劃有五十四洞球場、度假別墅式酒店、高端地產項目等綜合配套設施。球場是嚴格按照 USGA 標準建造的錦標級球場，由專業的高爾夫管理團隊進行運營管理與草坪養護，於二〇一四年五月試營業，並致力於打造成華中旗幟級的高爾夫球會。球會會所有著濃郁的楚文化風格，建築面積四七〇〇餘平方米，共上下三層：負一層設有更衣室、康體中心、高爾夫專賣店，一層為商務餐廳與咖啡廳，二層為多功能宴會廳、VIP 餐飲包房等配套設施。度假區還配套建有濃郁楚風特色的觀光遊、草坪廣場、生態農莊。

秭歸民間，沒有「端午節」的說法。老人孩子都知道五月初五是頭端陽，五月十五是大端陽，五月二十五是末端陽，「頭端陽」是僅次於過大年的節日。民間端陽最為鄭重的習俗呈現、祭祀禮儀、吟詩唱和、迎來送往等重要的事件，都集中在五月初五頭端陽。

秭歸的端陽粽子，不花哨，很純粹。寬寬的箬竹葉，把粽子包得有棱有角，糯米中間會放顆紅棗。老人們會告訴年輕人，用箬竹葉做粽子包皮，寓長青不衰；雪白的糯米，指屈原廉潔清貧的一生純潔如玉；粽子的三角形狀，象徵屈原剛正不阿、有棱有角的品格；包一顆紅棗，喻屈子一片丹心、忠貞愛國。秭歸的孩子們從每年的包粽子中開始「認識」屈原大夫。頭端陽的一大早，家裡的主婦就把粽子蒸得熱氣騰騰，臘肉炒得滋滋地泛出亮亮的油，香噴噴地召喚著家裡的漢子們。一小杯琥珀色的雄黃酒在粽子旁散發著香氣。漢子們把雄黃酒一飲而盡，再把臘肉快意地捲幾塊到嘴裡，然後吃三兩個粽子，就趕到江邊的龍船前整裝待發了。小孩子們天沒亮就飛快地出門了，他們幾天前選好的艾蒿正沐浴著露水等他們去割。大人們說割艾蒿前不能說話，怕驚擾了屈原大夫。割好一大捆艾蒿，孩子們會迅速回家。母親們接過孩子們手裡的艾蒿，告訴孩子們快去吃飯，自己則把新鮮的艾蒿分成一小綹一小綹，用紅布條或者紅毛線紮起來，分別掛到大門上、窗戶旁，剩下的被晾曬到屋簷

品味湖北之景｜韓永強

民間端陽

下，以備日後為家庭消毒、為孩子洗澡、為生了孩子的產婦熏烤之用。

屈原沱在老歸州城東四五里處，傳說是神魚馱屈原大夫回家時靠岸的地方。在狹窄湍急的峽江，屈原沱是一個極為漂亮的弧形寬谷，從南岸到北岸，枯水季節也有四五百米寬闊，而五月初的峽江春江水滿，兩岸更是寬有千米左右，是划龍船最為理想的水域。因為是「屈原沱」，所以唐朝時就有的「屈原祠」臨河而建在這裡。屈原祠的門臉是牌坊式的，三層高的牌坊歇山式重檐壓頂。祠裡供奉有屈原的神位，祠後面就是「屈子衣冠塚」。小孩子一般自己不敢去看衣冠塚，因為總覺得那裡很神祕。從衣冠塚上一個方形小孔裡望進去，在昏黃的燈光下，隱隱約約看見衣冠塚裡懸吊著一口大紅的棺材，據說裡面盛殮著屈姑親自為屈子做的衣冠。

頭端陽的清晨，天色微曦，所有的龍船就在屈原沱江面上一字排開，所有的橈手在祭司的帶領下，來到屈原祠前，為屈原呈上貢品和香案，橈手們面對屈原大夫齊刷刷跪下，為屈原磕頭請安。祭祀完畢，鞭炮轟鳴聲中，橈手們把龍船推進水裡，然後一個個從水裡躍進各自的龍船裡。此時，屈原沱兩岸所有的江邊沙灘上，所有高高低低的山頭上，已經被從四里八鄉趕來的人密密麻麻地覆蓋了。沒有人號召，沒有人組織，大家放下手裡所有的大小事情，都心甘情願來

赴這個心靈之約。在彤紅的太陽躍上楚王台的山巔之
上時，所有的龍船已經井然有序首尾相銜，蜿蜒在屈
原沱的江面上。突然一聲鑼鼓炸響，江面和岸上立刻
寂靜無聲。領頭的龍船船頭上挺立的那位長者，把手
中的桃橈揮舞得風生水起，然後仰天一嘯，一個蒼涼
的聲音就像裂帛一樣在江面上滾動起來：「三閭喲，大
夫哦！」剎那間，江水似乎也跳躍起來，所有的龍船
昂起了頭，隨之而至的是所有的橈手們都把積蓄在胸
腔的吶喊噴射出來：「嘿吙喲──回故里喲，嘿吙
喲！」就如煙花的引線被點著了一樣，在「回故里」
的呼喚中，岸邊沙灘上，夾岸的山崗上，立刻滾雷一
樣發出一聲共同的呼喚：「大夫啊，大夫啊，回故里
呀！」那呼喚撕心裂肺，聲淚俱下。一時間整個屈原
沱，整個秭歸，還有峽江的晴天亮日裡，到處都響起
了「大夫啊，大夫啊，回故里呀！」的回聲，江水和
山岳就在這回聲裡悲情四溢。

正式比賽時，是不會唱《招魂曲》的，這時候橈手
們光有蠻力就不行了，得有艄公識得江中泡漩夾馬和
江水流向的絕活，才可以拔得頭籌。除了艄公，耍頭
的更是「奇兵」。在激流最為洶湧澎湃之時，在所有的
龍船奮力「搶水」的緊要關頭，耍頭的在龍船劇烈晃
蕩之中，要在寬不盈尺的船頭，突然一個觔斗翻轉過
來，以手為腳倒立其上，再以腳為手，在空中玩出花
樣。誰的花樣玩得精彩絕倫，誰能把其他船上橈手的

注意力吸引過來，哪怕是幾秒甚至一秒鐘，那些被吸引的橈手們就會在剎那間亂了方寸，眼睜睜看著那個最為驚豔的耍頭人的龍船突圍而去。

　　參賽的龍船在緊要關頭，總會明爭暗鬥，各展絕活甚至大動干戈，用橈片子或者長梢做武器，把屈原沱的江水攪得激情四射。有橈手從龍船上掉到江裡了，岸上就有驚呼聲，也有拍手叫好聲。後面的龍船想乘機超越過去，落水者的龍船艄公不肯屈服，就把長梢橫了過去，於是就有咔擦咔擦長梢斷裂的聲音脆脆地響起。江面上頃刻間就會漂浮起紅的黃的藍的綠的紫的青的腦袋，各自奮力游向同頭巾顏色相配的龍船，扶著龍船的船幫，依然吆喝著把龍船推向對岸。這個時候，什麼名次先後已經沒有意義了，大家一年到頭，無形中用這樣的方式把屈原骨子裡的浪漫，在汪洋恣肆的江水裡放肆出來！岸上的觀眾也不在意比賽的結果，他們來到屈原沱，最想看到的就是這種看似雜亂無序甚至驚險的場面，不然就會覺得今年的端陽沒有情趣沒有開心。

　　做龍船，采艾蒿，泡雄黃酒，給孩子洗艾葉澡，划龍船游江招魂等，構成了秭歸民間端陽最充實的內容。但是，秭歸端陽還形成了一個習俗，往往被專家們忽略。端陽節前，所有住在歸州一帶江邊的人家，都要做好迎接姑娘回娘家和前山後嶺親朋好友的準備。在秭歸，過年是民間最大的節日，老百姓更看重

「團年」的意義，但出嫁了的姑娘是不能隨意回娘家「團年」的。而端陽節就成了女兒回娘家最好的節慶，因此也成了秭歸人最看重的節慶。一般在五月初四的下午或者晚上，出嫁了的姑娘會帶著自己的夫婿、子女和對父母的孝敬，喜氣洋洋回娘家；那些親朋好友們會帶著他們認為最好的山貨，從幾十公里外的深山溝壑裡，跋山涉水而來。那樣的夜晚幾乎是徹夜不眠，大家坐在一起包粽子，準備發麵粑粑或者油心餅，一邊說著古今的故事和屈原的傳說，也說些家長裡短，喜事煩心事。父母對女兒的煩心事要進行開導，告誡她們務必尊崇婦道，侍奉公婆，克勤克儉，相夫教子。女兒聽了心裡暖和，女婿聽了心裡踏實，回到夫家稟告給父母，公公婆婆也開心，第二年就會為兒媳準備更為豐盛的土特產讓兒媳帶回家。娘家的人會借勢讓女婿回家邀請親家們第二年也來過端陽，看划龍船。如此來來往往，親戚們越走越親，更加和和美美了。這樣也給了詩意端陽節之外，幾分世俗的人間煙火味道。這大約是秭歸民間把端陽節當作同年節一樣重大節日過的一個重要原因。

頭端陽的晚上，峽江兩岸無論集鎮還是鄉村，無論廣廈還是茅舍，幾乎都會飄逸出艾草清淡的芳香。每一個大大小小的木腳盆裡，淺淺的綠水中散淡地飄蕩著陳年艾葉的碎末，熱熱地氤氳著獨特的氛圍。母親會把每一個孩子放到腳盆裡，柔柔地擦拭每一個孩

子，把自己的祝願揉進孩子的肌膚裡。母親們相信，有了這些艾草綠湯的浸潤，所有的孩子天天都會百毒不侵，安康吉祥。

　　節慶一旦植根於民間的厚土中，一旦成為了習俗，就有了生生不息的生命力。二十世紀那個「破四舊」的年代，划龍船也成了「四舊」。屈原沱不能划龍船了，那些神采飛揚的龍船被隱身了，但是在鄉間河汊裡，依然有「龍」在潛行。一個聚落的村民會找來幾條木划子，找來幾串響鞭，在鞭炮聲中划起木划子，照樣唱著招魂曲游江，村民們聚集在一起放聲應和。沒有奢華，沒有排場，甚至沒有儀式，但是鄉人依然一絲不苟地讓江水泛起波瀾，滿懷深情。他們認為這樣做了，不僅僅對得起三閭大夫，也對得起自己一年的牽掛。

　　這樣的端陽就是民間最淳樸本色的端陽！

原載《湖北日報》2016 年 5 月 27 日

1. 武漢香格里拉大飯店

2. 湖北東湖大廈

3. 武漢五月花大酒店

4. 武漢華美達光谷大酒店

5. 荊州晶崴國際大酒店

6. 江城明珠豪生大酒店

7. 武漢錦江國際大酒店

8. 武當雅閣國際大酒店

9. 武漢新世界酒店

10. 武漢馬哥孛羅酒店

11. 咸寧碧桂園鳳凰溫泉酒店

12. 宜昌均瑤錦江國際大酒店

13. 武漢光谷金盾大酒店

14. 黃石磁湖山莊酒店

15. 湖北洪山賓館

16. 宜昌萬達皇冠假日酒店

17. 襄陽萬達皇冠假日酒店

18. 武漢萬達威斯汀酒店

19. 漢口泛海喜來登酒店

20. 武漢光谷希爾頓酒店

湖北省五星級旅遊飯店

連綴 （截至於 2017 年底）

後記

　　山之南，水之北，有山水之美，有人文之妙，楚楚動人，湖北是個好地方！立足湖北上好的旅遊資源，打造湖北豐富的旅遊產品，開拓湖北廣闊的旅遊市場，是湖北旅遊人的孜孜追求。二〇一四年初，省旅遊委原主任錢遠坤提出了編寫湖北旅遊叢書的想法，並啟動了這項工作。晏蒲柳接任後，繼續對此給予重視和支持。歷時四年，終磨一劍。四年來，我們集合了省旅遊委機關有文字功底、有業務能力、有奉獻精神的十五位新銳來擔當這項湖北旅遊史上最浩大的文化工程。參加編寫的同仁克服了很多困難，他們是處室業務骨幹，崗位職責繁重，又要承擔有難度有挑戰的編寫任務。他們為此經常加班加點，耗費了大量業餘時間，犧牲了許多節假日，且不取酬勞。或許他們沒有深邃曠達的思想，沒有妙筆生花的技能，但他們對本行業的領悟思考、對湖北旅遊事業的熾熱情感、對本叢書的奉獻態度，是讓人敬佩和感動的！

　　我們既立足自身，又依靠專家；既要出精神，又要出精品。劉友凡、熊召政、劉醒龍等赫赫之名，應邀為叢書作賦。熊召政主席還欣然出任叢書顧問，審閱書稿並作序。原省旅遊局副局長陸令壽也為此作賦以示支持。還有一批散文家、攝影家為叢書提供了精美的作品。名流、專家的介入，使本叢書洋溢著文學、藝術的氣息，使之可讀、可深讀。在此，向為本叢書作出貢獻的專家學者表示深深的敬意和謝意！

本叢書還得到了各市州縣、林區旅遊委（局）的鼎力支持，在此一併致謝！

　　本叢書共四冊，分別是：《風光湖北》，涵蓋了湖北的名水、名山、名花，意在湖北的風光好看；《風雲湖北》，涵蓋了湖北的歷史名事、名人、名址，意在湖北的故事好聽；《風味湖北》，涵蓋了湖北的民俗、名食、名品，意在湖北的味道好吃；《風尚湖北》，涵蓋了湖北的名城、名村、名園，意在湖北的城鄉好玩！

　　在編寫過程中，我們參考了大量的資料，借鑑了有用的成果，但難以一一標明出處，望能包容！叢書內容囊括各地，但有詳有略，不一定得當，望勿計較！我們在書中試探性地給每個市州的旅遊形象提出了一句話，若有不妥，也望海涵！權且當作一種探索。

　　書成之日，便是遺憾之時。編者才疏學淺，書中謬誤難免，盼望且讀且諒且指正！

編　者

2018 年 4 月 9 日於武昌中北路湖北旅遊大廈

昌明文庫・悅讀中國 A0607019

風尚湖北

主　　編　李開壽、唐昌華

版權策畫　李煥芹

發 行 人　陳滿銘

總 經 理　梁錦興

總 編 輯　陳滿銘

副總編輯　張晏瑞

編 輯 所　萬卷樓圖書股份有限公司

排　　版　菩薩蠻數位文化有限公司

印　　刷　百通科技股份有限公司

封面設計　菩薩蠻數位文化有限公司

出　　版　昌明文化有限公司

桃園市龜山區中原街 32 號

電話 (02)23216565

發　　行　萬卷樓圖書股份有限公司

臺北市羅斯福路二段 41 號 6 樓之 3

電話 (02)23216565

傳真 (02)23218698

電郵 SERVICE@WANJUAN.COM.TW

大陸經銷　廈門外圖臺灣書店有限公司

　　電郵 JKB188@188.COM

ISBN 978-986-496-514-4

2019 年 3 月初版

定價：新臺幣 500 元

如何購買本書：

1. 轉帳購書，請透過以下帳戶

　　合作金庫銀行 古亭分行

　　戶名：萬卷樓圖書股份有限公司

　　帳號：0877717092596

2. 網路購書，請透過萬卷樓網站

　　網址 WWW.WANJUAN.COM.TW

大量購書，請直接聯繫我們，將有專人為您

服務。客服：(02)23216565 分機 610

如有缺頁、破損或裝訂錯誤，請寄回更換

國家圖書館出版品預行編目資料

風尚湖北 / 李開壽, 唐昌華主編.-- 初版. --

桃園市 ： 昌明文化出版 ；臺北市 ： 萬卷樓

發行, 2019.03

　　冊 ；　　公分

ISBN 978-986-496-514-4(平裝). --

1.旅遊 2.湖北省

672.56　　　　　　　　　　108003235

本著作物經廈門墨客知識產權代理有限公司代理，由湖北人民出版社有限公司授權萬卷樓圖書股份有限公司（臺灣）、大龍樹（廈門）文化傳媒有限公司出版、發行中文繁體字版版權。